지식의 사슬

미술 시간_에
한국사
공부_{하기}

지식의 사슬 | 미술 시간에 한국사 공부하기

초판 1쇄 발행 2010년 10월 4일
초판 14쇄 발행 2024년 1월 2일

기획 강응천 **글쓴이** 이병호, 오영선, 김혜원
발행인 이재진 **도서개발실장** 안경숙 **편집인** 이화정 **책임편집** 손자영 **연구 편집** 정연경
디자인 ns-pole(김원용)
마케팅 정지운, 박현아, 원숙영, 신희용, 김지윤, 황지영 **제작** 신홍섭

펴낸곳 (주)웅진씽크빅
주소 경기도 파주시 회동길 20 (우)10881
문의전화 031)956-7403(편집), 031)956-7069, 7569, 7570(마케팅)
홈페이지 www.wjjunior.co.kr **블로그** blog.naver.com/wj_junior
페이스북 facebook.com/wjbook **트위터** @new_wjjr **인스타그램** @woongjin_junior
출판신고 1980년 3월 29일 제406-2007-00046호 **제조국** 대한민국

ISBN 978-89-01-11278-7 44080
      978-89-01-06526-7 (세트)

글 ⓒ 이병호, 오영선, 김혜원 2010 (저작권자와 맺은 특약에 따라 검인을 생략합니다.)
기획 및 구성 ⓒ 강응천 2010 (저작권자와 맺은 특약에 따라 검인을 생략합니다.)

웅진주니어

미술 시간에 한국사 공부하기

이병호, 오영선, 김혜원 지음

인간은 아름다움을 추구하는 동물이다. 자신의 몸, 자신이 사는 집, 자신이 속한 세상을 아름답게 꾸미려는 본능이 인간에게는 있다. 그래서 인간은 아름답게 화장을 하고 아름다운 그림과 장식물로 집을 꾸미며 집 자체를 아름답게 짓고자 한다. 인간이 걸어 다니는 길, 광장, 거리 등등이 아름다워야 그의 삶도 풍부하고 행복해진다.

여기 그렇게 아름다움을 추구해 왔던 사람들의 기록이 있다. 머나먼 선사 시대부터 비교적 가까운 조선 시대까지 우리 조상들이 자신의 삶을 풍요롭게 하고 스스로 만족감을 찾기 위해 생활의 모든 요소를 아름답게 꾸미려 했던 흔적들이 이 책에 펼쳐져 있다.

시대를 달리하면서 우리 조상들이 만들어 놓은 미술품들을 살펴보는 것은 그 자체로 행복한 일이다. 그 어떤 위대한 미술가가 일생에 걸쳐 이룩해 놓은 대작들을 모아 놓은 것보다 훨씬 더 아름답고 훨씬 더 감동적인 미술의 진화 과정이 우리 눈을 즐겁게 하기 때문이다.

그런데 우리 역사가 낳은 미술품들을 살펴보는 것은 보고 느끼고 감탄하는 데서 그치지 않는 즐거움을 우리에게 안겨준다. 모든 미술품이 시대의 산물이라는 것은 너무 당연해서 진부하기까지 한 말이다. 바로 그런 진부한 말처럼 고미술품에는 그 시대를 살던 사람들의 고민과 분투와 애증이 고스란히 담겨 있다. 고미술품을 자세히 뜯어보면 역사가 보이는 것이다.

역사는 아무리 친해지려고 해도 좀처럼 친해지기 어려운 분야이다. 친숙하지 않은 인물과 사건과 개념을 접해야 하기 때문에 어쩔 수 없이 외워야 하고, 다 외웠다고 생각하면 곧 다시 잊어버리기 일쑤이다. 그런데 아름다운 미술품을 감상하면서 전문가의 이야기를 듣다 보면 역사가 자연스럽게 머릿속에 들어올 테니까 그것처럼 신통한 일도 없을 것이다.

『미술 시간에 한국사 공부하기』가 바로 그처럼 신통한 체험을 여러분에게 제공한다. 조상들이 아름답고 편리한 삶을 추구하며 만들어 놓은 걸작 미술품들을 감상하면서 편안하게 전문가의 이야기를 듣다 보면 그토록 어려웠던 역사의 흐름이 손에 잡힌다. 그리고 그렇게 이해한 역사의 흐름이 다시 우리의 보물인 미술품들을 감상하는 데 커다란 도움을 준다.

『미술 시간에 한국사 공부하기』는 선사 시대 미술 시간, 삼국 시대 미술 시간, 고려 시대 미술 시간, 조선 시대 미술 시간의 4부로 구성되어 있다. 각 시대 미술 시간은 그대로 각 시대 삶의 결정판을 보여 준다. 여기서 만나는 미술 작품들을 통해 익히는 우리 역사는 단순히 연대기적으로 훑고 지나가는 역사와는 차원이 다르다. 장인 정신이 빚어낸 각 시대의 혼이 어떻게 이어져 왔는지를 살필 것이기 때문이다.

『미술 시간에 한국사 공부하기』와 더불어 심미안도 기르고 혼이 담긴 역사도 만나는 소중한 기회를 갖게 되기 바란다.

2010년 10월 지은이 이병호, 오영선, 김혜원

차례

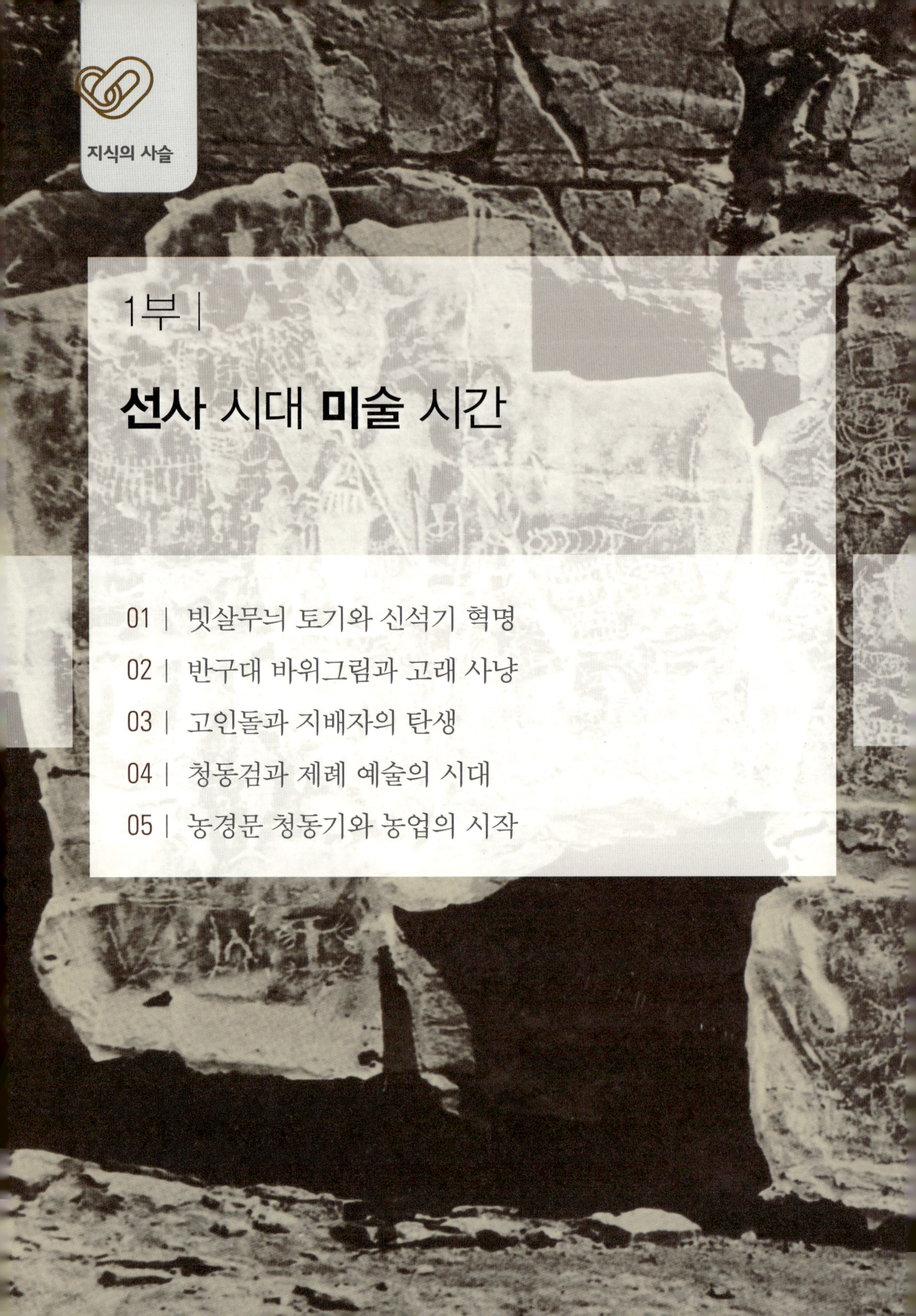

1부 |

선사 시대 미술 시간

선사 시대는 우리나라 미술의 원초적인 형태가 시작된 시대이다. 단순하면서도 강인한 생명력이 넘치는 빗살무늬 토기나 자신들의 바람을 사실적으로 묘사한 바위그림, 지배자의 탄생과 제례 예술을 상징하는 고인돌과 청동검 등에는 우리 민족 고유의 정서와 창의성이 고스란히 반영돼 있다. 그리고 이러한 도구나 물건은 제사와 같이 신과 소통할 수 있는 특별한 행위를 집행할 수 있는 권위의 상징이 되었다. 중국이나 일본과 다른 우리 민족 고유의 미술이 시작될 수 있었던 토대는 무엇일까? 우리나라 선사 시대를 더듬으며 생동감 넘치는 선사 시대 예술에 흠뻑 빠져 보자.

사진 | 울산 대곡리 반구대 바위그림

01

빗살무늬 토기와 신석기 혁명

한반도에 처음으로 사람이 살기 시작한 것은 구석기 시대로 약 70만 년 전부터이다. 구석기 시대 사람들은 사냥과 채집으로 먹을거리를 얻고 이동하며 살았다. 신석기 시대에는 정착 생활과 농경 생활을 시작하면서 사람들의 생활에 큰 변화가 생겼다. 이러한 생활의 변화와 함께 등장한 것이 바로 토기이다. 토기를 통해 신석기 시대 경제 활동의 변화와 예술 활동의 시작을 알아보자.

빗살무늬 토기

진흙으로 모양을 빚어 불에 구워 만든 그릇을 토기라고 한다. 우리나라에서 발견된 가장 오래된 토기는 제주 고산리 유적에서 출토된 토기들이다. 이곳에서는 이른 민무늬 토기와 덧띠무늬 토기, 소량의 누른무늬 토기가 발견되었는데, 그 시기는 기원전 1만 년 정도로 짐작된다.

이중 덧띠무늬 토기는 표면에 점토 띠를 덧붙이거나 표면을 손끝으로 집어 눌러 여러 가지 덧무늬를 장식한 토기를 말한다. 제주 고산리 유적에서 출토된 덧띠무늬 토기는 전체적으로 황갈색을 띠며 입술 부분에는 세 줄로 된 점토 띠를 에스(S) 자 모양으로 곡선화시킨 기하학 무늬를 덧붙여서 장식했다.

그릇은 사발 모양을 하고 있는데 뭔가를 담기 위해서였다. 이러한 그릇은 이후 목과 굽(받침), 무늬의 다양한 변화 과정을 거치지만 오늘날 우리가 사용하는 그릇과 큰 차이가 없다.

가장 오래된 토기들
제주 고산리 유적에서 출토되었다. 우리나라에서 발견된 토기 중 가장 오래된 토기들이다. 국립제주박물관 소장.

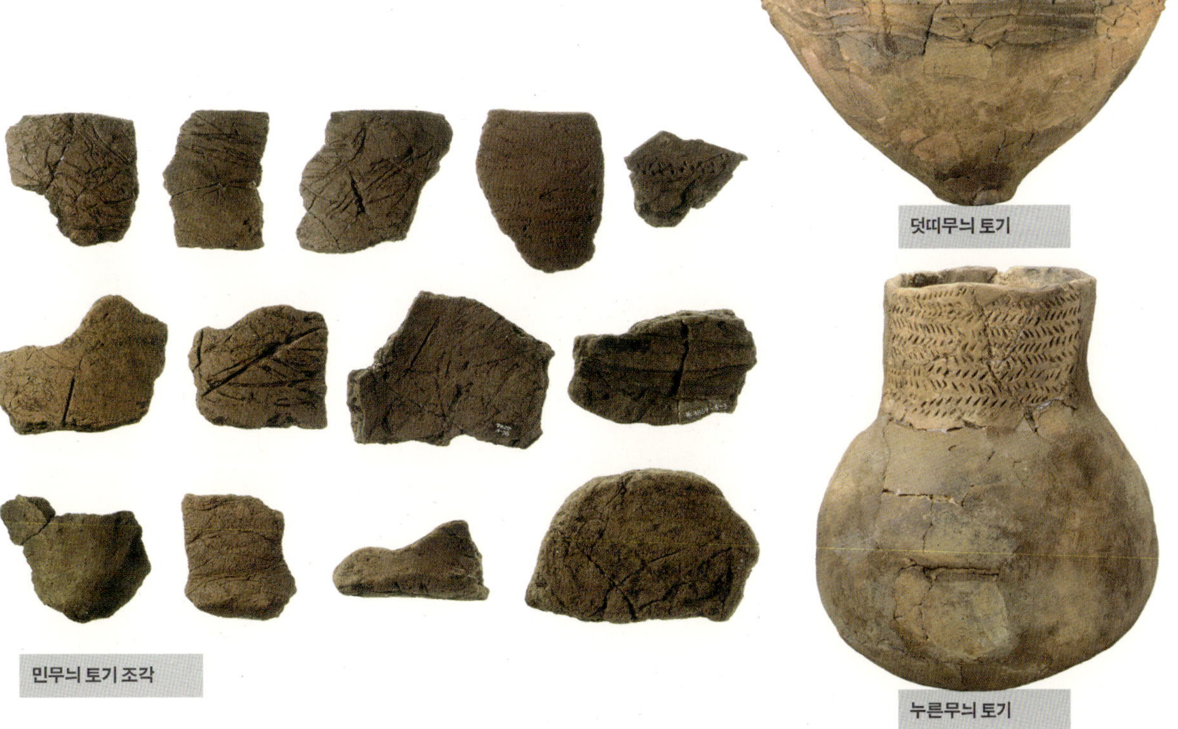

덧띠무늬 토기

민무늬 토기 조각

누른무늬 토기

덧띠무늬 토기는 이밖에도 강원도 고성 문암리, 양양 오산리 유적과 부산 동삼동, 통영 연대도 조개더미 등에서 발견되었다. 빗살무늬 토기가 출토된 곳보다 더 아래층에서 출토되어 훨씬 더 이른 시기부터 사용된 것을 알 수 있다.

이중 통영 연대도 조개더미에서 출토된 덧띠무늬 토기는 덧띠를 이용해 일곱 개의 꽃잎과 둥근 꽃술을 만들어서 활짝 핀 꽃을 표현한 것처럼 보인다. 흙으로 만들었지만 화사하게 핀 꽃을 장식한 토기에 음식을 만들어서 맛있게 먹었을 신석기 시대 사람들을 상상할 수 있다.

덧띠무늬 토기

통영 연대도 조개더미에서 출토되었다. 아래 도면은 덧띠무늬 토기를 밑에서 본 모양을 그린 것이다. 국립진주박물관 소장.

점과 선의 조화, 빗살무늬 토기

우리나라 신석기 시대의 대표적인 토기는 빗살무늬 토기이다. 빗살무늬는 나무나 뼈도구 또는 나무나 뼈로 만든 빗살 모양의 무늬 새기개로 표면을 누르거나 그어서 새긴 무늬를 말한다.

이러한 빗살무늬가 새겨진 토기들은 그것이 출토된 지역이나 시기에 따라서 여러 가지 형태가 있다. 보통은 선과 점으로 나타나는데 음각 선으로 그은 것도 있지만 찍은 것, 즉 압인한 것이 대부분이다. 그래서 빗살무늬 토기의 무늬는 하나같이 뚜렷하고 강한 힘이 넘친다.

빗살무늬 토기가 우리나라에 처음으로 나타난 것은 약 6,500년 전으로 중서부 지역부터 나타났다. 대체로 바닥이 뾰족한 포탄 모양이며, 겉면을 입술과 몸통, 바닥 세 부위로 나누어 각기 다른 무늬로 장식하는 규칙성이 있다.

중서부 지역에서 시작된 빗살무늬 토기는 약 5,500년 전부터 한반도 전 지역으로 빠르게 퍼져 나갔다. 이전의 덧띠무늬 토기가 동해안과 남해안 일부 지역에서만 나오는 데 반해 빗살무늬 토기는 한반도 전 지역에서 나오고

1부 | 선사 시대 미술 시간

있기 때문에 우리나라 신석기 문화를 '빗살무늬 토기 문화'라고도 부른다.

빗살무늬 토기는 청동이나 철과 같은 금속 제품에 비해 만들기는 쉽지만 잘 부서지기 때문에 제작과 폐기의 순환이 매우 빠르다. 선사 시대의 토기는 대부분 처음 만들어지고 사용된 장소를 떠나 멀리 이동하기 어려웠기 때문에, 제작 집단의 전통이 비교적 장기간 유지되는 경향이 있다. 따라서 빗살무늬 토기는 그릇의 생김새와 장식 무늬에 따라 중서부 지역, 남부 지역, 동북 지역, 서북 지역 등 몇 개의 지역군으로 나눌 수 있다.

하지만 지역성이 강한 빗살무늬 토기도 시대가 내려오면서 점차 무늬가 간략해지고 장식하는 면적이 줄어드는 경향을 보인다. 그리고 약 3,000여 년

013

전 청동기 시대로 접어들면 토기 표면에 아무런 장식도 하지 않는 민무늬 토기로 대체된다.

빗살무늬 토기의 용도는 그 크기에 따라 각각 달랐을 것으로 생각된다. 오늘날의 독과 같은 대형은 저장용, 중형은 취사용, 소형은 식기와 음식 준비 과정에 사용되었을 것이다. 그중 중형과 소형 토기가 더 큰 비중을 차지한다.

그렇다면 누가 이런 토기를 만들고 무늬를 넣었을까? 신석기 시대에는 농사를 지으며 사냥이나 고기잡이 등을 하며 살았는데 이러한 일들은 주로 남성의 몫이었을 것이다. 따라서 토기는 집안에서 아이를 돌보고, 요리를 하는 여성들이 여가를 이용해서 만들었을 것으로 생각된다.

그런데 고운 모래가 섞인 점토로 그처럼 얇은 토기를 만들어서 표면에 섬세하고 정교한 점선과 무늬를 새기는 것이 보통 사람이 할 수 있는 일이었는지에 대해 의문이 생긴다. 그래서 어떤 학자들은 토기를 전문적으로 만드는 기술자가 별도로 있었을 가능성을 제기하기도 한다.

빗살무늬 토기에 새겨진 선과 점선은 마름모꼴이나 반동심원을 이루어 장식성을 더욱 높여 준다. 특히 점으로 연결된 선은 한 번에 그은 선과 뚜렷하게 차이가 난다. 점을 깊게 찍어서 선을 표현했기 때문에 작고 가는 선에서도 강한 힘과 생명력이 느껴지며 깊은 인상을 받는다.

토기의 표면에 찍힌 점은 직선이나 곡선을 이루기도 하고 삼각형이나 사

각형, 원과 같은 면을 만든다. 그런데 직선으로 무늬를 넣어도 밑이 둥글고 뾰족하기 때문에 그 직선은 곡선으로 보이고, 곡선화된 직선과 마름모꼴은 그릇 전체를 회전하면서 보는 사람에게 새로운 인상을 준다.

빗살무늬 토기는 원래 식량을 저장하고 요리를 하는 실용적인 목적으로 만들었지만, 그 속에는 아름다움에 대한 원초적인 갈망과 생명력이 고스란히 담겨 있다.

기후의 변화와 함께 시작된 신석기 혁명

구석기 시대 사람들은 동물 뼈나 뿔로 만든 뼈도구와 돌을 깨뜨려서 만든 뗀석기로 사냥과 채집을 하면서 생활했다. 하지만 빙하기가 끝나고 기후가 따뜻해지자, 사람들은 새로운 자연환경에 적응하기 시작했다.

들소, 매머드, 순록과 같이 추운 기후에 적응해서 살던 동물들이 북쪽으로 이동하자 덩치가 작은 토끼나 여우, 새 등 작고 빠른 짐승을 잡기 위해 활을 사용했고, 따뜻한 기후 덕택에 번성하게 된 식물을 채집하고 고기잡이를 한 것이다.

이처럼 빙하기 이후 변화된 환경에 적응하면서 신석기 시대가 시작되었다. 신석기 시대라는 말은 뗀석기를 다시 한번 더 갈아서 여러 가지 형태의 간석기를 만들었기 때문에 붙여진 이름이다.

신석기 시대에는 간석기와 함께 토기를 만들어 사용했고, 농사를 지어 안정된 식량을 확보하는 농경 생활이 시작되었다. 농경은 여러 가지 사회 문화적 발전을 가능하게 한 전혀 새로운 차

돌화살촉

화살촉을 화살대에 연결하여 화살을 만들고, 탄력 있는 나무에 짐승의 힘줄을 매달아 활을 만들었다. 신석기 시대에는 활과 화살, 창 등이 실용화되어 효율적이고 안전하게 사냥했다.

원의 생산 양식이다. 그러므로 농경, 토기, 간석기를 신석기 혁명의 3대 요소라 한다.

과일, 열매나 곡물과 같은 식물성 음식물을 안정적으로 채집하기 위해서는 한 곳에 오랫동안 정착해야 했다. 많은 사람들이 한 곳에 정착하면서, 수렵 채집보다 더 안정적이고 인위적인 생산성의 증가를 위해 작물을 재배하는 농경이 시작된 것이다. 농경을 하면 식량 확보의 시기와 그 양에 대해 예측할 수 있기 때문에 농경의 발생과 정착 생활은 매우 밀접한 연관이 있다.

하지만 농경과 집단 정착 생활은 공중위생의 문제와 영양의 불균형에서 오는 질병이라는 새로운 문제를 낳았다. 특히 가뭄이나 홍수와 같은 자연재해로 농사에 실패하면 사람들은 굶어 죽기도 했다.

따라서 농경의 전개와 더불어 정착 생활이 본격화되면서 이러한 상황에 대해 대비책을 마련해야 했다. 그중 하나가 생산을 늘려 위기가 닥쳤을 때 대처하는 것이었다. 평소에 쓰고 난 나머지 생산물은 언제 찾아올지 모를 위기 상황에 대비하여 보관했는데, 이러한 나머지 생산물은 다른 물품과 교환하는데 활용되었다.

이처럼 농경을 통해 얻은 나머지 생산물과 교환 매개물은 직접 농사를 짓지 않아도 먹고살 수 있는 새로운 부류의 사람들, 즉 전문적인 장인 집단이

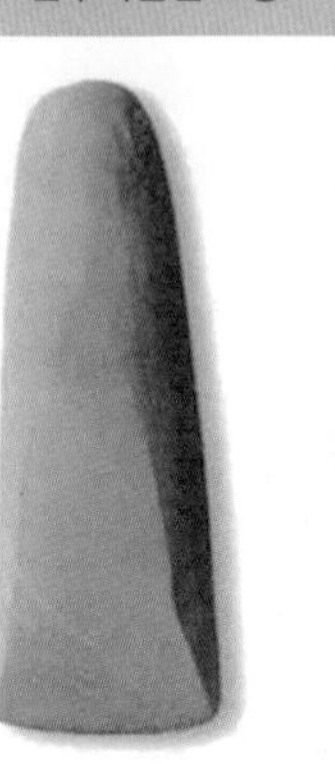

신석기 시대 집터
서울 암사동 신석기 시대 유적지의 집터이다. 화덕이 있던 자리와 저장 구덩이가 있던 자리가 있다.

나 예술가의 발생을 촉진하게 된다.

신석기 시대 사람들이 한 곳에 정착해서 곡물을 생산하면서 식량을 조리하고 저장하기 위해 발명한 것이 토기이다. 토기는 인류가 수렵·채집 경제에서 벗어나 농경과 목축 등 생산 경제로 들어가는 것을 가속화하고 유지시켰다. 특히 토기의 제작은 인간이 화학 변화를 깨닫고 그것을 이용한 첫 번째 사건이며, 마음먹은 대로 모양과 형태를 만들 수 있었기 때문에 예술 활동에도 혁신적인 변혁을 일으킨 것이다.

02

반구대 바위그림과 고래 사냥

신석기 시대의 예술은 빗살무늬 토기처럼 실용적인 물건에 점과 선을 이용하여 추상화된 무늬를 장식하는 형태로 나타난다. 당시 사람들이 왜 이러한 무늬를 넣었는지, 무엇을 기원하면서 무늬를 새겼는지는 정확히 알 수 없다. 하지만 청동기 시대가 되면 이러한 예술 행위들이 왜 나타나게 되었는지, 어떤 과정을 통해서 만들어졌고, 어떤 역할을 했는지 짐작할 수 있다. 사람, 고래, 사슴 등 구체적인 모습의 그림이 나타나기 때문이다. 오랜 시간이 지나도 변하지 않는 바위그림은 청동기 시대 예술 행위의 비밀을 푸는 열쇠이다.

울산 대곡리 반구대 바위그림

　바위그림은 바위 위에 다양한 기술로 그린 모든 그림을 뜻하는 말로, 암각화(巖刻畵)라고도 한다. 바위그림은 우리나라뿐만 아니라 전 세계 거의 모든 지역과 시대에 걸쳐서 나타나는 것으로 인간의 가장 오래된 예술 표현의 하나이다. 그렇지만 바위에 무엇인가를 새기고 그렸다는 용어에서 짐작할 수 있는 것처럼 이것이 조각과 회화 중 어디에 속하는지는 불분명하다. 분야가 분리되지 않고 원초적인 모습으로 나타나는 고대 예술의 특성 때문이다.

　바위그림은 고대 예술품의 하나이면서 동시에 문자나 언어가 존재하지 않던 사회에서 사용되었던 그림 언어라고 할 수 있다. 특히 제사를 지내는데 사용된 일종의 표현 수단이다. 따라서 바위그림의 흔적이나 기호를 통해 당시 사람들의 예술 활동뿐만 아니라 생활 방식이나 사고방식을 엿볼 수 있다.

1 **고령 양전동 바위그림** | 바위그림에서 많이 나타나는 동심원과 네모반듯한 기하학적 무늬가 새겨져 있다. 동심원은 태양신, 네모난 무늬는 검을 상징하는 것으로 짐작된다.

2 **사천 본촌리 유적 주거지 바위그림** | 동검으로 보이는 그림이 새겨져 있다.

3 **노르웨이 솔베르그 바위그림** | 노르웨이의 해양 문화를 보여 준다. 가운데 배의 길이는 457센티미터이다.

4 **프랑스 라스코 동굴 벽화** | 구석기 시대 유적이며, 들소, 야생마, 염소, 사슴 등이 주로 그려져 있다. 사냥의 대상이 되는 동물을 그려 놓고, 사냥 의식을 지냈던 것으로 보인다.

기암절벽에 새겨진 사냥감

울산 대곡리 반구대 바위그림은 태화강[1]의 지류인 대곡천이 지나가는 강변에 있다. 대곡천은 비교적 깊은 골짜기 지형을 이루고 있는데 주변에는 깎아지른 듯한 기암절벽이 있다. 반구산의 동쪽 끝에는 마치 거북이 모양으로 생긴 절벽이 있는데, 그곳에 높이 약 70미터, 너비 약 20미터의 바위 벽이 있다. 그 바위 벽의 아랫부분에 높이 약 3미터, 너비 약 9미터 규모로 바위그림이 그려져 있다.

이곳에는 현재까지 296점의 그림이 확인되었는데, 사람의 몸이나 얼굴을 그린 인물 모양이 14점, 고래나 거북이, 새, 사슴 등과 같은 동물 모양이 193점, 배나 울타리 그물과 같은 도구 모양이 11점, 형태를 파악하기 곤란한 그림 78점이 확인되었다.

울산 반구대 바위그림 중에서 큰 비중을 차지하는 것은 고래 그림이다. 이곳에 새겨진 고래들은 꼬리를 흔들면서 헤엄치는 모습을 한 것도 있고, 물을 내 뿜고 있는 것도 있고, 하늘로 치솟는 것처럼 그려진 것도 있다.

어떤 그림에는 고래의 몸속에 작은 고래 그림을 그려 놓은 것도 있다. 이 그림을 보고 새끼를 밴 모습을 그린 것이라고 해석하기도 하고, 새끼 고래를 업고 있는 어미 고래를 그린 것이라고 보기도 한다. 만약 이 그림을 새끼를 밴 고래라고 해석한다면 당시 사람들이 고래의 뱃속을 상상해서 그렸다는 얘기이다.

하지만 반구대 바위그림은 대부분 현실에서 볼 수 있는 것을 사실적으로 그렸다. 고래는 물속에서 생활하지만 젖먹이 동물이라는 점을 주목할 필요가 있다. 그렇다면 이 그림은 새끼 고래를 업고 젖을 먹이고 있는 어미 고래를 그린 것이 아닐까? 커다란 바위 면을 쪼아서 전체적인 형상을 만들고 그 안에 젖을 먹고 있는 새끼 고래의 모습을 재치 있게 표현한 것으로 생각된다.

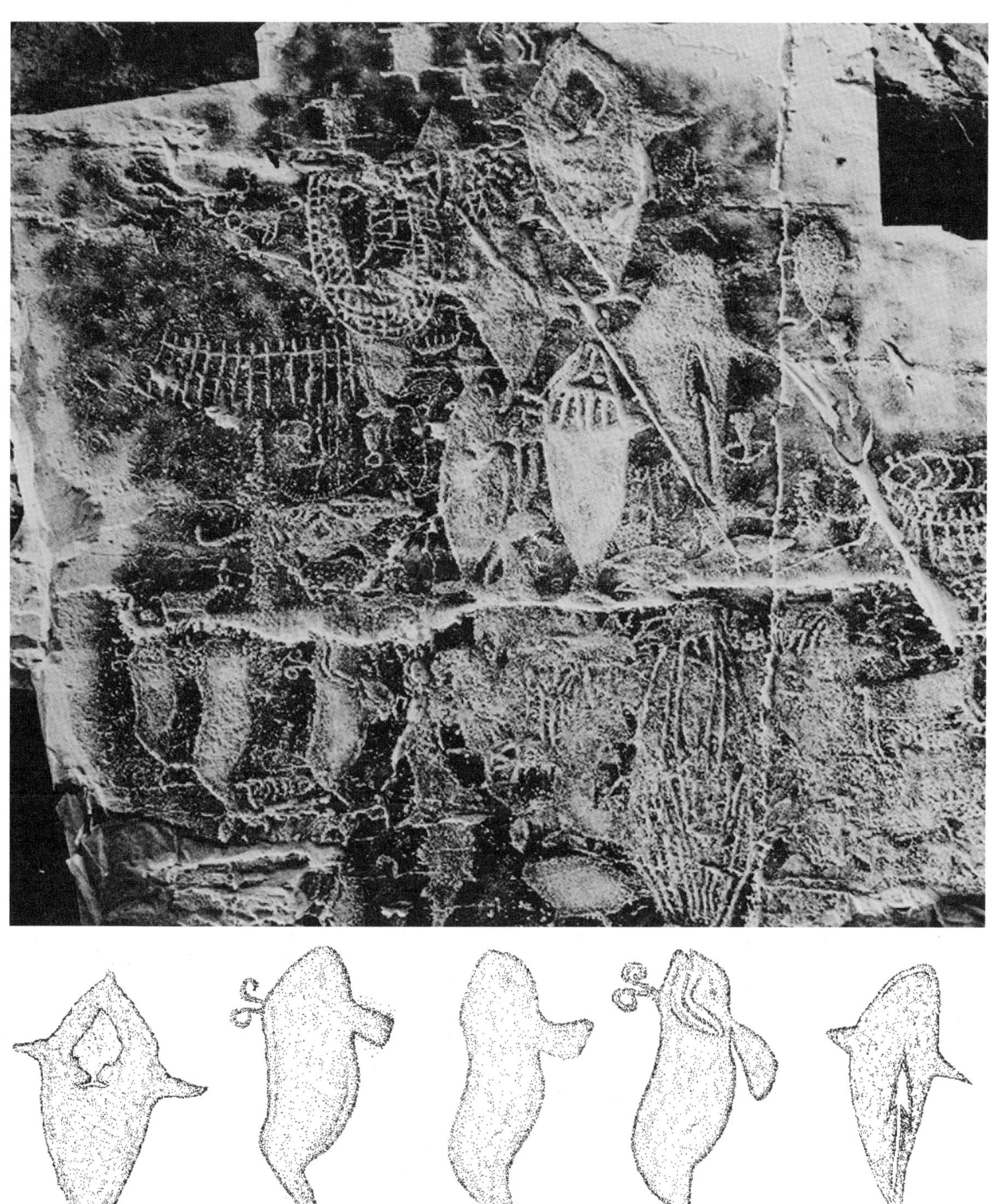

고래 바위그림

새끼를 업은 고래, 작살에 맞은 고래, 물을 뿜고 있는 고래 등 각종 고래가 사실적이고 역동적으로 그려져 있다. 이 그림을 이용해 고래를 식별하는 법과 잡는 법을 가르쳤을 것이다. 고래들이 하늘을 향해 오르는 모습은 주술적인 의미가 있다.

　　고래 그림 중에서 더욱 흥미를 끄는 것은 작살이 꽂힌 고래를 그린 그림과 통나무배를 타고 고래를 잡아서 끌고 오는 모습을 그린 것이다. 두 그림 모두 고래 사냥과 관련되는 것으로 보인다. 작살이 새겨진 그림은 창 끝 부분을 대단히 날카롭게 쪼아서 그렸다. 작살이 고래의 몸속에 꽂혔음을 대단히 사실적으로 보여 주는 것이다. 통나무배를 이용해 고래를 잡아서 끌고 오는 그림은 여러 사람이 바다에 나가서 고래를 잡아 돌아오는 만선의 기쁨과 경쾌함이 느껴진다.

　　반구대 바위그림에 이처럼 고래 그림이 많은 것은 근방에서 살았던 사람들의 생업이 주로 고래를 잡는 일이었기 때문이다. 지금은 고래를 보호하기 위해 함부로 잡을 수 없지만, 불과 몇십 년 전만 해도 울산 일대는 고래잡이의 전진 기지로 아주 붐볐다.

　　선사 시대 사람들의 쓰레기장인 조개더미에서는 고래의 뼈가 출토되기도 한다. 그물추나 그물이 그려진 그림이 새겨진 토기 조각을 보면 그물을

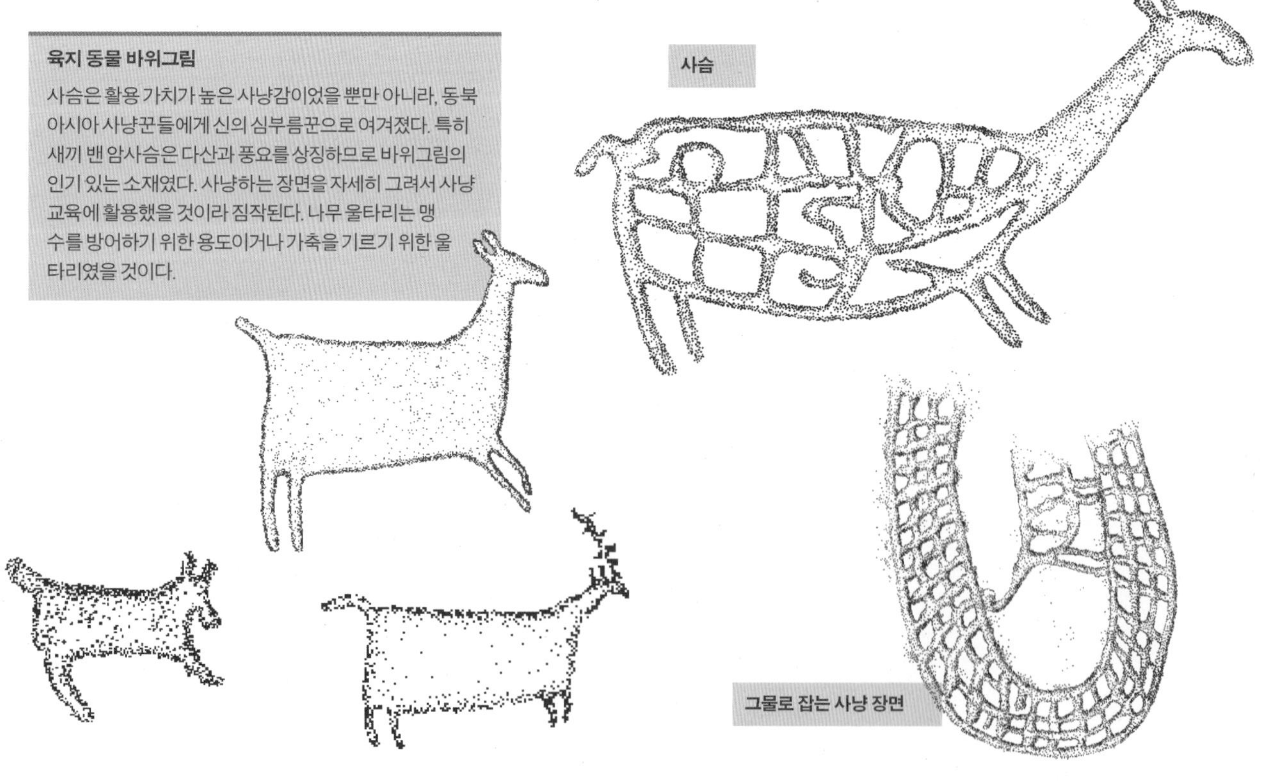

육지 동물 바위그림

사슴은 활용 가치가 높은 사냥감이었을 뿐만 아니라, 동북 아시아 사냥꾼들에게 신의 심부름꾼으로 여겨졌다. 특히 새끼 밴 암사슴은 다산과 풍요를 상징하므로 바위그림의 인기 있는 소재였다. 사냥하는 장면을 자세히 그려서 사냥 교육에 활용했을 것이라 짐작된다. 나무 울타리는 맹수를 방어하기 위한 용도이거나 가축을 기르기 위한 울타리였을 것이다.

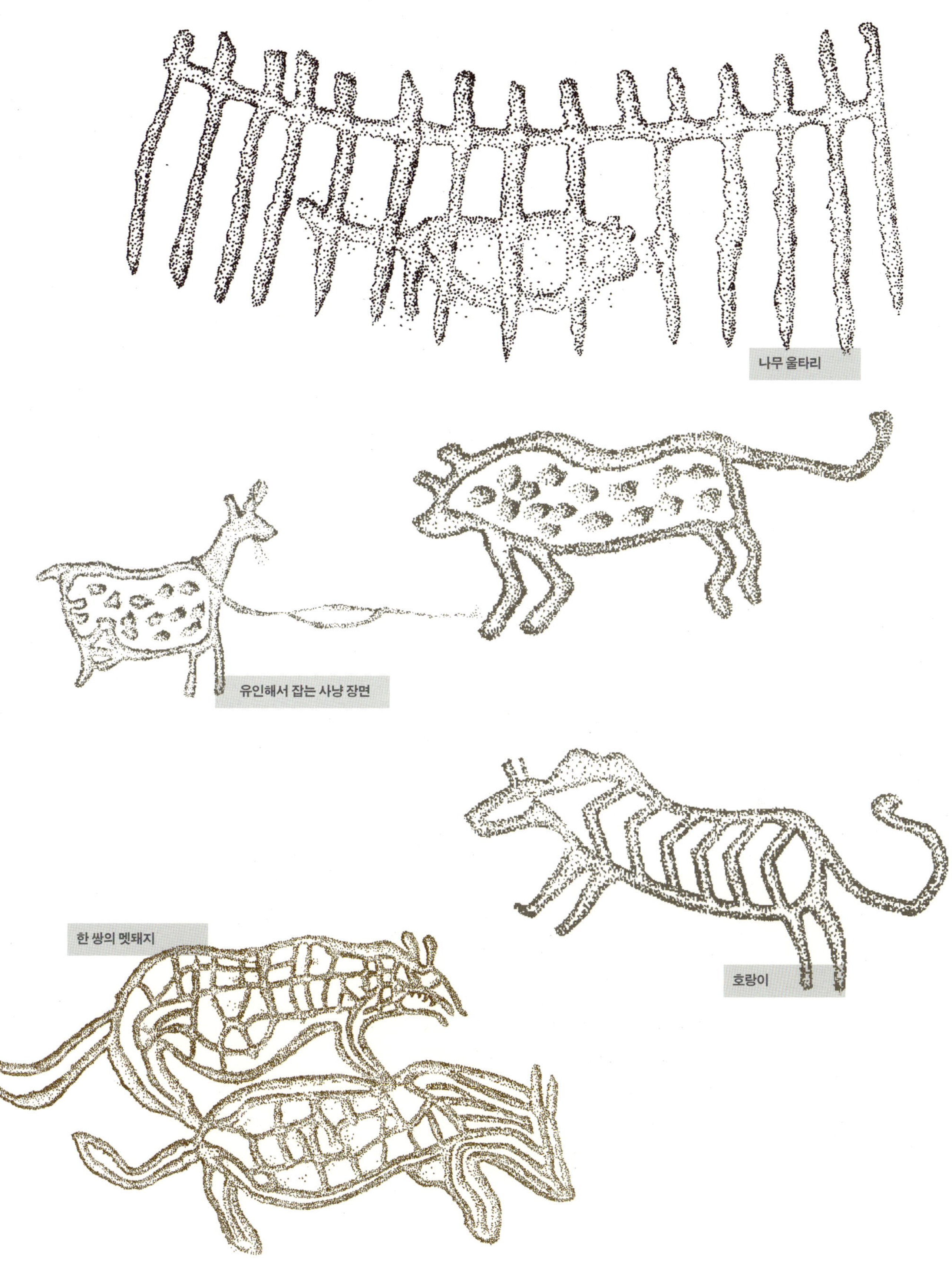
나무 울타리
유인해서 잡는 사냥 장면
호랑이
한 쌍의 멧돼지

통나무로 만든 배이다. 창녕 비봉리에서 출토되었고, 남아 있는 길이만 3미터가 넘는다. 국립김해박물관 소장.

이용해서 고기를 잡은 경우도 있었음을 알 수 있다. 최근에는 통나무배가 발견되기도 했는데, 이는 신석기 시대부터 배를 이용해서 바닷고기를 잡았던 직접적인 흔적이다. 바위그림이 당시 사람들의 생활과 직접 연관된다는 것을 잘 보여 주는 대목이다.

울산 반구대 바위그림에는 고래 그림뿐 아니라 육지에 사는 동물들도 새겨져 있다. 뭍에 사는 동물들의 종류를 정확히 판단하기는 어렵지만 뿔이나 귀, 다리, 꼬리 등 특정 부위를 통해서 그 종류를 짐작할 수 있다.

가장 많이 발견되는 사슴은 멋진 뿔을 그린 다음 몸통에 얼룩무늬를 표현하고 엉덩이 부분을 풍만하게 묘사하는 방법으로 그렸다. 호랑이와 같은 고양이과 동물은 몸통을 길게 그리면서 얼룩무늬를 나타낸 경우가 많고, 여우나 늑대 같은 개과 짐승은 주둥이를 길게 그렸다.

그런데 어떤 동물을 그렸는지 알 수 없는 것들도 있다. 그렇다면 바위그림에는 지금은 멸종된 짐승도 포함되어 있는 것이 아닐까? 사라진 동물이 어떤 것이고, 무엇을 그렸는지는 미래의 과제로 남겨둘 수밖에 없겠다.

뭍에 사는 사슴이나 호랑이, 멧돼지 같은 동물들은 사냥을 통해서만 얻을 수 있었던 것은 아닌가 보다. 울타리에 갇힌 짐승 그림이 있기 때문이다. 이 울타리가 함정과 같은 것인지, 아니면 가축을 기르기 위한 것인지는 알 수 없지만 목축의 흔적일 가능성이 더 높다.

신석기 시대의 자료이기는 하지만 부산 동삼동 조개더미에서는 개의 조상으로 생각되는 동물이 야생의 상태에서 가축으로 변해 가는 모습을 확인할 수 있기 때문이다. 즉 이곳에서 출토된 개의 아래턱뼈와 치아는 야생 개의 날카롭고 가는 것이 점차 가축화되는 과도기의 모습을 보여 준다.

바위그림에 그려진 울타리의 모습이 오늘날의 목장에 둘러 쳐진 울타리
와 큰 차이가 없는 것을 보면, 선사 시대 사람들도 목축을 통해서 육식을 했
던 것을 짐작할 수 있다.

울산 반구대 바위그림에는 사람의 모양을 본뜬 것도 있다. 그중 대부분
은 몸 전체를 그린 것이고, 두 점은 얼굴 부분만 그렸다. 어떤 사람 그림은 두

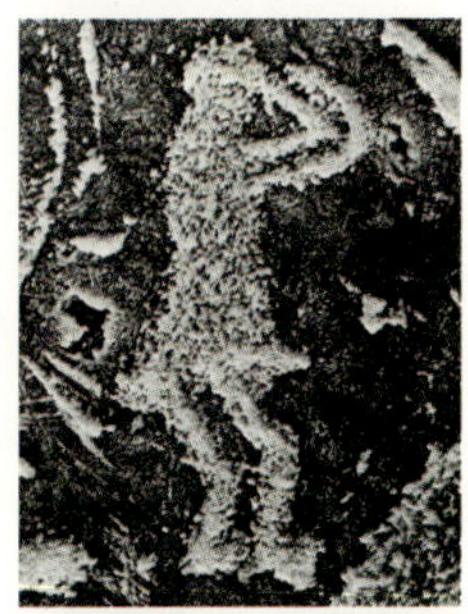

손을 얼굴 부근으로 올리고 두 다리를 약간 구부리고 있는데, 하반신에는 커다란 성기가 그려져 있다. 아래쪽에 고래 그림이 많이 있는 것을 볼 때 고래를 부르는 모습이나 신에게 고래를 많이 보내줄 것을 기원하는 모습으로 생각된다.

또 어떤 그림은 사슴 같은 짐승을 향해 활과 같은 도구를 들이대고 있는 자세를 하고 있다. 사슴을 활로 쏘아서 잡는, 즉 실제로 사냥하는 장면을 그린 것으로 생각된다.

사람의 모양을 그린 그림 중에서 흥미로운 것은 두 팔과 두 다리를 활짝 벌린 채 서 있는 모습이다. 손가락과 발가락이 모두 표현된 이 바위그림은 몽골이나 러시아와 같은 다른 나라에서도 자주 발견되는 모습이다. 이런 그림은 제사장을 그린 모습으로 알려져 있는데, 보통 춤을 추면서 사냥이나 고래잡이의 풍요와 안전을 기원하는 것으로 해석된다.

현실의 바람을 담은 바위그림

반구대 바위그림은 날카로운 도구로 바위 면을 쪼거나 파내는 방식으로 그렸다. 어떤 바위그림은 높이가 3미터 가까이 되는 곳에 그려져 있으니까 사다리 같은 것을 동원해서 그렸을 것이다. 따라서 이 그림은 상당한 재주를 가진 사람들이 조직적으로 작업을 해서 그렸던 것 같다. 다만 바위의 왼쪽 면에는 고래와 같은 바다 동물이 많고, 오른쪽 면에는 사슴과 같은 육지 동물이 많이 그려진 것을 볼 때 한꺼번에 전부 그린 것 같지는 않다. 그것이 고래를 잡는 계절과 사냥을 하는 계절의 차이일 수도 있고, 고래를 주로 잡아먹던 시기와 사냥을 주로 하던 시기의 차이일 수도 있다.

　그렇다면 당시 사람들은 왜 이렇게 힘든 작업을 했을까? 그것은 짐승들이 많이 잡히기를 기원하기 위해서였다. 작살에 꽂힌 고래의 모습이나 울타리에 갇힌 짐승의 모습은 단순히 현실의 모습을 사실적으로 옮겨 그린 것일 수 있다. 하지만 당시 사람들은 바위에 한 마리의 고래나 사슴을 그리면, 진짜 짐승 한 마리를 만들어 낸 것이라고 믿었다. 바위그림은 현실적이고 실용적인 바람을 직접적으로 보여 주는 것이다.

　선사 시대의 예술은 일상생활의 연장이다. 반구대 바위그림은 어떤 대상을 있는 그대로 보여 준다. 마술을 통해 불러내려는 짐승은 그 그림이 실물과 정확하고 충실하게 일치하지 않고서는 나타날 수 없기 때문이다. 그런 점에서 반구대 바위그림은 아직 예술과 현실의 세계가 명확하게 분리되지 않은 상태라고 할 수 있다.

03 고인돌과 지배자의 탄생

넓은 들판이 내려다보이는 구릉의 끝자락에 자리한 고인돌은 바다를 향해 불을 밝히고 서 있는 등대처럼 고고한 느낌을 준다. 두 개의 고임돌 위에 커다란 덮개돌을 올려놓은 북방식 고인돌은 태풍이 불면 금방이라도 쓰러질 것 같은데도 수천 년을 버텨 온 것을 보니 분명 뭔가 특별한 기술이 있었던 것 같다. 장비와 기술이 부족했던 시대에 누가, 왜, 어떻게 고인돌을 만들었는지 청동기 시대 건축 기술자들의 세계로 들어가 보자.

강화 고인돌

거대한 돌을 괴어 만든 무덤

고인돌은 우리나라의 청동기 시대를 대표하는 무덤 형식이다. 고인돌이라는 말은 땅 위에 거대한 덮개돌이 있고, 그 밑에 받침으로 사용되는 고임돌이 있기 때문에 붙여진 이름이다. 선조들을 이와 같은 무덤을 괸돌 또는 고임돌, 고인돌이라고 불렀다고 한다. 청동기 시대 사람들은 마을을 대표하는 족장이나 그 가족들이 죽었을 때 고인돌과 같이 커다란 무덤을 만들거나 무덤에 껴묻거리[1]를 많이 묻었다.

고인돌은 커다란 돌을 사용한 구조물이기 때문에 거석문화의 상징이다. 거석문화는 고인돌이나 선돌과 같이 거대한 돌덩이를 사용한 건축물을 특징으로 하는 선사 시대의 문화를 가리키는 말이다. 넓게 보았을 때 이집트나 마야의 피라미드, 중동 지방의 각종 석조물, 프랑스 서북부 대서양 연안 지역의 거석렬[2]과 영국의 스톤헨지 등이 모두 거석문화의 산물이다.

우리나라에는 세계적으로 유례가 없을 만큼 고인돌이 많은데, 현재까지 3만6,000여 기의 고인돌이 확인되었다. 일본에는 500~600기, 중국의 랴오닝 성이나 저장 성 지역에는 400여 기 정도가 알려져 있고, 유럽 전 지역에도 수천 기 정도만 분포하는 것과 비교하면 엄청난 숫자이다.

탁자식 고인돌

넓고 편평한 판돌을 땅 위에 세워 네모난 모양의 방을 만든 다음, 그 위에 뚜껑돌을 덮었다. 사진은 인천 강화군 하점면 부근리에 있는 고인돌로, 덮개돌의 길이 7.1미터, 너비 5.5미터나 되는 거대한 북방식 고인돌이다. 사적 137호.

바둑판식 고인돌

깬돌을 쌓아 돌널을 만들고 덮개돌을 얹었다. 경상남도 진주시 귀곡동 청동기 시대 유적지에서 발굴되었으며, 지금은 남강댐 건설로 수몰되었다.

개석식 고인돌

지하에 시신을 매장하고 그 위의 지상에 넓고 편평한 돌을 얹었다. 바둑판식과 달리 고임돌이 없다. 사진은 경상남도 진주시 대평리에서 발굴된 고인돌이며, 지금은 남강댐 건설로 수몰되었다.

030

　　한반도는 고인돌의 나라로 불릴 만큼 많은 고인돌이 만들어졌기 때문에 그 모습도 매우 다양하게 나타난다. 고인돌은 보통 땅 밑이나 위에 시신을 안치하는데 커다란 덮개돌의 무게를 받치기 위해 크고 작은 돌로 돌널을 만든다. 보통 돌널의 위치나 받침돌의 형태에 따라서 탁자식(북방식), 바둑판식(남방식), 개석식 등으로 구분하며, 지역에 따라 고인돌의 형태도 다르다.

　　탁자식 고인돌은 대개 넓고 평평한 돌 네 장을 짜 맞추어 무덤방을 만든 다음 바닥에 시신을 안치하고 그 위에 커다란 덮개돌을 얹어서 만든다. 그 모양이 마치 탁자처럼 생겨서 탁자식이라 이름 붙였다. 한강을 경계로 그 북쪽에 많이 분포하기 때문에 북방식이라고도 한다. 무덤방이 지상에 드러나 있기 때문에 껴묻거리가 도난당하고 없는 경우가 많다.

　　호남 지방이나 영남 지방에는 바둑판식 고인돌이 많다. 바둑판식 고인돌은 한강 이남에 주로 분포하며, 땅 속에 평평한 돌을 짜 맞추거나 깬돌이나 냇돌을 쌓아 무덤방을 만들고 그 안에 시신을 안치한다. 무덤 위에는 커다란 덮개돌을 얹는데 마치 바둑판처럼 보이기 때문에 바둑판식 고인돌이라는 이름이 붙여졌고, 주로 남부 지방에 많이 분포하기 때문에 남방식이라고도 부른다. 바둑판식 고인돌은 다른 나라에서는 발견되지 않는 우리나라 고인돌의 독특한 형태이다.

　　그밖에도 개석식 고인돌, 묘역식 고인돌이 있다. 개석식 고인돌은 커다란 덮개돌 밑에 시신을 안치하는 돌널이 있고, 그 위에 크고 납작한 돌을 덮은 형태이다. 묘역식 고인돌은 탁자식이나 바둑판식, 개석식에 포함되지 않는 것으로 구획묘라고도 하며, 무덤방을 둘러싸듯이 원형이나 장방형으로 돌을 깔았다. 묘역식 고인돌 중에는 무덤방이 있는 원형의 고인돌과 무덤방이 없는 장방형의 고인돌이 짝을 이루는 것이 있는데, 무덤방이 없는 것은 제사를 지내는 제단과 같은 것으로 짐작된다.

　　고인돌에는 토기와 간돌검, 돌화살촉을 비롯해 청동검과 옥 장신구 같은 것이 함께 묻혀 있다. 하지만 커다란 덮개돌에 비해 출토되는 유물은 그리 많지 않다.

고인돌에서 가장 많이 출토되는 토기는 붉은 간토기와 가지 무늬 토기이다. 이들 토기는 토기의 표면에 아무런 무늬도 새기지 않은 민무늬 토기에 속하지만, 붉은색이나 검은색이 나도록 특수한 재료를 갈아서 장식을 했다. 특히 붉은 간토기는 붉은색이 사람의 피를 상징하므로 내세의 부활과 재생을 바라는 의미에서 일부러 제작한 것이 아닐까 짐작된다.

토기 외에도 고인돌에서는 간돌검과 돌화살촉 등의 석기와 비파형 동검과 청동화살촉 등의 청동기, 대롱옥이나 굽은옥 등의 옥기가 출토된다. 이중 간돌검은 청동검과 크기와 형태가 대단히 비슷해서 청동검을 모방해서 만든 것이 아닐까 생각된다. 청동검의 원료인 구리와 주석은 구하기 어렵기 때문에 석기를 정교하게 갈아서 간돌검을 만들었던 것 같다.

고인돌은 어떤 과정을 거쳐 만들어질까? 고인돌은 고인돌이 들어설 자리를 정하고, 땅 밑이나 위에 널을 만든 다음 시신을 안치하고, 고임돌을 세우고, 덮개돌을 옮겨 와서 덮은 다음 무덤 구역을 만드는 과정을 거친다.

지금도 아무 곳에나 무덤을 만들지 않듯이, 고인돌도 아무 곳에나 만들지 않았다. 청동기 시대에도 묘지는 움집이나 다락창고[3]가 있는 주거 영역이나 논과 밭이 있는 생산 영역과는 구분되어 있었다. 또 고인돌은 일정한 방향과 규칙을 갖고 만들기 때문에 여러 개의 고인돌이 하나의 군집을 이루기도 하고, 어떤 고인돌은 2열, 3열을 맞추어서 만들어지기도 했다. 고인돌이 무리를 이루면서 발견되는 것을 보고 어떤 사람들은 가족 무덤이 아닐까 짐작하기도 한다.

고인돌을 만들 때 가장 힘들고 중요한 과정은 덮개돌의 채석과 운반이다. 덮개돌의 무게는 보통 10톤 미만이지만 대형 고인돌은 20~40톤에 이르는 것도 있고, 심지어 100톤 이상도 있다. 덮개돌은 주변 산에 있는 바위나 암벽에서 떼어낸 바위를 이용했다. 커다란 암벽에서 덮개돌을 떼 내는 데는 바위틈이나 암석의 결을 이용했다. 바윗결을 따라서 난 틈에 깊은 홈을 파서 나무 말뚝을 박고 물을 적셔 놓으면, 나무가 물에 불어 팽창하면서 바위가 갈라진다. 암벽에서 돌을 떼어 내는 것은 아무나 할 수 없는 것으로 고도의 기술을 가진 석공이 있었을 것이다.

이렇게 떼 낸 덮개돌은 마을 사람들이 모두 동원돼서 무덤이 있는 곳으로 옮겼다. 어떤 학자는 "덮개돌 1톤을 1마일(1.6킬로미터) 옮기는데 16~20명이 필요하며, 32톤의 큰 돌을 둥근 통나무와 밧줄을 이용해서 옮기는데 2백명이 필요하다."라고 한다. 덮개돌을 운반하는 방법은 여러 개의 둥근 통나무를 이용해 끈으로 묶어 끌거나 지렛대를 이용하는 방법이 사용되었을 것으로 생각된다. 운반되어 온 덮개돌은 무덤방이나 고임돌에 흙을 경사지게 돋우고 그 위로 덮개돌을 끌어올린 다음 흙을 제거하는 과정을 거쳐서 완성된다.

전라북도 진안 여의곡이라는 곳에서는 덮개돌을 옮긴 흔적이 확인되었다. 채석장과 고인돌이 있는 곳을 이어주는 레일(rail) 형태의 길이 발견된 것이다. 따라서 이 길은 밭과 같은 농경지를 가로지르지 않고 그 외곽에 조성되어 있었다. 밭에 작물이 자라고 있을 때 농사에 피해를 주지 않고 덮개돌

을 운반한 것이다. 덮개돌의 이동로는 한번만 이용한 것이 아니라 고인돌을 만들 때마다 여러 차례 이용되었기 때문에 오늘날까지도 비교적 선명하게 남아 있다.

지배자와 피지배자의 탄생

빗살무늬 토기를 만들어 사용하던 시대나 바위그림을 그리던 시대는 아직 벼농사와 같은 본격적인 농사가 시작되기 전이었다. 반구대 바위그림에 농사짓는 모습이나 농사 도구와 관련된 그림이 단 한 점도 발견되지 않는 것은 그때까지 농사를 몰랐거나 농사지을 필요가 없던 시대였기 때문일 것이다.

우리나라에서 농사가 시작된 시기는 신석기 시대 말기이다. 콩이나 기장, 조, 수수와 같은 밭농사를 중심으로 농사를 지었고, 벼농사는 아직 시작되지 않았다. 무논(물이 괴어 있는 논)에서 쌀을 재배하는 벼농사는 지금부터 약 3,000여 년 전인 청동기 시대에 접어들면서 시작되었다. 벼농사의 직접적인 증거로는 불탄 쌀이나, 바닥이나 몸통에 볍씨 자국이 찍힌 토기, 반달 모양 돌칼 등의 농기구, 논 유적 등 수없이 많다.

벼농사를 짓기 위해서는 경작지인 논과 밭을 개간하고 제철에 물을 대는 일, 수확과 탈곡 등에 필요한 농기구를 제작하는 일, 수확한 곡물을 저장하거나 운반하기 위한 토기나 창고와 같은 각종 시설을 만드는 일 등 여러 가지 생산 체계가 필요하다. 이 모든 일을 한 사람이 처리하기 곤란했기 때문에 여러 사람이 힘을 합쳐서 공동으로 작업을 했다. 여러 사람이 모여서 마을을 이루고 살게 된 것이다.

마을 사람들은 힘을 합쳐서 논과 밭을 일구고, 외적의 침입을 방어하기 위해 나무 울타리를 만들거나 큰 도랑을 파는 등 대규모 토목 공사를 했다.

불탄 쌀
벼농사는 신석기 시대 후기 또는 청동기 시대에 접어들면서 시작되지만, 청동기 시대 중기에 들어서 본격화되며 증거가 많이 출토된다. 사진은 강릉에서 출토된 청동기 시대 탄화미이다.

이런 일들을 보다 조직적이고 효과적으로 추진하기 위해서는 마을의 지도자가 필요했다.

나이가 많은 마을 어른들은 오랜 경험을 통해 물난리가 나거나 가뭄이 들었을 때 혹은 외적이 침입했을 때 대처하는 방법, 마을 사람들 사이에 갈등이나 다툼이 있었을 때 해결하는 방법을 잘 알고 있었기 때문에 지도자의 대우를 받았다.

고인돌이 만들어지던 청동기 시대는 벼농사의 발달로 먹을거리가 풍부해지고, 사회가 점점 분업화되었다. 하지만 그것은 고인돌과 같은 거대한 무덤을 만든 사회적 배경이지 고인돌을 만든 이유를 말해 주지는 못한다.

고인돌은 수십 톤이나 되는 거대한 덮개돌을 채석하고 운반해서 고임돌 위에 정확하게 올리는 토목 설계 기술이 필요하다. 기술뿐만 아니라 많은 인력이 필요하기 때문에 고인돌을 만든 사람들은 정치권력이나 경제력을 가진 지배층일 가능성이 높다. 그들은 스스로를 하늘의 자손이라고 생각하고 주변의 약한 부족을 통합하거나 정복하기도 했다. 그런 과정에서 자신들이 가진 것을 오랫동안 기념하고 기억시키기 위해 고인돌 같이 기념비적인 것을

볍씨 자국이 찍힌 토기
진주 대평리에서 출토된 청동기 시대 민무늬 토기이다. 바닥에 볍씨 자국이 찍혀 있다. 국립진주박물관 소장.

청동기 시대 논
울산 무거동 옥현 유적에서
발굴된 청동기 시대 논이다.

만들었을 것이다. 고인돌은 지배자와 피지배자를 연결해 주는 정치적인 것
이며, 동시에 제의적인 성격의 기념비적인 건조물이다.

청동검과 제례 예술의 시대

돌을 사용하던 사람들은 어느 순간 청동기를 발명했다. 청동은 인간이 만들어서 사용한 최초의 금속으로 철보다 다루기가 쉬워 오랫동안 다양한 용도로 사용되었다. 부드러운 곡선을 이루는 요령식 동검이나 기기묘묘한 무늬가 새겨진 거울, 흔들면 소리가 나는 방울까지 청동기로 못 만드는 게 없었다. 우리나라 청동기 시대에는 어떤 청동기가 만들어졌고, 청동기가 어떤 기능을 했는지 살펴보자.

청동 제품은 누가 사용했을까?

청동은 인간이 발명한 최초의 금속으로 구리와 주석을 녹여서 만든다. 인간이 도구의 주된 재료로 청동을 사용하던 시기를 청동기 시대라 한다. 청동으로 만든 검이나 창, 거울, 방울 등은 한반도 전 지역에서 발견되는데, 대부분 무덤의 껴묻거리로 출토된다.

하지만 청동기 시대라고 해도 모든 사람이 청동기를 소유하고, 사용한 것은 아니다. 대부분의 사람들은 여전히 돌을 갈아서 도구를 만들었다.[1] 청동기를 만들려면 구리와 주석, 아연, 납과 같은 여러 가지 금속 원료를 광석에서 캐내고, 거푸집에 원료를 일정한 비율로 녹이는 매우 까다롭고 복잡한 기술이 필요했기 때문이다. 특히 우리나라에서는 구리와 주석과 같은 청동의 원료를 구하는 것이 매우 힘들었다. 그래서 청동기를 소유할 수 있는 사람은 극히 제한되었으며, 그 사용처도 매우 한정적일 수밖에 없었다.

지금까지 한반도에서 발견된 청동기는 청동검 300여 점, 청동 거울 200여 점 등 모두 1,000여 점에 불과하다. 청동 유물 가운데 가장 많은 것은 무기인데, 그중에서도 청동으로 만든 단검이 가장 많다.

가장 이른 시기의 단검은 기원전 10세기 무렵부터 나타나기 시작한 비파형 동검이다. 이 동검은 현재 중국의 동북 지역인 요령성(랴오닝 성), 길림성(지린 성) 일대에 주로 분포하기 때문에 요령식 동검이라고 하며, 그 형태가 비파와 비슷해서 비파형 동검으로도 부른다.

비파형 동검의 특징은 날이 있는 부분이 에스(S) 자 형태로 휘어졌고, 칼몸과 손잡이 그리고 손잡이 끝에 달리는 칼자루 끝장식이 각기 따로 제작된 조립식 동검이라는 점이다. 칼몸과 손잡이를 한꺼번에 만드는 중국식 동검이나 내몽골 오르도스 지역[2]의 북방계 동검과는 큰 차이를 보인다.

비파형 동검의 전형적인 형태는 칼몸 양날의 위쪽이 튀어나와 돌기를

1 청동기 시대에 가장 많이 사용된 도구의 재료는 돌과 나무이다. 그런데도 청동을 강조해서 청동기 시대라는 용어를 쓰는 이유는 값비싼 청동기를 만들고 소유한 사람들이 청동기를 이용해서 새로운 사회조직, 예를 들면 국가를 만들고 통치하는 등 새로운 체계를 갖추어 갔기 때문이다.

2 중국 네이멍구 자치구의 중남부에 있는 고원 지역으로, 높이는 1,500미터이다. 북쪽과 서쪽은 황허 강이, 남쪽은 만리장성이 둘러싸고 있다. 예로부터 한족과 북방 유목 민족의 쟁탈지였다.

형성하고, 그 아래쪽은 좁아들다가 다시 둥글고 넓게 퍼져 볼록한 모양이다. 칼몸과 따로 만들어 조립하도록 되어 있는 손잡이는 전체적으로 티(T) 자형이다. 손잡이는 동검에 비해 발견된 유물의 수가 매우 적은데, 아마도 나무 손잡이를 많이 사용했기 때문에 남아 있지 않은 것 같다. 손잡이뿐만 아니라 칼집도 만들었을 것으로 생각되지만 칼집 또한 나무로 만들었기 때문에 남아 있지 않다. 이러한 비파형 동검은 주로 남방식 고인돌이나 돌널무덤에서 출토되는데 가끔 산비탈의 돌무더기 속에서 발견되기도 한다.

우리 역사상 최초의 국가인 고조선은 청동기 문화를 기반으로 건국되었다. 고조선의 중심지로 생각되는 평양을 중심으로 한반도 서북 지역과 중국 랴오닝 성 지역에서는 고인돌을 만들고 미송리형 토기(민무늬 토기의 한 형식)와 비파형 동검을 사용하던 사람들의 흔적이 자주 발견되기 때문이다. 이 중에서 비파형 동검은 한반도 전지역과 중국 요령성 일대에서만 발견되기

비파형 동검 손잡이

청동으로 된 비파형 동검의 손잡이 부분이다. 청동 손잡이는 현재 4~5점 정도가 알려져 있다. 국립중앙박물관 소장.

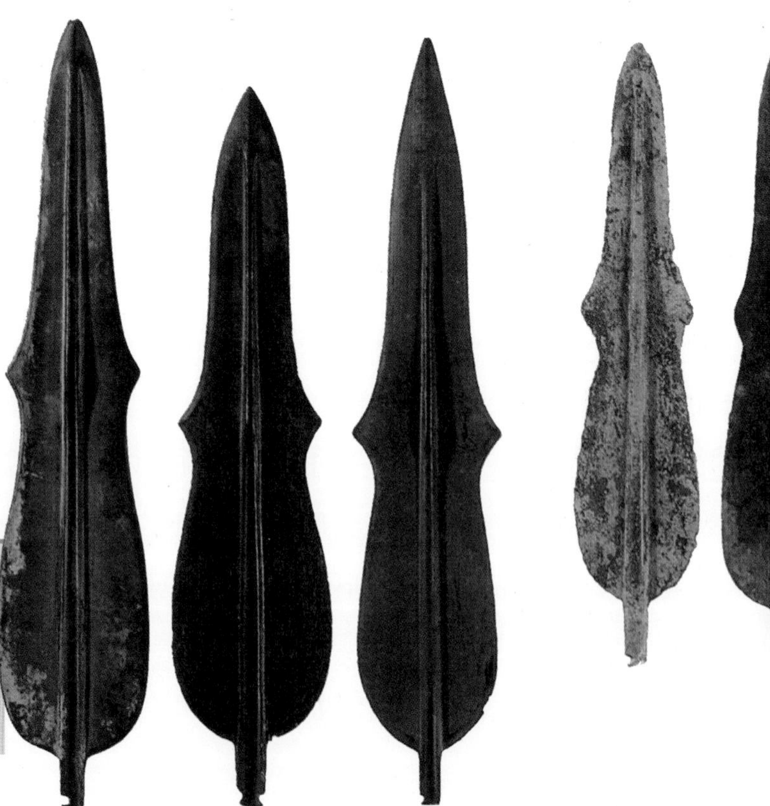

비파형 동검

왼쪽부터 3기는 경상북도 상주, 그 뒤는 충청남도 부여 송국리, 전라남도 우산리, 적양동에서 출토되었다. 맨 왼쪽 동검의 길이는 42센티미터이다. 국립중앙박물관 소장.

때문에 고조선 사람들의 활동 범위를 판단하는 중요한 근거가 된다.

우리나라 후기 청동기 문화를 대표하는 것은 세형 동검과 청동창, 꺾창이 있다. 이중 세형 동검은 비파형 동검에 비해 칼몸이 직선화되고 가늘어졌기 때문에 붙여진 이름이며, 우리나라 고유의 청동검이라는 의미에서 한국식 동검이라고도 한다. 비파형 동검과 마찬가지로 칼몸과 손잡이를 따로 제작한 동검이기 때문에 비파형 동검이 변화, 발전된 것으로 생각된다.

세형 동검은 아래쪽의 날과 가운데 솟아 있는 등대 부분에 마디가 생기도록 한 것이 특징이다. 손잡이는 비파형 동검과 마찬가지로 티(T) 자형이다. 칼집은 나무로 만들었는데, 나무에 옻칠을 하고 청동 부속으로 장식을 한 청동검과 검집이 발견되기도 했다. 이러한 청동기들은 기원전 5세기 무렵부터 만들어졌고 철기가 등장한 이후에도 계속 만들어지다가 기원 전후 시기까지 사용되었다.

청동기는 전쟁을 할 때 사용하는 실용적인 무기보다는 청동 거울이나

청동 방울, 방패 모양 동기, 나팔 모양 동기와 같이 비실용적인 것들이 더 많이 만들어졌다. 따라서 청동검도 실제 무기로 사용했다기보다는 제사 용품의 하나였을 것으로 생각되고, 그러한 청동기를 소유하고 사용한 사람들도 제사를 지낼 때 주도적인 역할을 하던 제사장이었을 것으로 짐작된다.

청동검과 함께 출토되는 것에는 청동 거울이 있다. 처음에는 거울의 뒷면에 삼각형이나 동그라미를 이용해서 번개무늬나 별무늬, 햇살 무늬 같은 것을 거칠게 새긴 거친무늬 거울을 만들었지만, 점차 무늬가 복잡하고 세밀한 잔무늬 거울을 만들게 된다.

잔무늬 거울의 표면에는 1센티미터에 20개가 넘는 가는 선이 새겨져 있다. 이렇게 정밀한 거울을 만들 수 있었던 것은 흙과 가는 모래로 된 거푸집을 이용했기 때문이라는 사실이 최근에 밝혀졌다. 잔무늬 거울은 그 무늬가

잔무늬 거울
태양을 상징하는 동심원이 여덟 개 새겨져 있다. 8이라는 수는 풍요를 상징한다. 국립중앙박물관 소장.

거친무늬 거울
번개무늬와 별무늬가 새겨져 있다. 초기의 청동 거울이다. 국립중앙박물관 소장.

아주 정밀해서 현대의 기술과 장비로도 복원하기가 쉽지 않다.

우리나라에서 출토되는 청동 거울은 중국 거울과 차이가 있다. 중국의 청동 거울은 거울 뒷면 중앙에 끈을 꿸 수 있는 꼭지가 한 개뿐이지만, 우리나라의 청동 거울은 꼭지가 한쪽으로 치우쳐 있고 두 개 또는 세 개 이상의 꼭지가 있다. 또한 액체화된 청동을 거푸집에 부어서 만들 때 생기는 표면 장력 때문에 거울 안쪽이 오목하고 끝이 약간 올라간 형태이다. 중국 거울은 가운데가 볼록하다.

청동 거울과 함께 청동 방울도 자주 출토된다. 엑스(X) 자처럼 휘어진 청동 봉 끝에 둥근 방울이 달려 있는 가지방울도 있고, 청동판 끝에 여덟 개의 방울이 달려 있는 팔주령도 있고, 막대 끝에 청동 방울을 달아서 사용하던 간두령도 있다. 재미난 것은 청동 방울을 흔들어 보면 아직도 딸랑딸랑 소리가 난다는 것이다. 처음 만들 때부터 소리가 나도록 방울 안에 조그만 알맹이를 넣어서 만들었기 때문이다. 2,000년도 더 된 청동기에서 들리는 방

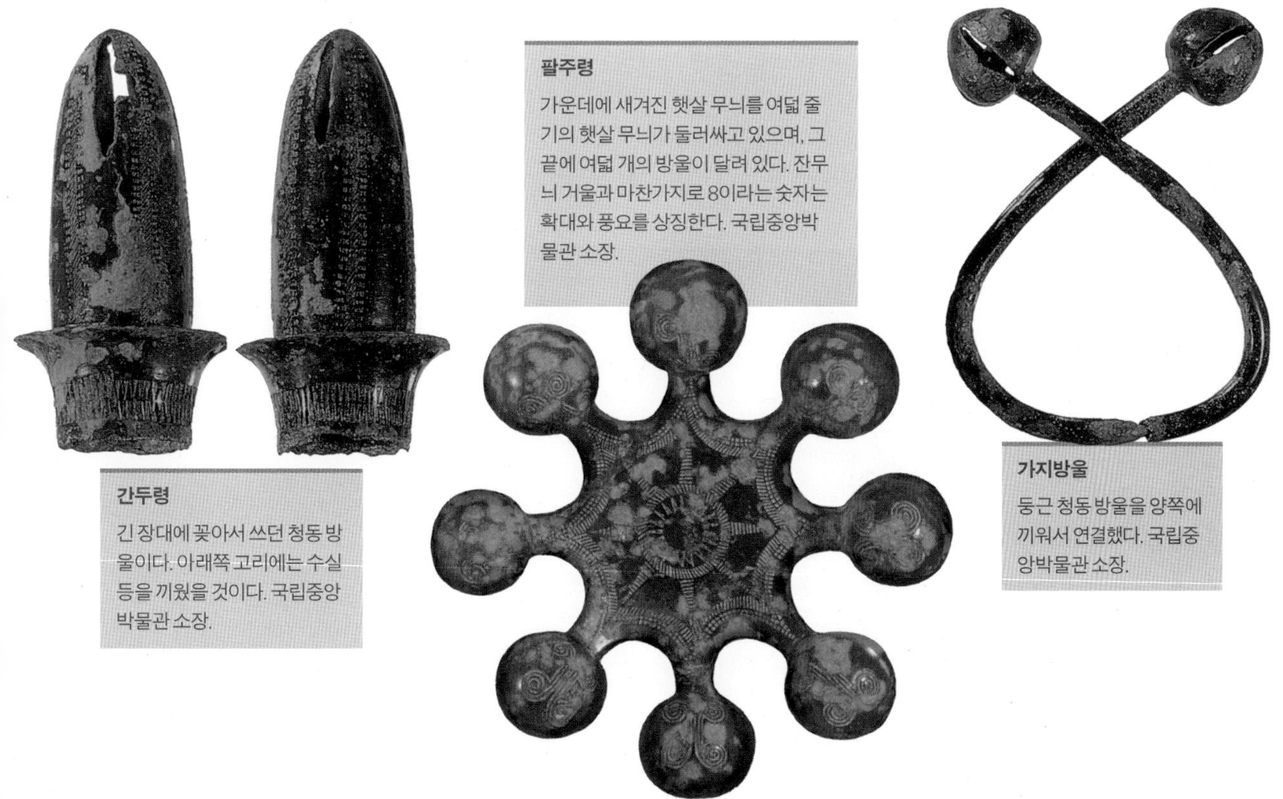

팔주령
가운데에 새겨진 햇살 무늬를 여덟 줄기의 햇살 무늬가 둘러싸고 있으며, 그 끝에 여덟 개의 방울이 달려 있다. 잔무늬 거울과 마찬가지로 8이라는 숫자는 확대와 풍요를 상징한다. 국립중앙박물관 소장.

간두령
긴 장대에 꽂아서 쓰던 청동 방울이다. 아래쪽 고리에는 수실 등을 끼웠을 것이다. 국립중앙박물관 소장.

가지방울
둥근 청동 방울을 양쪽에 끼워서 연결했다. 국립중앙박물관 소장.

울 소리는 현대인의 마음속에 잠들어 있는 원시적인 감성을 일깨워 주는 듯
맑다.

청동 거울이나 청동 방울은 생활하는데 필요한 실용적인 것은 아니다.
고려 시대나 조선 시대에 만들어진 청동 거울은 주로 여성들이 치장을 할
때 사용했다. 그렇지만 원료를 구하기도 어려워서 깨진 것을 여러 차례 재사
용하기도 했던 청동기를 단순히 화장을 하거나 치장을 하는데 사용한 것이
라고 할 수 있을까? 청동검이나 청동 거울은 제사를 지내는데 사용했을 가
능성이 높다. 청동 방울은 오늘날 무당들이 굿을 할 때 사용하는 방울과 큰
차이가 없다.

제례 예술의 시대

청동기 시대에는 농사가 잘되기를 기원하거나 풍작에 감사하며, 사냥이
나 고기잡이의 성공을 기원하고 가뭄이나 홍수가 멈추기를 기도하는 등 여
러 가지 형태의 제사를 지냈다. 제사를 주재하는 제사장은 많은 사람들의
존경과 두려움의 대상이었다. 제사장은 하늘과 땅을 이어주는 신성한 존재
였고, 사람들의 소원을 하늘에 전하고 하늘의 뜻을 사람들에게 전해 주었기
때문이다. 또 제사장은 병든 사람을 고치고 죽은 사람을 저세상으로 보내는
일도 맡고 있었다.

가뭄이 들어 흉년이 들었을 때를 생각해 보자. 이때에도 사람들은 제사
를 지내는데, 제사장은 음악에 맞춰 춤을 추면서 하늘의 이야기를 듣고 그
것을 사람들에게 전달한다. 하늘의 소리를 들을 수 있는 사람은 보통 사람
들이 갖지 못하는 특별한 것을 가지고 있다. 바로 청동검과 청동 거울, 청동
방울과 같은 청동기이다.

제사장은 한쪽 손에는 청동 방울을 들고, 다른 손으로는 청동검을 이용

해서 제물을 바친다. 쉼 없이 울려 퍼지는 음악 소리에 맞추어 제사장은 격렬하게 춤을 추고, 제사장의 옷에 달린 청동 거울에서는 햇빛이 비추어 번쩍번쩍 빛이 난다. 어느 순간 제사장은 태양 빛을 한 몸에 받아 빛과 하나가 된다. 그러한 제사장의 모습을 본 사람들은 놀라지 않을 수 없었을 것이다.

청동기의 제작은 빗살무늬 토기와 같이 실용적이고 자연적인 것과는 전혀 다른 차원의 예술 활동이다. 청동기는 토기나 석기에 비해 값비싼 재료로 만들어지고, 전문적인 솜씨를 가진 제작 집단이나 예술가가 필요했다. 일상생활 용기와 구분되는 청동기는 당시 사람들이 생각하는 가장 중요한 일을 하는데 사용되었다. 청동기 시대에는 하늘과 땅, 인간을 연결하는 제사가 가장 중요한 것이었고, 그런 점에서 청동기 시대를 제례 예술의 시대라고 할 수 있을 듯하다.

청동기 시대 제사장의 모습
제사장은 청동검, 청동 거울, 청동 방울을 이용해 권위를 과시하며 제천 행사를 주관했다. 제천 행사를 통해 사람들은 공동체 의식을 다졌다.

04 | 청동검과 제례 예술의 시대

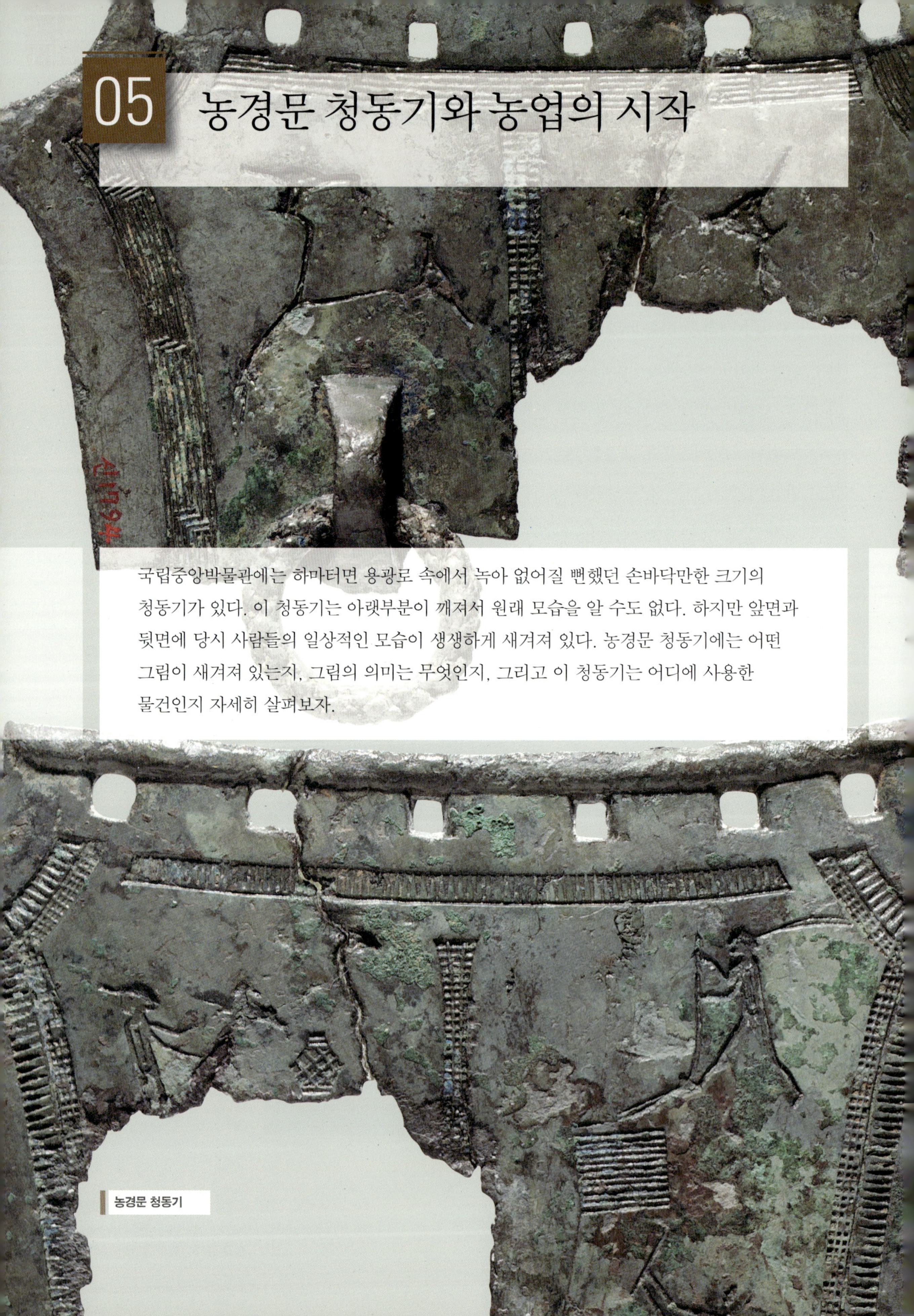

농경문 청동기와 농업의 시작

국립중앙박물관에는 하마터면 용광로 속에서 녹아 없어질 뻔했던 손바닥만한 크기의 청동기가 있다. 이 청동기는 아랫부분이 깨져서 원래 모습을 알 수도 없다. 하지만 앞면과 뒷면에 당시 사람들의 일상적인 모습이 생생하게 새겨져 있다. 농경문 청동기에는 어떤 그림이 새겨져 있는지, 그림의 의미는 무엇인지, 그리고 이 청동기는 어디에 사용한 물건인지 자세히 살펴보자.

농경문 청동기

대전 괴정동에서 출토되었다고 전하는 농경문 청동기는 우리나라 청동기 시대를 대표할 만한 유물이다. 이 청동기는 대전의 한 고물상에서 수집하여 보관하고 있던 것을 국립중앙박물관에서 구입한 것이다. 처음에는 청동기의 표면에 녹이 많이 붙어서 바깥쪽에 있는 기하학적 무늬만 조금 보였을 뿐이다. 이후 과학적인 방법으로 녹을 제거하자 농사짓는 사람의 모습과 새 무늬가 드러나, 이후 농경문 청동기로 불린다.

이 청동기는 전체 길이가 12.8센티미터, 폭은 7.3센티미터에 불과하고 두께는 1.5밀리미터 정도로 얇다. 표면에 불순물이 전혀 섞이지 않은 것을 보아 양질의 청동 합금을 이용해서 만든 것을 알 수 있다. 아쉽게도 아래쪽이 깨져서 전체 형태는 알 수 없다. 다만 아산 남성리 유적과 대전 괴정동에서 비슷한 형태의 방패 모양 동기가 발견되어 아래쪽이 어떤 모습이었는지를 상상해 볼 수 있다. 방패 모양 동기는 위쪽에 여러 개의 구멍이 뚫려 있어서 끈으로 연결해서 매달았던 것을 짐작할 수 있다.

방패 모양 동기
위쪽에 구멍을 뚫어 매달 수 있게 만들었다. 제사장의 옷에 달던 의기이다. 국립중앙박물관 소장.

047

농경문 청동기 앞면은 둘레를 톱니무늬로 장식했는데, 톱니무늬는 양각
과 음각으로 된 삼각형을 반복하여 만들었다. 톱니무늬는 청동 거울에서도
자주 발견되는 무늬인데, 옛날 사람들이 태양 광선, 즉 넓게 확산되는 햇살
을 표현한 것이 아닌가 생각된다. 그렇다면 이 청동기의 톱니무늬 안쪽에 새
겨진 그림들은 햇살을 받아 찬란하게 빛나는 어떤 중요한 장면을 그렸다는
것을 짐작할 수 있다.

그림을 자세히 살펴보면, 먼저 가운데에 격자무늬를 배치해서 좌우를
나누었다. 오른쪽에는 한 사람이 오른발로 무엇인가를 밟고 있는데, 손으로
잡고 발로 밟고 있는 것으로 보아 농기구일 가능성이 크다. 그 아래에 10줄
정도의 가로선이 네모나게 그어졌는데, 밭과 같은 경작지의 고랑과 이랑을
표현한 것 같다. 농기구를 잡고 있는 사람의 왼쪽 다리가 약간 구부러진 것
은 힘차게 농기구를 밟고 있는 모습을 표현한 것이다.

밭고랑 밑에는 다른 한 사람이 두 손으로 무엇인가를 치켜들고 있다. 이
사람은 상반신과 머리 부분만 남아 있어서 무엇을 하고 있는지 정확하게 알

농경문 청동기의 앞면
가장자리를 톱니무늬로
장식하고, 농사짓고 수확
하는 모습을 새겼다. 국립
중앙박물관 소장.

밭 가는 남자

밭

무언가를 들고 있는 사람

항아리에 무엇을 담는 여자

수 없다. 밭을 갈고 있는 사람은 갈래 머리를 하고 있는데, 이 사람의 머리는 작은 점으로만 표현되어 있다.

격자무늬로 나눈 왼쪽에는 다른 한 사람이 표현되어 있다. 머리 모양이 매우 짧게 표현되어 있지만 여자일 가능성이 있다. 이 사람은 양손을 앞으로 내밀고 있고 그 앞쪽에는 항아리 같은 것이 놓여 있다. 아래로 뻗은 손은 무엇인가를 잡고 있지만 심하게 부식되어 정확하지 않다. 다만 위쪽에 있는 손은 항아리를 향해 뻗어 있는 것으로 보아 항아리에 무엇인가를 담고 있는 것으로 생각된다.

오른쪽에 옷을 벗고 밭을 가는 장면에서 밭을 갈고 있는 남자가 발로 밟고 있는 농기구는 어떤 농기구일까? 날이 두 개 달린 따비이다. 따비는 쟁기처럼 땅을 갈아엎는데 사용하는 농기구이다. 제주도에서는 최근까지도 이런 따비로 밭을 갈았다고 한다. 따비는 날이 하나인 외날 따비와 날이 두개인 양날 따비가 있는데 쇠로 만든 외날 따비는 삼한 시대의 무덤에서도 종종 출토된다.

그 아래에 있는 밭은 고랑과 이랑으로 표현했는데, 최근에 발견된 청동기 시대의 밭 모양과 매우 비슷하다. 따비를 이용해서 밭을 일구는 것은 씨앗을 뿌리기 전에 하는 작업으로 봄에 하는 일이다. 밭 아래쪽에 두 손을 높이 치켜들고 있는 사람은 괭이로 땅을 일구는 사람이다. 따라서 오른쪽에 새겨진 것은 씨앗을 뿌리기 전에 괭이와 따비를 이용해 밭을 가는 장면을 대단히 사실적으로 새긴 것이다.

아래쪽에서 괭이질을 하는 사람이 들고 있는 괭이는 돌로 만든 괭이일까, 쇠로 만든 괭이일까? 청동기 시대에는 나무를 이용한 농기구도 사용되었지만 끝부분이 쉽게 닳거나 부러지기 때문에 석기나 철기를 이용했을 것도 같다. 농경문 청동기는 그 제작 시기가 기원전 4~3세기로 짐작된다. 이 무렵부터는 청동기와 함께 쇠로 만든 도구들이 출현하기 때문에 돌괭이인지 쇠괭이인지는 쉽게 판단하기 어렵다.

밭을 가는 사람의 모습에서 주목할 점은 옷을 벗고 밭을 간다는 것이다. 정말 벌거벗고 밭을 갈았을까? 이 의문에 학자들은 오랫동안 답을 찾지 못했다. 하지만 최근에 조선 시대 유희춘(1513~1577)이 쓴 『미암선생집』이라는 책에서 그 단서가 발견되었다. 이 책에서는 함경도·평안도와 같은 북쪽 지방의 농경 풍속을 다음과 같이 소개하고 있다.

"매년 입춘 아침에 지방 관아에 사람들을 모이게 하고는 관아가 있는 문 앞의 길에서 나무로 만든 소를 몰아 밭을 갈게 하고, 씨를 뿌리고 곡식을 거

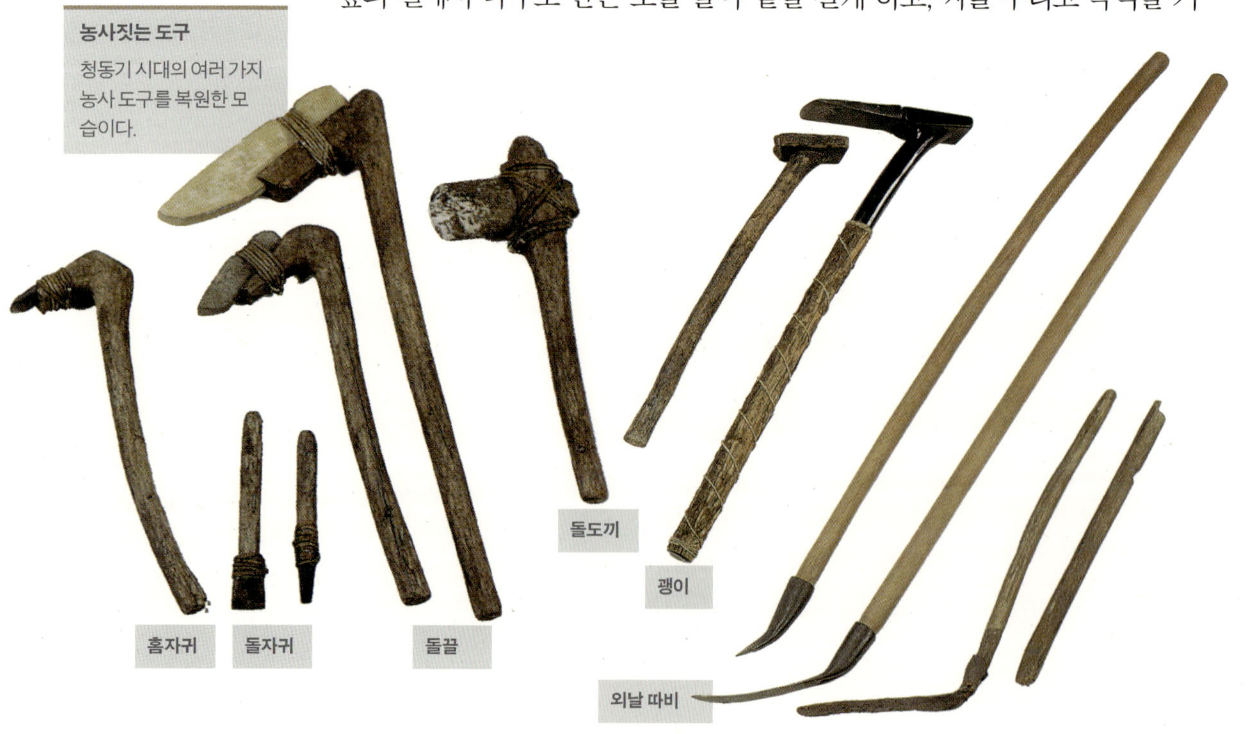

농사짓는 도구
청동기 시대의 여러 가지 농사 도구를 복원한 모습이다.

두는 모습을 보고 그해의 풍흉을 점치고 곡식의 풍년을 기원한다. 이때 밭을 가는 자와 씨를 부리는 자는 반드시 옷을 벗게 한다. 마을 노인들이 서로 전하기를 추위를 견디는 씩씩함을 보고 그 해의 풍년과 상서로움을 점친다."

조선 시대까지도 나경, 즉 벌거벗고 밭을 가는 세시풍속이 있었음을 알려 주는 중요한 기록이다. 이 기록을 남긴 시기는 농경문 청동기가 만들어진 시기와 시간 차이가 많이 나지만, 남자가 벌거벗고 밭을 갈면서 그 해 풍년을 빈다는 점은 같은 맥락이라고 할 수 있다. 그렇다고 할 때 농경문 청동기의 장면은 청동기 시대의 풍속화 또는 사진첩이라고 할 만큼 대단히 사실적이다.

이제 여자로 생각되는 사람을 살펴보자. 여자로 생각되는 사람이 한쪽 손을 뻗어 항아리에 무엇인가를 담고 있다. 반달 모양 돌칼 같은 도구를 이용해서 곡식을 거둬들인 다음 항아리에 담고 있는 모습, 즉 가을걷이를 표현한 장면이 아닐까 생각된다. 그런데 항아리 표면에는 그물과 같은 선이 그려져 있다. 청동기 시대의 토기는 겉면에 아무런 무늬도 없는 민무늬 토기가 대부분인데, 항아리에 빗금이 그려진 이유는 무엇일까? 그것은 민무늬 토기를 어깨에 메거나 운반하기 쉽도록 칡넝쿨과 같은 것으로 얽어맨 흔적으로 생각된다. 수가 적기는 하지만 그런 끈의 흔적이 남아 있는 민무늬 토기를 청동기 시대 집터에서 확인한 적이 있기 때문이다.

농경문 청동기의 뒷면은 테두리를 대나무 마디 같은 것으로 장식했다. 격자무늬로 왼쪽과 오른쪽을 나눈 것은 앞면과 같다. 그런데 뒷면에는 왼쪽과 오른쪽 모두 새가 그

끈 흔적이 있는 민무늬 토기
몸통에 그물 모양의 끈을 묶어 사용한 흔적이 남아 있다. 당시의 사용 방법을 알려 준다.

반달 모양 돌칼과 사용 모습
반달 돌칼은 청동기 시대에 벼를 수확하는 데 사용한 도구이다. 바로 아래 사진은 반달 모양 돌칼로 벼 이삭을 따는 모습이다. 국립중앙박물관 소장.

051

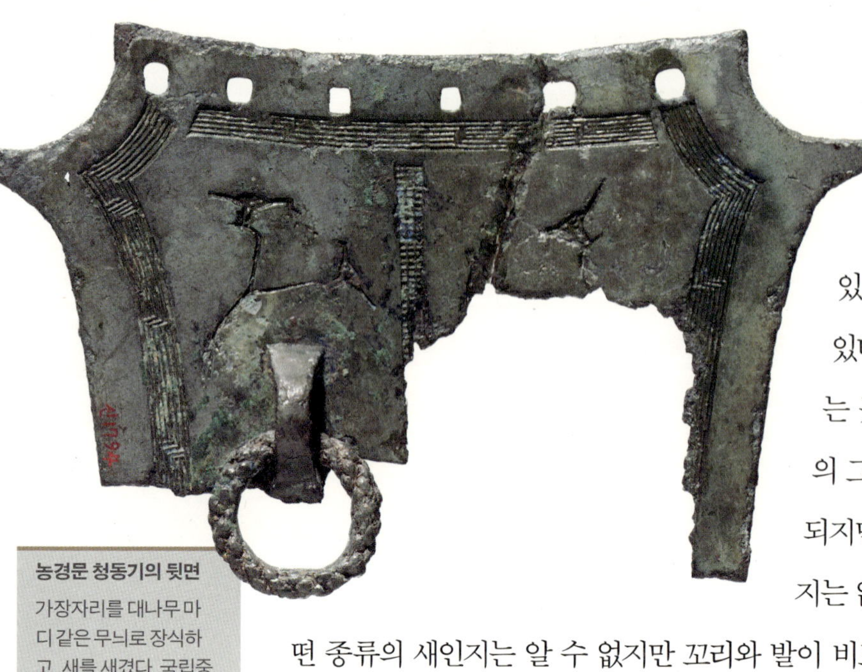

려져 있다. 왼쪽
의 새는 와이(Y)
자형 선 끝에 앉아
있고, 몸에는 반점이 찍혀
있다. 오른쪽의 새가 앉아 있
는 곳도 원래는 와이(Y) 자형
의 그림이 있었을 것으로 생각
되지만 아래가 깨져서 정확하
지는 않다. 반점이 찍힌 새가 어

떤 종류의 새인지는 알 수 없지만 꼬리와 발이 비교적 길게 표현된 것을 보
면 혹시 매가 아닐까? 그런데 뒷면에는 동그란 고리가 달려 있다. 새끼줄 모
양으로 꼬아서 만든 둥근 고리는 꼭지에 매달려 있고, 위 아래로 자유롭게
움직인다.

나뭇가지에 앉아 있는 새는 어떤 의미일까? 옛날 사람들은 하늘을 마음
껏 날아다니는 새가 지상의 인간과 하늘 세계를 연결하는 전달자라고 생각
했다. 『삼국지』를 보면, 삼한 시대 사람들이 "죽은 사람을 보낼 때 큰 새의 깃
털을 넣어서 그 영혼이 날아가게 한다."라는 기록이 있다. 새는 신
의 뜻을 알려 주고 죽은 사람의 영혼을 하늘에 전달하는 영혼
의 전달자라는 상징성이 있다. 오늘날에도 시골에는 솟대라
는 것이 있다. 수십 미터 높은 장대 위에 나뭇가지를 걸치고
그 위에 나무 새를 한 마리 또는 세 마리 올려놓은 모습이다.
우리 조상들은 솟대 위에 앉아 있는 새가 마을에 침입하는 잡귀를
막는다고 믿었다. 농경문 청동기 외에도 청동기에 새를 새기거나
나무로 만든 새가 종종 발견되는 것은 이런 이유에서이다.

회화적인 예술의 시작

『삼국지』에는 "마한 사람들은 귀신을 믿는 풍습이 있었으므로 해마다 5월에 씨뿌리는 작업을 마친 뒤, 떼 지어 노래하고 춤추면서 신에게 제사 지낸다. 10월에 이르러 추수를 마친 뒤에도 역시 그렇게 한다."라는 기록이 있다.

그렇다면 농경문 청동기의 앞면에 그려진 그림은 봄에 씨뿌리기가 끝났을 때와 가을에 가을걷이가 끝난 다음에 제사를 지내는 모습을 그린 것이며, 뒷면에는 신을 부르는 새를 그린 것이다. 테두리를 장식한 톱니무늬는 농경 사회에서 씨를 뿌리고 가을걷이를 하는 것과 신에게 제사 지내는 일이 가장 중요하고 숭고한 것이었기 때문에 새겨진 장식이라 할 수 있다.

농경문 청동기는 그 크기가 13센티미터도 되지 않는 방패 모양 동기의 파편에 불과하다. 하지만 그 속에는 당시 사람들의 풍속과 바람이 생생하게 담겨 있다. 점과 선, 또는 원이나 삼각형, 사각형으로만 표현되었던 원시적인 예술 세계가 점차 구체적이고 회화적인 방식으로 나타나게 된 것이다.

이제 제사를 지내기 위해 모여든 사람들은 제사장이 어떤 역할을 하는지 보다 쉽고 분명하게 인식하게 되었고, 청동기를 소유한 제사장은 더 많은 권력을 가지게 되었을 것이다. 그러한 배경에는 벼농사의 발달에 따른 농업 생산량의 증대와 청동기와 더불어 철기를 제작·사용할 수 있는 기술의 발달이 있었기 때문이다. 선사 시대의 예술 활동은 이후 역사 시대로 접어들면서 자율적인 발전 과정을 거치며, 점차 전문적이고 조직화된 형태로 나아가게 된다.

새 무늬 청동기

큰 새 두 마리를 중심으로 고사리무늬, 톱니무늬 등이 새겨져 있고, 가장자리에 여러 개의 구멍이 있어 옷에 꿰매거나 수술 등을 달 수 있게 되어 있다. 제사장이 의례를 할 때 사용했던 것으로 보인다. 국립 김해박물관 소장.

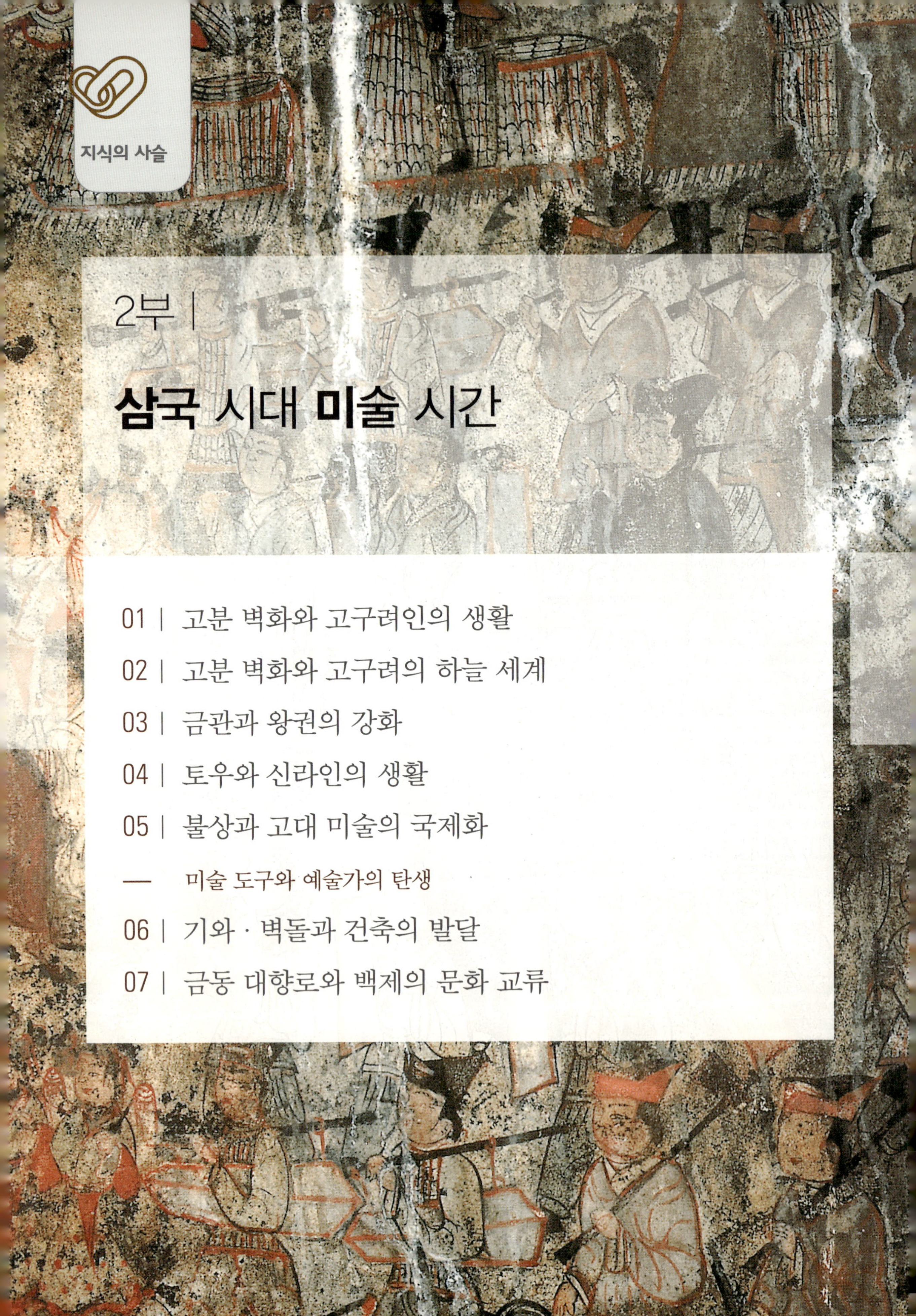

2부 |

삼국 시대 **미술** 시간

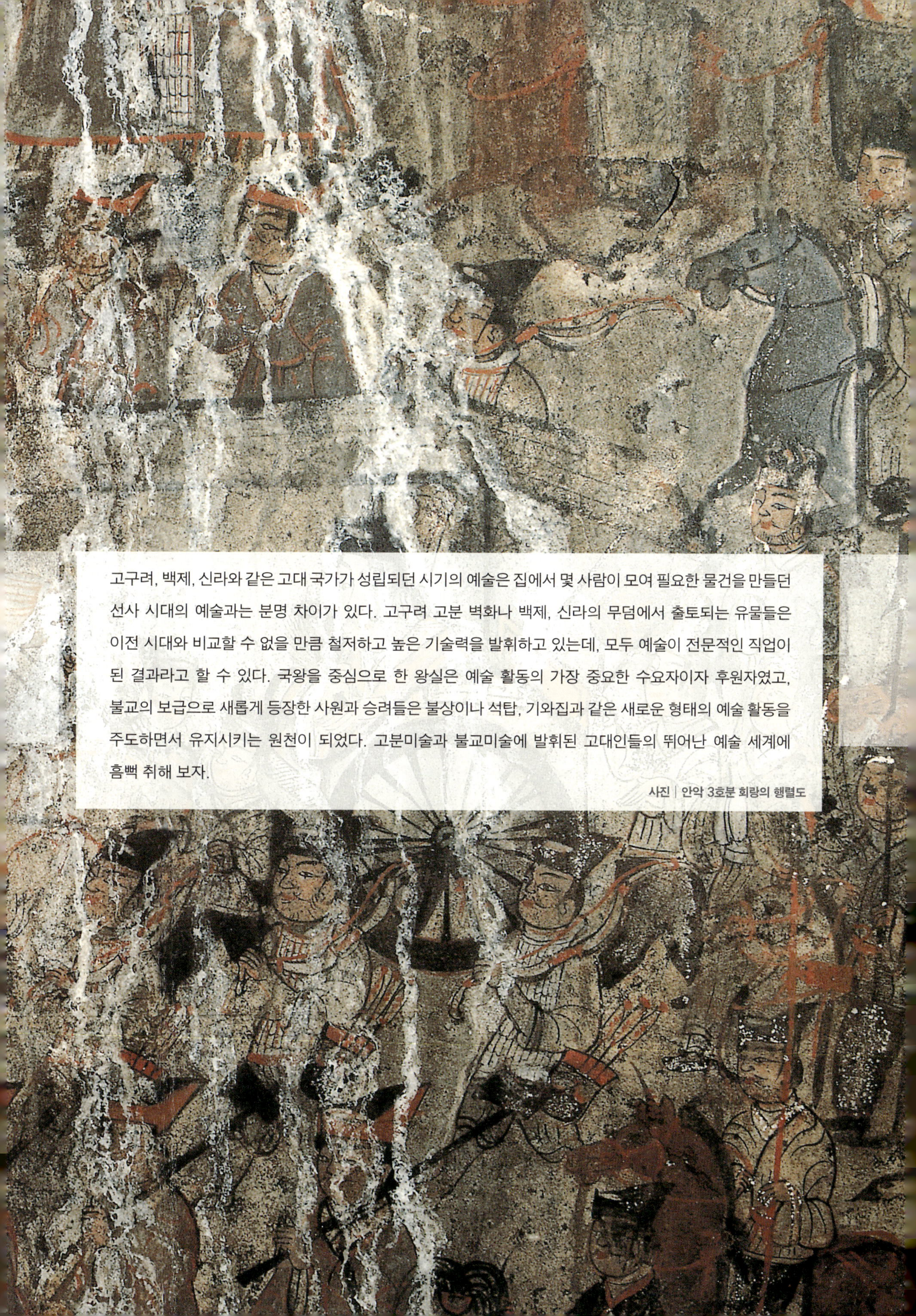

고구려, 백제, 신라와 같은 고대 국가가 성립되던 시기의 예술은 집에서 몇 사람이 모여 필요한 물건을 만들던 선사 시대의 예술과는 분명 차이가 있다. 고구려 고분 벽화나 백제, 신라의 무덤에서 출토되는 유물들은 이전 시대와 비교할 수 없을 만큼 철저하고 높은 기술력을 발휘하고 있는데, 모두 예술이 전문적인 직업이 된 결과라고 할 수 있다. 국왕을 중심으로 한 왕실은 예술 활동의 가장 중요한 수요자이자 후원자였고, 불교의 보급으로 새롭게 등장한 사원과 승려들은 불상이나 석탑, 기와집과 같은 새로운 형태의 예술 활동을 주도하면서 유지시키는 원천이 되었다. 고분미술과 불교미술에 발휘된 고대인들의 뛰어난 예술 세계에 흠뻑 취해 보자.

사진 | 안악 3호분 회랑의 행렬도

고분 벽화와 고구려인의 생활

삼국 시대 미술하면 가장 먼저 떠오르는 것이 고구려 고분 벽화이다. 미술하면 가장 먼저 떠오르는 것이 그림이고, 삼국시대 그림을 대표하는 것이 바로 고분 벽화이기 때문이다. 그렇다면 고구려 고분 벽화는 누가, 어떤 목적에서, 어떻게 그려 넣은 것일까. 사실적이고 정확하다 못해 생생하게 살아 있는 것 같은 고구려 고분 벽화가 들려주는 고구려 사람들의 삶의 모습에 한발 다가가 보자.

부엌(안악 3호분)

삼국 시대 초기의 미술은 죽은 사람을 위해 무덤을 장식하고 꾸미는 고분 미술이 중심이었다. 고분 미술에는 토기나 장신구, 철기나 청동기와 같은 껴묻거리와 무덤 안 벽에 그린 벽화 등이 있다.

특히 고구려 고분 벽화는 당시 사람들의 삶의 모습을 사진기로 찍은 듯이 생생하게 보여 준다. 무덤의 주인공들은 살아생전에 중요한 장면들을 그림으로 그려서 죽은 다음에도 그처럼 즐겁고 풍요롭게 살기를 기원했다. 하루하루 그려 놓은 그림일기 중에서 가장 즐겁고 감동적인 장면을 선택해서 옮겨 놓은 것처럼 말이다.

현대의 사람들이나 고구려 사람들이나 후손에게 가장 남기고 싶은 것은 자신의 얼굴과 신체의 모습이 아닐까 싶다. 고분에 들어갔을 때 가장 잘 보이는 곳에는 보통 무덤 주인의 모습이 그려져 있다. 덕흥리 벽화분의 주인은 높은 신분을 나타내는 백라관이라는 모자를 쓰고 한손에는 부채를 든 채 책상다리를 하고 앉아 있다. 주인이 앉아 있는 낮은 평상은 고구려 사람들이 입식 생활을 했음을 알려 준다. 평상 위에 깔린 장판이나 장막도 화려하게 장식되어 있다. 근엄하게 앉아 있는 모습이 조선 시대 초상화나 옛날 흑백 사진을 보는 것 같다. 덕흥리 벽화분의 고분 벽화에는 '유주자사진'이라는 글씨가 남아 있어서 무덤 주인의 직책과 이름도 알 수 있다.

무덤 주인 뒤에는 남녀 시종들이 부채를 부치거나 음악을 연주하고 있는데, 주인에 비해 너무 작다. 마치 거인국과 소인국 사람이 한 자리에 있는 것 같다. 이는 그림을 그린 사람이 표현하고자 하는 대상을 그 비중

무덤 주인(덕흥리 벽화분)
한가운데 앉아 있는 주인은 한눈에 봐도 높은 신분임을 알 수 있다. 주인의 뒤편에 그려진 남녀 시종들은 주인에 비해 아주 작게 그려졌다.

에 따라 크기를 달리해서 그렸기 때문이다. 무덤 주인은 신분이 가장 높고 중요하기 때문에 크게 그리고, 귀족이나 시종, 평민들은 그 신분과 지위에 따라 작게 그린 것이다. 원근법은 완전히 무시했다.

안악 3호분에는 길이가 10미터가 넘는 행렬도가 그려져 있다. 수많은 사람들을 거느리고 자신의 위엄과 권위를 드러내는 장면을 그린 것이다. 이 행렬도에는 갖가지 깃발을 앞세우고 말을 타고 가는 사람과 창과 방패를 든 병사, 활과 화살을 든 궁수, 철 갑옷을 입고 말을 탄 무사를 비롯해서 말북을 메고 종과 장고를 치며, 뿔나팔을 부는 군악대가 그려져 있다. 무덤 주인은 소가 끄는 쇠수레를 타고 있는데, 그림에 등장하는 인물만 250명이 넘는다.

이처럼 긴 행렬을 하늘에서 내려다 본 것처럼 그렸기 때문에 행렬의 구성이나 사람들의 모습이 잘 드러나 있다. 등장인물들의 전체적인 자세나 형태를 세련된 필선으로 윤곽을 잡은 다음 선명하게 채색을 했기 때문에 사람들이 움직임이 매우 사실적으로 느껴진다. 무덤 주인 둘레를 감싸고 있는 군악대는 경쾌하고 씩씩한 행진곡을 연주하고, 그 반주에 맞춰 수많은 병사들은 기세등등하게 넓은 거리를 행진하고 있다. 이런 행진은 무덤 주인의 정치적·경제적 힘을 밖으로 과시할 수 있는 중요한 기회였다. 무덤 주인은 행렬도를 그리면서 죽은 다음에도 이와 같은 권력을 누리기를 바랐던 것 같다.

행렬도(부분, 안악 3호분)
소가 끄는 수레를 탄 사람이 무덤의 주인이다. 여러 신하, 악단, 교예단, 여인들, 병사들의 호위를 받으며 행진하고 있다.

무용총에는 여러 사람이 모여 춤을 추는 무용도와 사냥하는 그림이 있다. 무용하는 그림이 특별히 강조되어 무덤의 이름도 무용총이라고 불린다. 무용도를 보면 여러 사람이 모여 무용을 하고 아래쪽에는 합창단이 노래를 부르고 있다. 위쪽에 춤을 추는 사람들은 얼굴에 화장을 하고, 소매가 긴 저고리와 통이 넓은 바지로 이루어진 무용복을 입었다. 두 팔을 힘차게 뒤로 젖히니 긴 소매가 나풀거리고, 양발로 땅을 구르는 것을 보면 장단을 맞추어 춤을 추고 있는 것 같다. 아래쪽에는 합창대로 생각되는 일곱 사람이 입을 모아서 노래를 하고 있다. 그런데 세 번째 사람은 고개를 뒤로 돌려 딴전을 피고 있는 것 같이 보인다. 무덤을 장식하는 엄숙한 벽화를 그리면서 이런 장면까지 놓치지 않고 그린 것을 보면 이 그림을 그린 화가는 익살과 재치가 넘치는 사람이었나 보다.

무용도의 반대편에는 사냥도가 있다. 이 그림은 사냥하는 사람과 쫓겨 달아나는 짐승들 사이의 긴장감이 간결하면서도 힘차게 표현되어 고구려 고분 벽화를 대표하는 그림의 하나이다. 놀라서 달아나는 호랑이와 사슴, 말을 타고 질주하면서 사냥감을 향해 힘차게 활시위를 당기는 말 탄 사람이 그려져 있고, 그 배경이 되는 산줄기는 물결처럼 그려 한층 더 속도감과 긴장감을 준다. 화면의 배경이 되는 산은 구름처럼 둥둥 떠다니고 사슴이나 호랑이만큼 작게 그려졌다. 원근법이나 사물의 크기에 맞춘 비례 표현은 완전히 무시되었지만 화가가 전달하려는 메시지는 정확하게 읽을 수 있다. 사냥꾼과 짐승들의 자세와 표정이 사실적이고 정확하다 못해 생생하게 살아 있는 것 같다.

고구려에서 사냥은 단순히 먹을거리를 얻기 위한 생산 활동을 의미하는 것이 아니다. 고구려에서는 매년 삼월 삼짇날 낙랑 언덕에서 왕과 오부의 군사가 모두 참여하는 대규모 사냥 대회를 열었다. 사냥 대회 자체가 군사 훈련이었을 뿐만 아니라 종교 행위였던 것이다. 말을 타면서 활을 쏘는 기마 사냥이나 창을 주로 쓰는 도보 사냥, 몰이꾼과 사냥개를 이용한 짐승 몰이 등은 모두 들판의 짐승을 적으로 가정한 모의 전투였다. 사냥 대회가 끝나면 그 수확물로 하늘과 땅에 제사를 지냈다. 바보 온달이 아내 평강 공주가 마련한 말을 타고 참가해서 평강왕(평원왕, 재위 559~590)의 사위로 인정받게 된 것도 바로 사냥 대회에서였다. 무용총에 사냥도가 그려진 것은 고구려 사회의 특수한 배경이 있었기 때문이다.

연꽃에서 다시 태어나기를

고구려 고분 벽화를 그린 사람은 무덤 주인의 후손들이다. 따라서 무덤에 그려진 벽화는 죽은 사람이 주인이기는 하지만, 죽은 사람을 장사 지내는 가족들의 생각과 의지가 반영되어 있다. 즉 고분의 제재는 무덤 주인이 살아

사냥도(무용총)
활시위를 당기는 기사의 팔에서 기운이 넘치고, 말과 사슴, 호랑이도 필사적으로 달리고 있는 느낌이다. 물결치듯 흘러가는 산봉우리는 긴장감과 속도감을 더한다.

생전의 모습이지만, 무덤 벽화를 만든 후손들의 경제적·사회적 능력이나 생각도 중요하며 벽화를 그리는 화가들의 능력도 무시할 수 없다.

예나 지금이나 사람들은 조상이 저세상에 가서도 편안하고 안락한 생활을 하기를 바란다. 그런데 편안하고 안락한 생활의 구체적인 모습은 시대에 따라 다르다. 초기 고구려 사람들은 현세에서의 삶이 저세상에 가서도 그대로 이어진다고 믿었기 때문에 생전의 생활 모습을 많이 그렸던 것이다. 하지만 불교가 등장하면서 사후 세계에 대한 고구려 사람들의 생각도 달라졌다. 불교에서는 서방 정토에서 다시 태어나는 것이 가장 중요한 것이기 때문이다.

장천 1호분에는 연꽃잎 속에서 아기의 얼굴이 피어나고 있는 그림이 있다. 연꽃 속 어린아이들은 "정토의 모든 존재는 연꽃에서 화생한다."라는 불경의 언급을 회화로 표현한 것이다. 연꽃은 불교에서 생명과 빛을 상징한다. 정토에서는 모든 존재가 연꽃에서 태어나며, 이를 연화화생(蓮花化生)이라고 한다. 따라서 연화화생을 표현한 그림이나 연꽃 그림으로 장식한 무덤은 그 무덤이 바로 불교의 정토였던 셈이다. 장천 1호분의 연화화생 그림은 연꽃잎 속에서 다시 태어나는 아이의 얼굴이 또렷하게 그려져 있다. 한 사람은 눈과 얼굴이 둥글고 다른 한 사람은 눈이 가늘고 얼굴이 길게 그려진 것을 보면 남녀를 묘사한 것으로 생각된다.

이처럼 고구려 고분 벽화는 초기의 생활 풍속계 벽화에서 점차 불교와 관련된 장식 무늬 계통의 벽화로 변한다. 불교적인 내세관이 고구려 사람들에게 넓게 퍼지고 수용되었기 때문이다. 벽화의 주제나 소재의 변화를 통해서 고구려 사람들의 생각이나 세계관의 변화를 함께 읽을 수 있다.

연화화생(장천 1호분)
두 어린아이가 연꽃에서 동시에 태어나고 있다. 정토에서도 부부의 인연을 잇고 싶었던 고구려인 부부의 바람이 담겨 있는 듯하다.

행렬도(안악 3호분)

가로 10.3미터, 세로 2.01미터의 회랑에 그려진
벽화이다. 등장인물이 250여 명에 이르지만 위
에서 비스듬히 내려다본 시선으로 그려서 행렬
구성이 뚜렷이 드러난다. 아래 사진은 행렬도 전
체 모습이다.

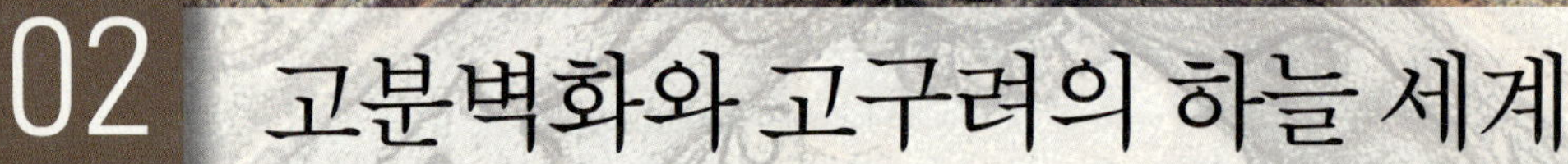

02 고분벽화와 고구려의 하늘 세계

예나 지금이나 죽은 사람을 장사지내는 일은 삶의 중요한 한 부분이다. 무덤의 형식이나 꺼묻거리를 묻는 방식은 잘 바뀌지 않는 매우 보수적인 일이다. 그런 점에서 무덤의 형식이나 벽화의 내용이 어떻게 바뀌는지를 파악하는 것은 당시 사람들의 삶과 생각의 변화를 이해하는 데 매우 긴요하다. 고구려 고분 벽화의 내용이 어떻게 변화하는지를 통해서 당시 사람들의 삶과 생각의 한 단면을 살펴 보기로 하자.

고분 미술은 당시 사람들이 죽은 이후의 세계, 즉 하늘 세계를 어떻게 인식하느냐가 중요한 관건이 된다. 고구려에서는 시조 주몽을 '해와 달의 아들이며, 하백의 외손'으로 믿었다. 따라서 해와 달은 고구려의 국가 정체성과 관련된 특별한 것이었기 때문에 고분 벽화에 거의 빠짐없이 등장한다. 고분 벽화에서 해는 동그라미 안에 세발 까마귀가 들어있는 모습으로, 달은 동그라미 안에 두꺼비, 옥토끼, 계수나무가 들어 있는 형상으로 그려진다.

세발 까마귀는 흔히 삼족오(三足烏)로 불리는데 태양 안에서 산다는 세발 달린 상상의 까마귀를 말한다. 아마 태양 속의 흑점을 보고 그런 모습을 떠올렸던 것 같다. 달은 초승달도 있고 반달도 있지만 둥근 보름달을 많이 그렸다. 해 그림에는 까마귀만 들어 있는데 반해 달 속에는 여러 가지 동물들이 등장한다. 둥그런 바퀴 속에 복을 준다는 두꺼비가 들어 있기도 하고, 계수나무 한 그루가 서 있기도 하며, 먹으면 영원히 죽지 않는 신비한 약을 약절구에 넣고 찧는 옥토끼의 모습이 그려지기도 한다. 그리고 무덤에 그려

고분 벽화의 해와 달
고구려 사람들은 해와 달을 시조와 관련된 특별한 것으로 여겨 고분 벽화에 자주 그렸다.

해(성총)
해의 빛살이 뻗어 나가는 모습을 표현했다.

달(내리 1호분)
달 속에 계수나무 한 그루가 들어 있다.

해(각저총)
둥근 해속에 세발 까마귀가 또렷이 그려져 있다. 까마귀의 머리에는 공작처럼 볏이 달려 있다.

달(개마총)
둥근 달 안에 두꺼비와 옥토끼가 들어 있다. 옥토끼는 불사약을 약절구에 넣고 찧고 있는 듯하다.

해와 달, 북두칠성과 남두
육성을 그려 하늘 세계를
표현했다. 해 안에는 세발
까마귀가, 달 안에는 두꺼
비와 약 찧는 옥토끼가 들
어 있다.

진 해와 달은 동쪽과 서쪽을 나타내는 방위의 표
지가 된다.

고구려 사람들은 해와 달과 함께 별자리도
즐겨 그렸다. 장천 1호분에는 무덤 주인공이 누워
서 바라보는 천장에 해와 달 그림과 함께 북두칠
성과 남두육성을 그려 놓았다. 해와 달이 동쪽과
서쪽을 나타낸다면 남두육성과 북두칠성은 남쪽
과 북쪽을 가리키는 별자리이다. 도교에는 '남두
육성은 삶을 주관하고, 북두칠성은 죽음을 관장한다'는 관념이 있어서 특별
히 두 별자리를 중요시했다.

고구려 사람들은 하늘나라에 신선이 살고 있다고 생각했다. 고분 벽화
의 신선은 보통 하늘 세계의 별과 함께 무덤의 천장에 그려진다. 신선들은
학이나 봉황, 용, 기린과 같은 신성한 동물을 타고 다닌다. 오회분 4호묘에는
달을 사이에 두고 왼쪽에는 용을 탄 신선이, 오른쪽에는 학을 탄 신선이 그
려져 있다. 용을 탄 선인은 몸을 틀어 뒤를 보며 호각을 불고, 학을 탄 선인
은 그 모습을 보며 앞으로 나아가고 있다. 신선이 입고 있는 옷이나 용의 꼬
리, 학의 날개는 바람에 펄럭이듯이 기다랗게 나부끼고 있어서 경쾌한 느낌
을 더한다.

달을 중심으로 용을 탄 신
선과 학을 탄 신선이 날고
있다.

　　신선들이 사는 하늘에는 기린과 봉황, 천마
와 같은 온갖 상서로운 짐승과 새들이 어우러
져 있다. 중국의 옛 문헌에서는 기린을 '모양
은 사슴 같고, 이마는 이리, 꼬리는 소, 굽은 말
과 같으며 머리 위에 뿔이 한 개 있는 동물'이
라고 했다. 장천 1호분의 기린 그림은 말 모
양으로 그려졌다. 힘차게 내달리고 있는 운동감을 표현하기 위해 갈기와 꼬
리 끝을 날카롭게 그렸다. 기린은 현실 사회가 이상적인 모습일 때 나타난다
는 상서로운 짐승으로 봉황과 함께 그려지곤 했다. 무용총에 그려진 신성한
새는 부리에 붉은 열매를 물고 있는 봉황이다. 봉황의 봉은 수컷, 황은 암컷
을 가리키는 말인데, 한번 날개 짓을 하면 구만 리를 날아간다는 전설이 있
다. 하늘을 나는 천마 그림도 종종 등장한다. 어떤 민족에게 말은 영혼을 나
르는 신성한 동물로 여겨졌다. 덕흥리 벽화분에 꼬리가 에스(S) 자로 휜 천마
가 등장하는 것을 보면 고구려 사람들도 말을 특별하게 생각했음을 짐작할
수 있다.

　　신선이 사는 하늘 세계와 인간이 거주하는 땅은 '우주나
무' 또는 '세계나무'라는 것을 통해서 연결된다. 각저총의 씨
름 그림에는 커다란 나무가 그려져 있다. 나뭇가지 사이
에 검은 새들이 앉아 있고, 나무 밑둥에 곰과 호랑

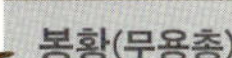

기린(장천 1호분)
기린은 흔히 사슴 모양으로 그려지지만, 이 벽화의 기린은 말 모양에 가깝다. 갈기와 꼬리 끝을 날카롭게 그려서 운동감을 표현했다.

천마(덕흥리 벽화분)
말의 모습을 사실적으로 묘사했다. 꼬리를 에스(S) 자로 휘어지게 그려서 운동감을 표현했다.

봉황(무용총)
봉황이 부리에 물고 있는 것은 '사당'이라는 열매이다. 봉황의 날개와 날개 사이는 수만 리나 된다는 전설이 있다.

067

이가 있는 것을 보면 이 나무는 하늘 세계와 땅의 세계를 잇는 사다리와 같은 역할을 했던 것 같다. 그런데 커다란 나무 아래에 곰과 호랑이가 등장하는 이야기는 많이 들어 본 이야기 아닌가? 바로 「단군 신화」에 나오는 이야기이다.

「단군 신화」에는 환웅이 무리 3천 명을 이끌고 태백산 꼭대기 신단수 밑에 내려와 신시를 열었다는 이야기가 나온다. 신단수는 환웅이 하늘에서 땅으로 내려오거나 웅녀가 배필을 달라고 기도할 때마다 다리가 되고 길이 되었던 나무이다. 씨름하는 모습 바로 곁의 나무는 바로 그런 역할을 한 나무이다. 줄기는 곰과 호랑이가 등을 기댈 수 있을 정도로 굵고, 가지와 잎은 우거져 새들이 깃들기에 적당하다. 그렇다면 세계 나무 아래에서 왜 씨름을 하고 있을까? 신성한 나무 아래에서 벌어지는 씨름은 단순한 놀이가 아니라 죽은 자의 영혼을 다른 세상으로 보내기 위해 행하던 것이었다. 씨름을 하는 두 역사 옆에 지팡이를 짚고 있는 노인이나 새, 구름은 신성한 분위기를 더해 준다.

씨름과 우주나무(각저총)
가운데에 커다란 우주나무가 서 있고 곰과 호랑이가 나무에 등을 기대고 있다. 씨름을 하고 있는 두 남자 중 한 사람은 코가 높고 눈이 부리부리한 것으로 보아 중앙아시아 사람을 그린 것으로 짐작된다.

　고구려 후기가 되면 고분 벽화는 사신(四神)이 가장 중심적인 제재가 된다. 사신은 청룡, 백호, 주작, 현무를 말한다. 사신은 동서남북 네 방향, 봄여름가을겨울의 네 계절을 상징한다. 고분 벽화에 그려진 사신은 죽은 사람의 쉼터인 무덤을 지키는 수호신이다.

　동쪽의 청룡은 봄의 약동을 상징하며 서쪽의 백호는 가을을 상징한다. 용은 상상 속의 동물이지만 호랑이는 자연에 실재하는 동물이다. 호랑이를 신성시하는 관념이 있었기 때문에 그렸을 것이다.

　청룡과 백호 벽화는 강서 중묘 벽화가 가장 유명하다. 강서 중묘의 청룡은 앞발을 크게 내딛으며 포효하듯이 남쪽을 향해 내닫는 모습을 하고 있다. 어깨로부터 상서로운 기운이 불꽃처럼 휘면서 뻗어 나오고 있다. 두 뒷다리는 대지에 버틴 듯한 자세를 취하고 있어서 탄력성과 운동감이 느껴진다. 맞은편의 백호는 남쪽을 향해 내닫으며 포효하고 있다. 둥글고 큰 눈, 새의 넓고 큰 머리 깃처럼 생긴 과장된 눈썹 때문에 백호의 얼굴은 환상적인 존재 특유의 분위기를 담고 있다. 두 그림 모두 배경을 텅 빈 공간으로 두어 벽면의 공간적인 깊이를 더해 주고 신비감을 더해 준다.

　남쪽의 주작은 여름을 상징하는데, 보통 암수 한 쌍이 함께 그려진다. 남쪽에는 무덤의 입구인 널길이 있기 때문에 양쪽으로 나누어 암수 두 마리를 그린 것이다. 북쪽의 현무는 겨울을 상징하며 뱀이 거북을 감은 형상이다. 현무 그림에서 뱀은 양의 기운을 지닌 존재, 곧 수컷에 해당하고, 거북은 음기를 지닌 암컷을 나타낸다.

　강서 대묘의 주작과 현무는 고구려 회화 중 가장 완성도 높은 작품의 하나로 평가된다. 암수 주작은 두 날개를 원형에 가깝게 활짝 편 자세를 하고 있다. 부릅뜬 눈과 뒤로 길게 뻗어 나간 머리 깃, 에스(S) 자 모양을 이룬 목과 몸통, 활짝 편 날개와 반원형으로 크고 힘차게 말려 올라간 세 갈래의 꼬리 깃 등은 주작을 거세고 힘 있는 존재로 만들어 준다. 현무는 서쪽을 향해 나아가는 자세를 하고 있는데 네 다리로 버티면서 고개를 틀어 올린 거북이 자아내는 운동감과 힘 있게 거북을 휘감은 뱀이 이루어 낸 탄력성이 조화롭게 표현되어 있다.

고구려 고분 벽화의 사신도는 이처럼 실재하지 않는 동물을 마치 살아 있는 것처럼 생동감 있게 그려 놓았다. 흔히 실제로 존재하지 않아도 존재한다고 믿고, 그 존재가 자신의 바람을 실현시키는 힘을 가졌다고 확신하는 데서 종교적인 행위가 시작된다. 그런 의미에서 강서 대묘나 강서 중묘의 사신도는 고구려 사람들의 인식을 그대로 드러내고 있다. 고구려 고분 벽화에 그려진 하늘 세계의 신선이나 신성한 동물들, 사신 그림들은 거의 대부분 중국의 옛 문헌이나 그림에서 확인되는 소재들이다. 하지만 고구려 사람들은 독특한 예술관과 세계관으로 자신들의 바람을 벽화로 그려 놓았다. 그러한 고구려 사람들의 노력이 있어서 강한 생명력을 가진 새로운 차원의 본격적인 예술 활동이 시작되었다고 할 수 있다.

청룡(강서 중묘)
앞발을 크게 내딛으며 앞으로 나아가고 있다. 어깨에서 상서로운 기운이 뻗어 나오고 있다.

백호(강서 중묘)

등에는 전형적인 호랑이의 줄무늬를 넣고, 옆구리 부분에는 표범처럼 검은 원 무늬를 그려 넣었으며, 배는 파충류의 배처럼 표현했다. 용처럼 보이는 모습이 매우 신비롭다.

현무(강서 대묘)

고개를 뒤로 돌린 거북과 거북의 몸을 휘감은 뱀이 허공을 쳐다보며 마주 보고 있다. 거북과 뱀의 주둥이에서 상서롭고 신비한 기운이 뿜어 나오고 있다.

주작(강서 대묘)

암수 주작이 두 날개를 활짝 펴고 널방 문 입구를 바라보고 있다. 두 주작 모두 부리에 연봉오리를 한 줄기씩 물었다.

삼국 시대에는 옷의 색깔은 물론이고 머리에 쓰는 관이나 허리띠까지 신분과 지위에 따라 차이가 있었다. 그래서 무덤에서 나온 껴묻거리는 무덤 주인의 신분을 알 수 있는 중요한 단서가 된다. 하지만 무덤에서 금관이 나왔다고 해서 왕의 무덤이라고 단정할 수 있을까. 사슴뿔 모양의 세움 장식이나 곱은옥을 매달아 화려하게 꾸민 금관에는 어떤 상징적인 의미가 담겨져 있을까. 경주의 돌무지덧널무덤에서 나온 금관을 통해 한때 신라를 다스리던 지배층의 모습에 가까이 다가가 보자.

서봉총 금관

우리가 삼국 시대의 고분에 주목하는 이유는 1,500년 전 이 땅에 살았던 사람들의 흔적이 당시의 무덤과 껴묻거리에 가장 잘 남아 있기 때문이다. 고분에서는 수많은 토기와 철기, 청동기, 금속 공예품들이 출토된다. 껴묻거리를 만들고 엄청나게 큰 무덤을 만든 옛날 사람들의 행동에는 죽은 사람에 대한 존경과 추모의 정이 담겨 있을 뿐만 아니라, 죽음에 대한 생각과 생활 모습이 반영되어 있다. 우리나라에 불교가 들어오기 전까지 고분 미술은 우리 미술의 주류를 담당했다.

고대의 고분 미술에서 가장 주목되는 것은 금으로 만든 관과 귀걸이, 목걸이, 허리띠와 같은 금속 공예품이다. 특히 신라의 무덤에서 나온 금관은 찬란하게 빛나는 금빛과 나뭇가지·사슴뿔 모양의 이색적인 장식, 주렁주렁 매달린 비취색의 굽은옥으로 인해 신비로우면서도 장중한 느낌을 준다.

신라의 금관은 독특하게 생겼다. 금관의 세움 장식은 나뭇가지 모양과 사슴뿔 모양인데, 나뭇가지는 하늘과 땅을 연결해 주는 세계나무 혹은 생명의 나무를 상징한다. 사슴뿔은 제사장들이 머리에 쓴 관 장식에서도 자주 보이는데 마치 오늘날의 안테나와 같이 하늘의 말씀을 전달 받는 장치로

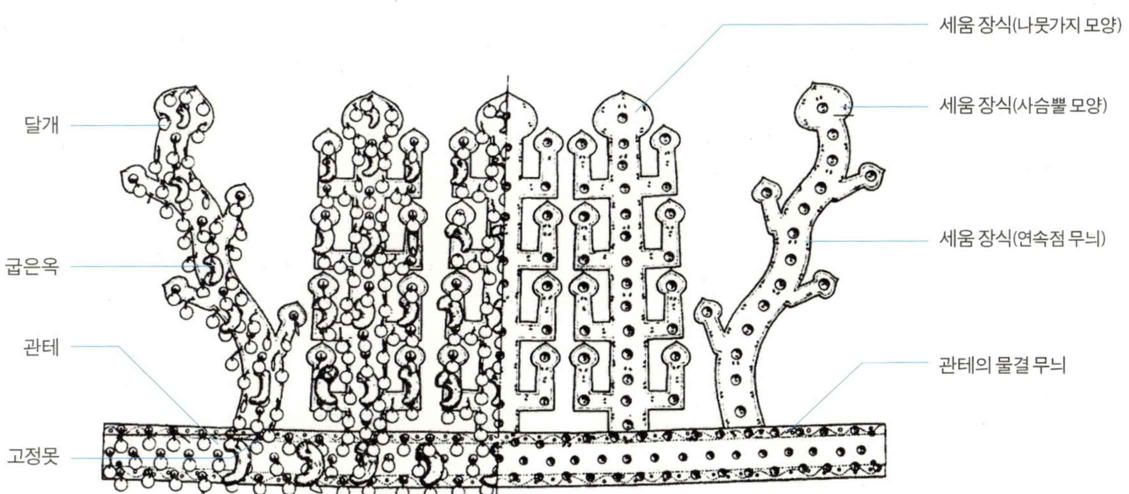

서봉총 금관(아래)과 서봉총 금관 새 장식(위)
넓은 관테 위에 다섯 개의 가지를 세우고, 나뭇잎 모양의 원판과 굽은옥으로 장식했다. 세 가닥이 난 나뭇가지 끝에는 새 모양을 하나씩 붙였다. 관테 양 옆에 굵은 고리 귀고리 드리개를 길게 달아 늘어뜨렸다. 국립중앙박물관 소장. 보물 399호.

생각된다.

세움 장식과 관테에는 태아처럼 생긴 굽은옥이 과일 열매처럼 다닥다닥 매달려 있다. 굽은옥은 청동기 시대 것도 자주 출토되며 생명체를 상징한다. 신라 사람들은 저 세상에서 부활하기를 바라는 마음에서 생명의 열매인 굽은옥을 금관에 장식한 것으로 생각된다.

서봉총 금관에는 나뭇가지에 세 마리의 새가 앉아 있는 장식이 덧붙여져 있다. 금관을 장식하고 있는 새는 단순한 장식적인 의미를 넘어서 하늘과 땅을 연결해 주는 영혼의 전달자를 상징한다. 농경문 청동기의 뒷면에 보이는 솟대의 새가 수백 년이 지난 신라의 금관에도 여전히 같은 상징성으로 나타나는 것이 흥미롭다.

금관은 화려한 겉모양과 달리 매우 약하고, 지나치게 장식이 많이 달려 있어서 정말 머리에 썼을까 하는 의문이 생긴다. 금관의 제작 과정을 살펴보면, 먼저 얇은 금판에 밑그림을 그린 다음 끌과 망치를 이용해서 세움 장식과 관테를 떼어 낸다. 관테와 세움 장식에 무늬를 만들고 금실을 이용해서 굽은옥과 같은 달개 장식을 매단다. 마지막으로 따로 만든 관테와 세움 장식을 못으로 조립하면 금관이 완성된다. 그런데 관테와 세움 장식을 2개의 금못으로만 고정을 했기 때문에 조금만 움직여도 세움 장식이 꺾일 수 있다. 또 어떤 금관은 관테에 구멍을 잘못 뚫은 것을 그대로 방치한 경우도 있다. 조형적으로 아름다운 겉모양과 달리 제작 기법이 치밀하지 못하고 엉성하다.

금관의 비실용성과 공정의 허술함은 무엇을 말하는 것일

2부 | 삼국 시대 미술 시간

까. 이를 위해 금관이 무덤에서 출토되는 모습을 살펴보
자. 금관은 무덤에서 출토된 껴묻거리의 하나이다. 무덤
의 금관은 죽은 사람의 이마 위에 씌워진 것이 아니라
관테가 어깨 부분까지 내려와서 머리 전체를 삼각형으
로 감싼 채 묻혀 있다. 금관 외에도 고깔 모양을 한 금제
관모와 새 날개 모양의 금제 관장식이 함께 출토되는 경
우도 많다. 그래서 어떤 학자들은 금제 관모와 금제 관
장식도 금관이라고 보기도 한다.

　　그렇다면 금관과 관모, 관장식을 모두 금관이라고
부를 수 있을까? 금관은 죽은 사람의 머리에서 출토되
지만 금제 관모와 관장식은 시신이 안치된 곳과 별개로
만들어진 껴묻거리 공간에서 출토된다. 따라서 금관과
금제 관모, 관장식이 각기 다른 용도로 사용되었거나 사
용하는 방식이 달랐던 것 같다.

　　당나라 장회 태자 묘의 벽화에는 신라인으로 생각
되는 사신의 그림이 남아 있다. 신라 사신이 쓴 모자를
보면, 금제 관모 같은 것이 머리의 정수리 부분에 얹혀
있고 그 위에 새 날개 장식이 달려 있다. 금제 관모와 관
장식을 실제 착용한 모습으로 짐작된다.

　　특히 금제 관모는 너비가 좁지만 테두리가 정수리
의 굴곡처럼 곡선으로 되어 있어서 양쪽에 길쭉한 끈
을 드리우면 훌륭한 모자가 된다. 즉 금제 관모와 관장
식은 실용적인 관이었던 것 같다. 그렇다면 금관을 실
제 사용하지 않았던 것일까? 어떤 학자는 금관이 평상
시에 사용한 것이 아니라 왕이나 그 가족이 죽었을 때

금관총 금관 관테의 빈 구멍
관테에 구멍을 잘못 뚫은 것을 그대로 방치하여 그 흔적
이 남아 있다. 국립경주박물관 소장. 국보 87호.

천마총 금관 출토 상태 도면
금관의 관테가 어깨 부분까지 내려와 머리 전체를 감싸
고 있다. 금관 외에 금 허리띠 등 다른 금제 공예품도 함
께 묻혀 있다.

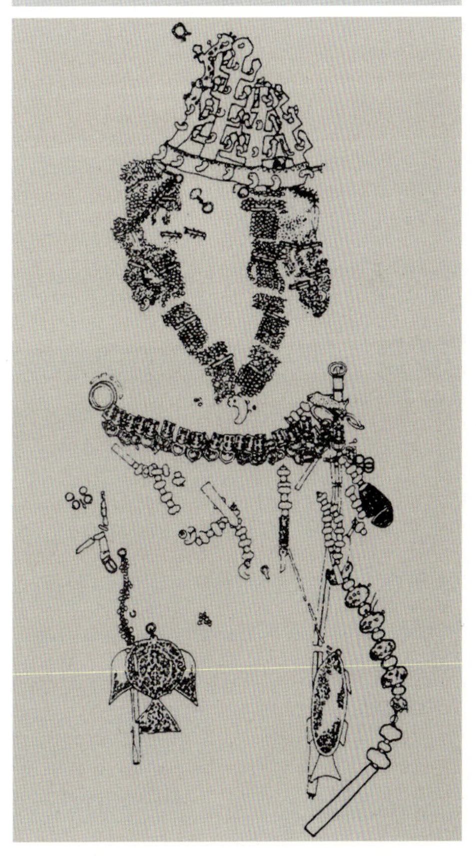

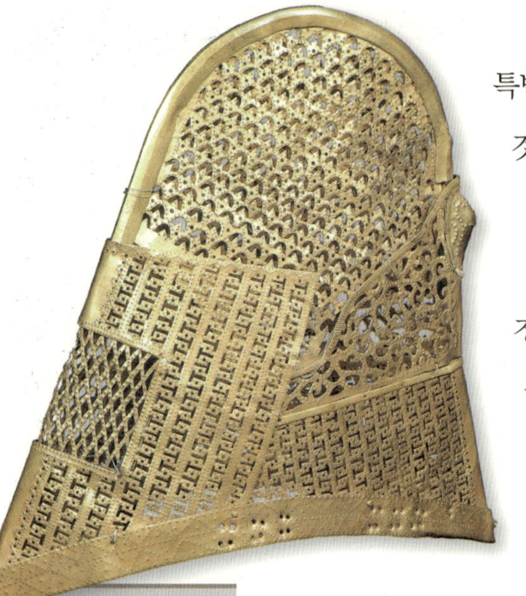

천마총 관모
껴묻거리 구덩이와 널 사이에서 발견되었다. 머리에 쓴 천에 꿰매어 고정시킨 후 썼던 것으로 보인다. 국립경주박물관 소장. 국보 189호.

천마총 금제 관식
널 머리 쪽에 있던 유물 보관함에서 발견되었다. 큰 새의 날개가 펼쳐 있는 모양이고, 밑에는 방패 모양으로 된 장식이 달려 있다. 국립경주박물관 소장. 보물 618호.

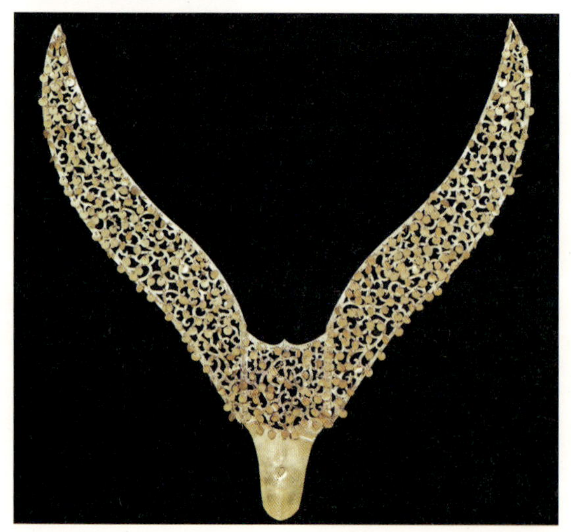

특별하게 제작해서 무덤에 묻어 주는 장례 용품이었을 것으로 생각하기도 한다.

경주 시내의 대형 고분들은 현재까지 155기 정도가 알려져 있다. 그중 지금까지 발굴된 무덤은 30기 정도에 불과하다. 그 일부만 발굴되었음에도 여섯 개의 금관이 발견되었다. 무덤 전체를 조사한다면 틀림없이 훨씬 더 많은 금관이 출토될 것이다. 그런데 금관이 출토된 무덤들은 5세기 후반부터 6세기 전반까지 약 100여 년도 못 미치는 짧은 기간에 축조되었다. 『삼국사기』에 따르면 이 시기의 신라왕은 눌지마립간, 자비마립간, 소지마립간, 지증마립간 네 명에 불과하다. 현재까지 여섯 개의 금관이 출토되었으니 왕보다 더 많은 숫자의 금관이 출토된 것이다. 이것은 왕 외의 다른 사람들의 무덤에도 금관을 묻었던 것을 알려 준다.

황남 대총은 경주 시내에 있는 신라의 고분 가운데 가장 큰 무덤이다. 두 개의 무덤이 잇대어 있어서 남분과 북분으로 부른다. 황남 대총 북분에서는 금관과 함께 허리 부근에서 '부인대(夫人帶)'라는 글자를 새긴 허리띠 장식이 함께 출토되었다. 이때의 부인은 왕비나 귀족과 같이 지위가 높은 여성을 부르는 호칭이다. 이곳에서는 귀걸이와 목걸이, 팔찌가 많이 출토되었지만 고리자루칼은 출토되지 않았다. 따라서 이 무덤은 여자, 즉 왕비나 귀족 부인의 무덤일 것으로 생각된다.

금령총에서도 금관과 함께 금제 허리띠 장식과 귀걸이, 목걸이 등 여러 가지 꾸미개들이 출토되었다. 그런데 이곳에서 출토된 금관은 다른 금관에 비해 둘레가 작고, 허리띠도 그 길이가

70센티미터 정도로 매우 짧다. 따라서 금령총의 무덤 주인은 소년이었을 것으로 짐작된다. 그러므로 왕비나 왕자, 혹은 왕의 가족과 같이 높은 신분의 사람들도 금관을 사용했던 것을 짐작할 수 있다.

신라를 다스리던 지배자들

신라의 금관을 보면 저렇게 아름답고 신비로운 관을 쓴 사람은 매우 강력한 권력을 가진 사람이었을 것이라고 단정하기 쉽다. 하지만 왕뿐 아니라 왕족도 금관을 가질 수 있었고, 당시의 왕은 강력한 왕권을 확립한 전제 군주가 아니었다. 마립간이라는 호칭으로 불리던 신라의 왕들은 경주 중심의 육부를 대표하는 지도자에 불과했다. 초기 신라는 경주를 중심으로 여섯 개의 정치체가 모여서 이루어졌으며 육부를 중심으로 운영되었다. 초기의 신라왕은 육부를 지배하는 강력한 왕이 아니라 육부를 대표하는 지도자에 불과했던 것이다.

'부인대'명 은제 허리띠 끝 장식

황남 대총 북분에서 출토되었다. 부인대라는 글자를 새긴 것으로 보아 황남 대총 북분은 왕비나 귀족 여성의 무덤으로 짐작된다.

돌무지덧널무덤과 같이 커다란 무덤을 만들고 금관과 같이 화려한 껴묻거리를 무덤에 넣은 이유는 자신의 권위를 돋보이게 하려는 의도된 과시 행위이자 장치였다. 6세기 중엽 이후 신라에서 불교가 크게 성행하고 왕권이 강력해지자 더 이상 큰 무덤이나 금관과 같은 화려한 껴묻거리를 만들지 않았다. 신라 사회는 안정된 왕권을 기반으로 보다 조직화

된 중앙과 지방 통치 체제를 구축하고, 고구려, 백제에 맞서 통일 전쟁을
할 수 있을 정도로 성장했다. 신라의 왕은 신라 사회 전체를 다스리는 강
한 권력을 가진 지배자가 되었던 것이다.

금령총 금 허리띠
총 길이 74.1센티미터
로, 천마총 출토 금 허리띠
에 비하면 50센티미터 가
량 짧다. 따라서 금령총은
15세를 전후한 왕자의 무
덤일 것이라고 짐작된다.
국립경주박물관 소장.

토우와 신라인의 생활

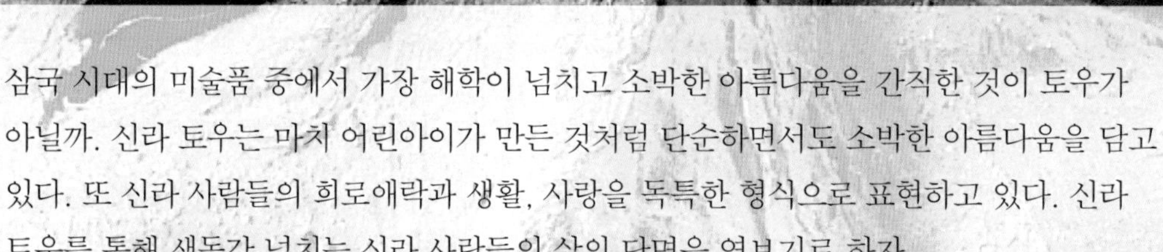

삼국 시대의 미술품 중에서 가장 해학이 넘치고 소박한 아름다움을 간직한 것이 토우가 아닐까. 신라 토우는 마치 어린아이가 만든 것처럼 단순하면서도 소박한 아름다움을 담고 있다. 또 신라 사람들의 희로애락과 생활, 사랑을 독특한 형식으로 표현하고 있다. 신라 토우를 통해 생동감 넘치는 신라 사람들의 삶의 단면을 엿보기로 하자.

영감 얼굴 토우

흙으로 빚어 만든 인형

고구려 고분 벽화가 고구려 사람들의 삶을 생생하게 보여 준다면, 신라 토우는 신라 사람들의 낙천적인 모습을 꾸밈없이 보여 준다. 토우는 흙으로 빚어서 만든 인형을 말하지만, 넓은 의미에서는 사람의 형상뿐 아니라 여러 가지 동물이나 생활용구, 집 같은 것을 그 모습대로 본떠 만든 것을 포함한다. 우리나라에서는 신석기 시대의 조개더미에서 사람 모양과 멧돼지 모양의 토우(25쪽 참조)가 발견된 적이 있다. 하지만 토우의 대부분은 경상도 지역 특히 신라의 경주에서 가장 많이 출토된다.

신라 토우는 토기에 붙어 있는 것이 대부분이지만 토기와 관계없이 독립적으로 만들어진 것도 있다. 물론 토우 전체가 토기의 모양을 띤 경우도 있다. 사람 모양 토우 중에서 가장 대표적인 것이 경주 금령총에서 출토된 기마

흙으로 빚은 여인

신석기 시대 무덤에서 발견된 토우이다. 신석기 시대 사람들은 돌, 흙, 동물의 뿔과 뼈 등을 재료로 사람이나 동물의 형상을 만들었다. 국립중앙박물관 소장.

도제 기마인물상

경주시 금령총에서 출토되었다. 말을 타고 있는 두 사람이 한 쌍을 이루는 토기이다. 죽은 자의 영혼을 저세상으로 인도해 주는 주술적인 기능이 있다. 신라인의 영혼에 관한 생각과 당시의 복식, 무기, 말 갖춤 상태를 연구하는데 큰 도움을 주는 중요한 유물이다. 국립중앙박물관 소장. 국보 91호.

인물형 토기이다. 이곳에서는 머리에 삼각형의 고깔을 쓴 토우와 상투 모양의 토우 두 점이 출토되었다. 두 점 모두 말에 사람이 올라탄 모양인데 특히 앞사람의 말에는 말의 고삐나 방울, 발걸이, 안장, 말띠 드리개 등 말갖춤 장식이 아주 자세하게 표현되어 있어서 당시의 말갖춤을 연구하는데 더없이 귀중한 자료이다. 고깔을 쓴 사람은 왼쪽 허벅지에 무기를 차고 있고, 상투머리를 한 사람은 오른손에 자루가 달린 방울을 들고 있다. 이런 점을 볼 때 앞사람이 뒷사람보다 신분이 높은 사람으로 생각되고, 방울을 들고 있는 뒷사람은 시종이나 무당이 아니었을까 여겨진다. 그런데 두 점의 토기는 말 등에 물을 부을 수 있는 잔이 있고, 말의 턱 밑에는 주둥이가 달려 있다. 주둥이 부분에 입을 대고 바람을 불면 다른 쪽으로 공기가 새 나오니까 주전자와 같이 물을 따를 수 있다.

신라의 토우들은 대부분 굽다리 접시[1]의 뚜껑이나 항아리의 어깨나 목,

토우 장식 굽다리 접시
사냥꾼과 멧돼지가 접시에 붙어 있다. 사람은 단순하게 표현했으나 활과 화살 통을 사실적으로 만들어서 사냥한다는 인상을 강하게 준다. 국립중앙박물관 소장.

뚜껑에 부착된 것이 떨어진 상태로 발견된다. 하지만 굽다리 접시의 뚜껑에 부착된 채로 사냥하는 장면을 생생하게 보여 주는 토기가 있다. 사냥꾼이 멧돼지를 향해 화살을 당기고 있는데 화살 통에는 화살이 담겨 있고, 활시위도 표현되어 있다. 고구려 무용총 고분 벽화의 사냥 그림과는 질적으로 차이가 나지만 투박한 멧돼지나 사냥꾼에서 느껴지는 소탈함이 오히려 정겹다. 경주의 무덤들에는 멧돼지를 비롯해 여러 가지 동물 모양 토우가 남아 있는데, 사냥과 관계되었을 가능성을 짐작할 수 있다.

경주 계림로에서 출토된 토기에도 토우가 부착되어 남아 있다. 이 항아리는 높이가 34센티미터에 불과하지만 목 부분에는 가야금을 연주하고 있는 사람과 새, 물고기, 개구리, 개구리를 잡아먹으려는 뱀 등이 어지럽게 붙어 있다. 그런데 가야금을 타고 있는 사람은 눈과 입 등 얼굴의 세부 표현이 전혀 없이 극히 단순하지만 아랫배가 볼록하여 임산부임을 알 수 있다. 악기를 연주하는 토우로는 비파나 피리를 부는 토우, 손을 앞으로 모아서 노래를 부르는 토우들도 다른 곳에서 발견된 적이 있다. 새나 물고기, 개구리, 뱀과 같은 동물 모양 토우는 그 종류가 너무 많아 신라의 동물원을 보는 듯하

토우 장식 목항아리
경주 계림로에서 출토되었으며, 보존 상태가 좋다. 개구리의 뒷다리를 물고 있는 뱀, 오리, 가야금을 타는 사람, 남자와 여자, 새, 거북, 물고기, 토끼 등이 묘사되어 있다. 국립경주박물관 소장. 국보 195호.

노래를 부르고 악기를 연주하는 사람 토우
오른쪽 사람이 연주하는 악기는 비파이다. 비파를
연주하는 토우는 국립경주박물관, 피리 부는 토우
와 노래하는 토우는 국립중앙박물관 소장.

각종 어류 토우
고기잡이라는 생업을 중요하게 여긴
신라 사람들은 각종 물고기, 가재, 게
등 물에 사는 동물을 토우로 만들었다.
국립중앙박물관 소장.

다. 그중에서도 가재나 잉어, 게와 같은 어류는 고기

잡이와 관련되는 것으로 생각된다. 금령총에서는 배를

타고 노를 젓고 있는 토기 두 점이 출토된 적이 있다. 배는 말

과 함께 중요한 교통수단이었고, 동시에 고기잡이는 중요한 생업

의 하나였기 때문에 이런 모양의 토기를 만든 것이다. 다만 무덤에서

이러한 배가 출토된 것은 죽은 이를 배에 태워 저세상에 보낸다는 종교

적 의미가 있었던 것 같다.

　　배를 타고 먼 바다에 나가 고기잡이를 하는 장면은 이미 반구대 바위

그림에서도 등장했다. 반구대 바위그림은 고래잡이 중심의 반부조 그림으로

신라 토우보다 1,000여 년 전에 만들어졌다. 하지만 두 작품은 시간을 뛰어

넘어 동일한 소재를 자기 방식대로 표현하고 있다. 신라 토우는 전통을 유지

하면서 더욱 강한 생명력과 매력으로 우리에게 다가온다.

　　신라 토우는 손놀림은 거칠지만 서정적인 느낌을 주는 것들도 있다. 경

주 황남동에서 출토된 토우는 출산 중인 여인의 모습을 표현한 것으로 생각

된다. 두 눈이 휘둥그레지고, 입을 크게 벌려 소리를 지르는 고통의 순간을 표

현한 것 같다. 생명의 탄생은 고통을 수반하지만 동시에 축복과 감사의 순간

이다. 이 토우와 함께 묻힌 무덤 주인은 다음 세상에서 그렇게 다시 태어나기

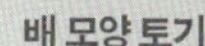

배 모양 토기
경주 금령총에서 출토되
었으며, 두 점이 한 쌍을
이루고 있다. 신라의 배 형
태를 짐작할 수 있는 자료
이기도 하다. 국립중앙박
물관 소장.

출산 중인 여인 토우
뒤로 누운 자세, 동그란 눈
과 입으로 출산의 고통을
사실적으로 표현했다. 국
립중앙박물관 소장.

를 바랐던 것이 아닐까.

경주 황남동에는 주검 앞에서 슬퍼하는 여인이라는 이름이 붙은 토우가 있다. 고개를 푹 숙이고 있는 이 사람은 깊은 슬픔에 빠져 있다. 그 사람의 앞쪽에는 전쟁터에서 죽은 남편의 주검이 놓여 있다. 신라의 토기에 토우가 장식되던 시기는 5세기에서 6세기 무렵으로, 삼국이 치열하게 전쟁을 시작하던 시기이다. 이 토우는 전쟁의 참혹상을 투박하지만 간결하게 그리고 매우 감성적으로 보여 준다.

이밖에도 토우에는 다른 미술 작품에서는 볼 수 없었던 신라 사람들의 진솔한 얼굴이 있다. 손을 앞으로 모은 토우는 부부를 표현한 것 같다. 왼쪽 사람은 바지를 입고 오른쪽 사람은 키가 작고 가슴이 강조되었으며 주름치마를 입고 있다. 또 수염이 덕지덕지 난 할아버지의 얼굴 토우는 어떤가. 머리는 상투 같은 것을 틀어서 돌출돼 있고 광대뼈가 유난히 튀어나왔지만 눈초리가 아래로 내려가면서 입을 활짝 벌려 웃고 있다. 신라 사람들의 손놀림에서 나올 수 있는 소박하고도 익살스러운 바로 그들의 얼굴인 것이다.

신라의 토우는 마치 여성과 어린이가 만든 것처럼 때로는 섬세하게 때로는 매

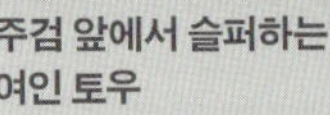

주검 앞에서 슬퍼하는 여인 토우
죽은 사람의 얼굴에 천이 덮여 있다. 남편의 죽음을 애도하는 여인의 모습이 매우 감성적이다. 국립중앙박물관 소장.

손을 앞으로 모은 부부 토우
남자는 고깔모자를 쓰고 바지를 입고 있고, 여자는 치마를 입고 있다. 치마의 선을 그어 주름치마를 나타낸 듯하다. 국립중앙박물관 소장.

우 단순하게 사람과 동물의 특징을 훌륭하게 살려냈다.
신라 토우는 불교 미술과 같은 외래의 문화 요소가 전
혀 포함되지 않은 토속적인 성격이 강하다. 우리는
그것을 보면서 동심으로 되돌아가게 되고,
시간과 공간을 넘어선 영원한 현재를 실감
하게 된다.

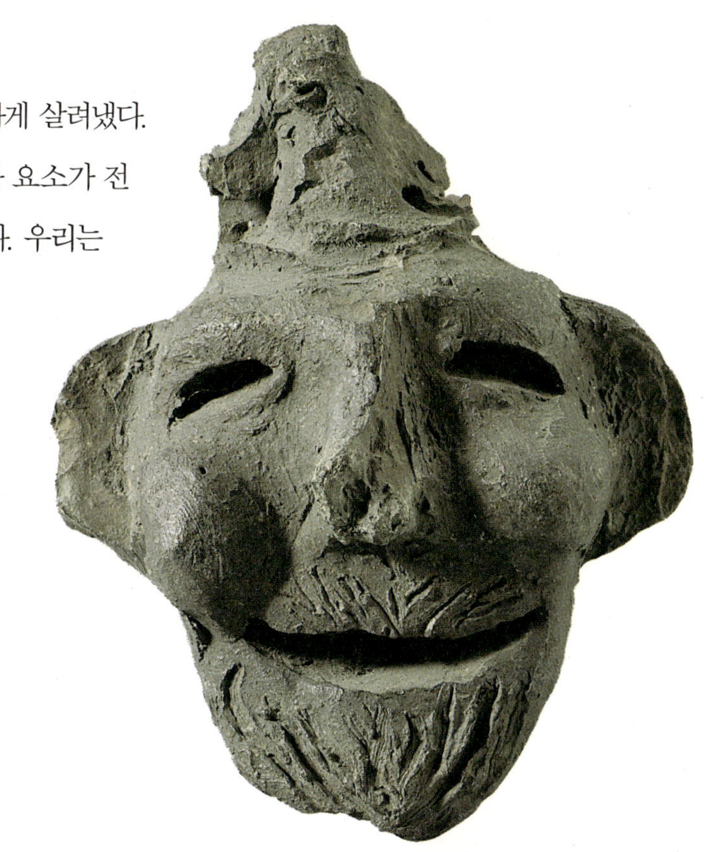

영감 얼굴 토우
평범한 할아버지의 얼굴
을 소박하고도 익살스럽
게 표현했다. 신라 사람의
얼굴을 보고 있는 듯하다.
국립중앙박물관 소장.

05 불상과 고대 미술의 국제화

국가에서 불교가 공인되어 유지되기 위해서는 불상이나 경전, 승려를 비롯하여 다양한 형태의 기술 지원이 지속적으로 뒤따라야 한다. 고대 사회에 유행하던 경전이나 활동하던 승려들의 행적을 구체적으로 알기는 어렵다. 하지만 금동불이나 마애불 등 고대 불교 조각품들은 일부가 남아 있어서 외래 종교인 불교가 우리나라에 어떻게 전래되어 토착화되었는지 알 수 있는 단서가 된다. 우리나라의 불교 조각이 어떻게 발전했는지 그 도도한 흐름을 차례로 살펴보기로 하자.

부처의 형상을 표현한 상

　삼국 시대의 불교 미술품 중에서 가장 많이 남아 있는 것이 불교 조각, 특히 불상이다. 불교가 전해진 초기에는 중국의 불상을 모방한 작은 금동불과 흙으로 빚은 소조불을 주로 만들었지만, 6세기 중엽 이후가 되면 점차 우리나라 불교의 특성이 반영된 조각품이 만들어진다. 불상을 만드는 방법은 다양하다. 나무나 돌을 깎거나, 흙으로 빚거나, 청동이나 철을 주조해서 만들었다. 나무로 만든 불상은 불에 약하기 때문에 남아 있는 것이 거의 없고 흙으로 빚은 불상도 소수에 불과하다.

　고구려의 절터인 평양 원오리 사지에서는 흙으로 빚어 만든 보살 입상과 여래 좌상이 발견되었다. 두 불상 모두 흙으로 만든 거푸집에서 떠낸 것인데, 특히 보살 입상은 명상에 잠긴 듯 자비로운 눈매를 하고 얼굴에는 미소를 머금고 있어서 온화한 느낌을 준다.

　평양 토성리에서는 원오리 사지 소조상을 만드는 데 사용한 것으로 생각되는 거푸집이 발견되기도 했다. 거푸집에서 여래 입상과 보살 좌상을 여러 차례 찍었기 때문에 똑같은 모양을 한 불상이 수백 개 남아 있지만 대부분 파손되었다. 흙은 주변에서 쉽게 구할 수 있고, 토기나 기와 등을 만들어 보아 그 물질적 특성을 알고 있었기 때문에 다른 재료보다 훨씬 애용되었던 같다. 하지만 내구성이 떨어지기 때문에 현재는 거의 남아 있지 않다.

　돌은 나무나 흙보다 훨씬 단단하다. 백제

평양 원오리 사지 보살 입상

평양 부근 원오리의 옛 절터에서 발견된 소조로 만든 불상과 보살상 파편 312개 가운데 하나이다. 아랫부분의 옷 주름은 간격이 촘촘하고 끝자락이 양측으로 삐친 모습을 하고 있어, 중국 북위 불상의 영향을 보여 준다. 높이 17센티미터. 국립중앙박물관 소장.

의 수도였던 부여 군수리 사지에서는 납석으로 만든 여래 좌상이 출토되었다. 통통하게 살찐 얼굴에 잔잔한 미소를 띠고 있는데 무릎 아래까지 치렁치렁 내려오는 옷자락이 인상적이다. 어디 하나 각진 곳이 없이 둥글게 처리한 것이 정적인 분위기를 더해 준다. 납석은 무른 돌이기 때문에 조각하기가 쉬워서 백제 지역에서 자주 이용했던 것 같다. 그런데 이 불상은 뒷면에 아무런 장식이 없이 밋밋하게 처리되었다. 당시만 해도 불상을 바라보는 정면에만 옷 주름과 같은 무늬를 새겼기 때문이다.

백제에서는 화강암과 같이 단단한 재료를 이용해서 불상을 만들기도 했다. 서산에 있는 마애 삼존 석불이 대표적이다. 이 불상들은 가야산 계곡의 바위 면에 조각되어 있는데 벼랑에 새겨진 부처라고 해서 마애, 세 부처를 통틀어 삼존불이라고 불린다. 백제 석조 미술의 걸작으로 꼽히는 이들 부처는 소박하고 티 없이 맑은 웃음으로 이곳을 지나는 많은 사람들을 맞았다. 백제의 수도인 부여에서 중국으로 가기 위해서는 태안 항구를 이용해야 했는데, 부여에서 태안으로 가는 가장 중요한 길목에 이들 부처가 자리하고 있다.

한가운데 자리한 여래 입상은 넉넉한 체구에 능숙한 솜씨로 옷 주름을 새겨 놓았는데, 활짝 핀 연꽃과 불꽃무늬가 있는 광배(光背, 머리 뒤의 둥그런 빛무리)는 넉넉한 미소를 더욱 해맑게 해 준다. 그 오른쪽에는 보배 구슬을 받쳐 든 보살이 다소곳하게 서 있는데 유(U) 자형으로 늘어진 옷 주름이 끝나는 발아래에는 끝이 약간 치켜 올라간 부드러운 연꽃이 자리하고 있다. 왼쪽에는 한쪽 다리를 올리고 머리를 약간 숙여 무엇인가를 골똘히 생각하고 있는 어린애 같은 보살상이 자리하고 있다. 빛이 비치는 각도에 따라 환하게 웃기도 하고 다시 엄숙한 표정을 짓기도 하는 부처의 얼굴은 백제 사람만이 만들 수 있는 백제의 미소일 것이다.

삼국 시대의 불상 중 가장 많이 남아 있는 것이 금동 불상이다. 금동 불상은 흙이나 돌보다 훨씬 더 복잡한 과정을 거친다. 먼저 밀랍에 송진을 녹여 섞은 반죽으로 원형을 만든다. 원형이 만들어지면 고운 점토를 이용해서 흙을 바른다. 원형의 무늬를 그대로 표현하기 위해서는 섬세한 손놀림이 필요하다.

여러 차례 진흙을 덧칠해서 단단한 거푸집을 만들고 나면 열을 가하는데, 밀랍은 70도 정도면 녹아 버리기 때문에 거푸집 안에는 원형의 모습만 빈 공간으로 남아 있게 된다. 이제 거푸집에 구리와 주석을 적절하게 섞은 청동을 녹여서 붓는다. 이때도 기포가 생기거나 흠이 생기지 않도록 주의해야 한다. 열이 식은 거푸집을 깨 내면 청동으로 만든 불상이 모습을 드러낸다. 이제 여기에 금도금을 하면 금동 불상이 완성된다.

석고상 만들기와 비슷한 과정을 거친다고 생각하면 되지만 훨씬 더 세밀한 조각 기술이 필요하고, 거푸집을 만들거나 청동 합금, 금도금을 하는데 훨씬 더 정교하고 노련한 기술이 요구된다.

지금까지 남아 있는 우리나라 금동 불상 가운데 가장 오래 것은 '연가 7년'이라는 글씨가 새겨진 불상이다. 이 불상은 불신(佛身)과 광배, 대좌(臺座)가 함께 주조된 것으로, 전체 높이가 16센티미터 정도에 불과하지만 금도금

서산 마애 삼존 석불
여래 입상을 중심으로 오른쪽에는 보살 입상, 왼쪽에는 반가 사유상이 조각되어 있다. 암벽을 조금 파고 들어가 불상을 조각하고 그 앞쪽에 나무로 집을 달아만들었다. 세 불상 모두 얼굴 윤곽이 둥글고 풍만하여 백제 불상 특유의 자비로운 인상을 보여 준다. 국보 84호.

이 두껍게 입혀져서 전체가 생생한 금빛으로 휘황찬란하다. 얼굴은 마른 듯 길고 어깨도 좁아서 몸매가 수척하지만, 온몸을 감싼 가사는 매우 두껍고 옷 주름은 양감이 넘치는 굵은 줄기처럼 처리되어 강렬한 기운을 느끼게 한다. 광배는 구름과 불꽃무늬가 얕게 선각되어 불상의 양감을 더욱 돋보이게 한다. 발아래는 연꽃으로 만든 발받침이 있는데, 살짝 건드리면 터질 듯이 팽팽하고 강한 탄력성으로 연꽃에서 태어나는 부처를 든든하게 받쳐 준다. 광배의 뒷면에 연가 불상이 만들어진 시기와 내력이 간략하게 새겨져 있는데, 이 불상은 539년 평양의 동사에서 만든 것으로 372년 고구려가 불교를 공인한 이후 100여년이 지난 뒤였다. 불상을 만들고 불교 미술이 시작되는 데에 얼마나 긴 세월이 흘렀는지를 짐작케 한다.

국보 83호 반가 사유상은 삼국 시대 우리나라 불교 미술이 도달한 가장

경상남도 의령에서 발견되었다. 불상의 광배 뒷면에 47글자가 새겨져 있는데, 연가(延嘉) 연간의 일곱 번째 해인 기미년에 고구려의 수도 평양에 있던 동사(東寺)라는 절에서 만들어 퍼뜨린 천불(千佛) 중 하나라는 내용을 담고 있다. 국립중앙박물관 소장. 국보 119호.

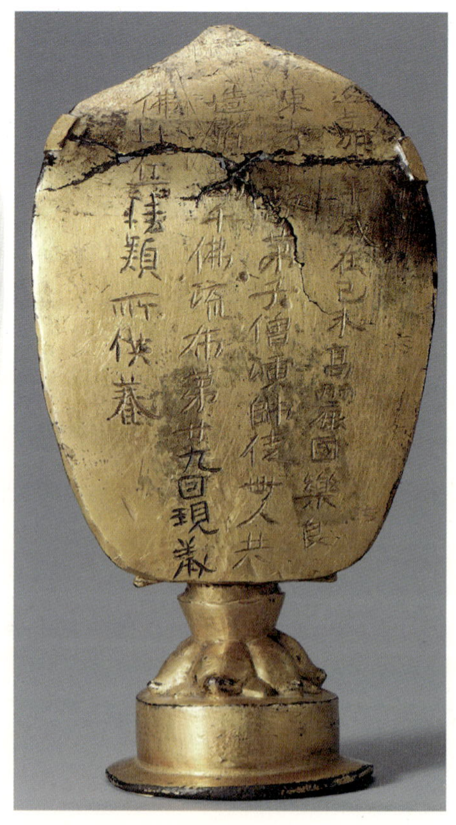

높은 경지를 보여 주는 작품이다. 반가 사유상은 한 쪽 다리를 다른 쪽 무릎 위에 얹고, 한 손을 뺨에 댄 채 생각에 잠긴 모습을 하고 있는 불상을 말한다. 인도에서 시작된 이러한 형식의 불상은 싯다르타 태자의 모습을 표현할 때 등장하는 것이라고 한다. 반가한 다리의 무릎과 그 위에 놓인 굽힌 팔, 또 그 팔의 손에 기대어 생각에 잠긴 듯한 머리, 그리고 약간 굽은 등, 이들 신체 각 부위의 유기적인 관계는 삼국 시대의 좌상이나 입상에서 보이는 고정된 자세와는 조형의 차원이 다르다.

이 사유상은 머리에는 삼산관(삼면이 둥근 산 모양의 관)을 쓰고 있는데 얼굴은 어린아이처럼 팽팽하고, 뺨에 닿아 있는 오른쪽 손과 살짝 드러난 발가락은 생명의 맥박이 관절마다 뛰고 있는 듯 생동감이 넘친다. 다리에서 대좌에 걸쳐 형성된 옷 주름은 2단으로 처리되었는데, 윗단은 짧고 촘촘한 옷 주름이 반복되지만 아랫단은 동일 반복을 깨뜨리며 변화를 주어 생생한 운동감을 느낄 수 있다. 이 사유상은 신체 각 부위의 정연하고 조화로운 비례, 힘이 응축된 생동감, 앉음새의 안정감이 빈틈없는 조화를 이룸으로써 삼국 시대 불상의 절정을 이루었다. 그뿐만 아니라 인도, 중국, 한국, 일본의 반가 사유상 가운데서도 절정을 이루었다고 할 수 있다.

우리나라의 불교 미술

우리나라에 불교가 처음 전래된 시기는 삼국 시대이다. 고구려는 372년에, 백제는 384년에, 신라에 450년에 불교가 전래되었다. 고구려와 백제는 중국에서 승려가 건너와 불교를 전해 주었고 신라는 고구려에서 내려온 승려에 의해 불교가 시작되었다. 삼국에 처음 불교가 전래되었을 때는 중국에서 만든 불상이나 중국 불상을 본뜬 작은 불상을 모시고, 불교 경전을 읽으며 예불을 드렸을 것이다. 그러나 불교가 국가 종교로 발전하고 대중화되면서

금동 미륵보살 반가 사유상
생기 있는 미소와 살아 숨 쉬는 듯한 얼굴 표정, 부드럽고 유려한 옷 주름, 상체와 하체의 완벽한 조화, 손과 발의 섬세하고 미묘한 움직임 등 모든 것이 가장 이상적으로 표현된 동양 불교 조각사의 기념비적인 작품이다. 국립중앙박물관 소장. 국보 83호.

094

정치·경제·사회·문화 전반에 많은 영향을 미쳤고, 불교 미술이라는 새로운 예술 양식도 발전하게 되었다. 불교 미술은 석가를 비롯한 불교의 여러 신을 찬미하고 불교의 가르침을 널리 알리기 위해 제작된 회화, 건축, 조각 등을 가리키는 말이다.

우리나라의 고대 예술은 여러 가지 재료를 이용해서 불상을 만들면서 불교 미술이 주류를 이루었다. 외래 종교인 불교를 매개로 하여 동아시아의 미술, 나아가 세계 미술의 흐름을 공유하게 된 것이다. 부처님의 가르침과 부처님을 형상화한 불상은 원래 기원전 6세기 무렵 인도에서 태어난 석가모니의 사상과 가르침에서 시작하여 발전했다.

그러나 우리나라에는 중국을 통해서 인도의 불교가 전해졌으므로 불상에 표현된 옷과 여러 가지 무늬는 인도나 중국의 자연과 풍토, 문화가 반영될 수밖에 없다. 인도에서만 자라는 식물이나 동물이 우리나라 불교 미술에도 등장하고 중국식 옷을 입은 부처가 우리나라 불상에도 표현된 것이다. 그러나 가장 중요한 부처님의 얼굴은 우리나라 사람의 얼굴이고, 그 미소도 역시 우리 조상들의 미소를 담고 있다. 우리나라 고대 미술은 불교 미술을 통해 세계 예술의 보편성과 우리나라 고유의 특수성을 함께 갖게 된 것이다.

미술 도구와 예술가의 탄생

고대 국가가 성립되고 전개되면서 상업과 수공업에 전문적으로 종사하는 사람들이 나타났다. 고구려 고분 벽화나 백제, 신라의 무덤에서 출토되는 유물들이 이전 시대와 비교할 수 없을 만큼 철저하고 높은 기술력으로 만들어진 것은 예술이 전문 직업이 된 결과라고 할 수 있다. 국왕을 중심으로 한 왕실은 이러한 예술 활동의 가장 중요한 수요자이자 후원자였다. 또한 불교의 보급으로 등장하게 된 사원은 불상이나 석탑, 기와 건물과 같은 새로운 형태의 예술 활동을 주도하며 유지시키는 원천이 되었다.

창원 다호리 1호 무덤에서 출토된 붓(아래)과 손칼(왼쪽)
나무로 만든 붓대에 칠을 발라서 붓을 만들었다. 붓대 양쪽 끝에 모두 붓털이 있고, 붓대 중간 부분에 작은 구멍을 뚫어 실을 묶어 걸어둘 수 있도록 했다. 손칼은 오늘날의 지우개와 같은 것으로 나무 같은 것에 글씨를 잘못 썼을 때 깎아 내는 데 사용했다. 국립중앙박물관 소장.

회화의 발전

그림을 그리려면 문방구가 갖추어져야 한다. 현재 우리나라에서 발굴된 유물 중 가장 오래된 문방구는 창원 다호리 1호 무덤에서 출토된 붓과 손칼이다. 제작 시기가 기원전 1세기 후반 무렵이라고 하니까 적어도 그 이후에는 전국적으로 다양한 형태의 붓이 사용되었음을 알 수 있다. 또한 삼국 시대 집터에서는 흙이나 돌, 청자로 만든 벼루가 발견된다. 문방구가 대단히 발달했음을 알 수 있다.

일본 호류사 금당 벽화
호류사 금당의 12개 벽면에
그려졌으나, 1949년 화재로
불타 버리고 현재는 모사품
이 걸려 있다.

삼국 시대의 회화 작품은 고구려 고분 벽화를 제외하고는 거의 알려진 것이 없
다. 그러나 여러 가지 안료를 이용해서 형형색색의 그림을 그린 것을 보면 이미 상당
한 수준의 화가가 있었음을 알 수 있다. 벽면에 글씨를 쓰거나 그림을 그리면 먹물
이 흘러내리게 마련인데, 고분 벽화에는 그런 흔적이 거의 없다. 이는 먹물에 점성이
강한 기름을 섞어서 사용했기 때문이다.

삼국 시대의 유명한 화가는 담징(579-631)이라는 고구려 승려가 있다. 그는
610년, 일본의 초청으로 백제를 거쳐 일본으로 건너가 채색화를 그리는 방법과 종
이, 먹, 맷돌 등을 만드는 기술을 가르쳤다고 한다. 담징의 도움으로 일본에서는 처

음으로 종이와 먹을 만들게 된 것이다. 담징은 일본의 호류사라는 절에 머물면서 불교와 학문을 가르쳤다. 당시 고구려는 수나라와 전쟁을 치르고 있던 중이었는데, 고구려가 크게 승리했다는 소식을 듣고 감사와 기쁜 마음으로 호류사의 금당에 벽화를 그렸다. 그가 그린 금당 벽화는 경주의 석굴암, 중국의 윈강 석불과 함께 동양의 3대 미술품으로 꼽힌다. 담징은 이처럼 세계 미술계에 위대한 업적을 남겼으며, 오늘날까지 그 이름을 남긴 화가이다.

조각의 발전

조각 작품에는 토기, 기와, 불상 등이 있다. 먼저 토기를 보면, 삼국은 각자 독특한 모양의 토기를 제작했다. 토기를 전문으로 제작하는 공인 집단이 있어서 분업화되고 체계적으로 생산을 담당했다. 삼국 시대의 토기는 집터와 같은 생활 유적에서도 출토되지만 대부분은 무덤에서 출토된다.

당시 토기를 제작한 사람의 이름은 아직 단 한 사람도 전해지지 않는다. 고구려나 백제의 토기에 이름으로 생각되는 글자가 새겨진 것이 있지만, 제작자가 아니라 사용하는 사람 또는 사용되는 곳을 기록한 것이다. 아마 주문한 내용을 명확하게 하기 위해 기록한 것으로 생각된다. 글자 외에 삼각형이나 빗금 같은 무늬나 부호가 새겨진 토기도 종종 발견된다. 토기 제작에 종사하던 사람들이 한자를 정확하게 알지 못했기 때문에 이러한 부호로 제작 집단을 표시했던 것 같다.

불교가 전래되면서부터는 청동으로 불상을 만들거나 연꽃무늬가 새겨진 기와를 만들고, 돌이나 나무로 불상을 조각하는 등 새로운 변화가 나타났다. 불교가 우리나라에 들어온 것은 세계 종교의 시작이라는 점뿐 아니라 불교 미술이라는 새로운 차원의 예술 활동이 시작되었다는 것을 의미한다. 불교 전래 이전에는 고분 미술이 중심이었지만, 불교 전래 이후에는 부처의 모습을 형상화한 불상이나 광배, 부처의 진신사리를 모시는 목탑이나 석탑, 스님들이 수행하면서 생활하는 사원 등 새로

미술 도구와 예술가의 탄생

운 형태의 불교 미술이 중심이 되었다.

초기의 불교 미술에서 가장 많이 남아 있는 것은 불상이다. 대부분 청동으로 만들어 금도금을 한 금동 불상들이다. 처음에는 중국에서 수입된 불상이 많았지만 점차 자체 제작하게 된다. 고구려에서 가장 먼저 만들기 시작했고 이후 백제와 신라에서도 불상을 만들었던 것 같다. 토기와 마찬가지로 불상도 만든 사람을 기록한 것은 발견되지 않는다.

'연가 7년'이라는 글씨가 새겨진 불상의 경우 제작 시기나 발원한 사람, 시주한 사람은 기록하면서도 그것을 만든 사람인 예술가에 대해서는 아무런 기록도 남기지 않았다. 이처럼 고대 미술품에 비개인성, 익명성이 나타나는 이유는 장인의 개인적이고 주관적인 아름다움보다는 어떤 집단이 그것을 만들었는지와 같은 공공성이 강조되기 때문이며, 개인보다는 조직이나 전통을 중시했기 때문이다.

그렇지만 『삼국유사』에는 당시 불상을 만들었던 사람 중 양지 스님이라는 이름이 남아 있다. 양지 스님은 신라 선덕 여왕(재위 632~647) 때 주로 활동했고 많은 불상과 탑을 만들었으며 신비로운 일을 자주 보여 주었다고 한다. 양지 스님이 어떤 작품을 남겼는지는 정확치 않지만, 경주 사천왕사의 목탑을 장식했던 녹유 사천왕상이나 안압지의 기와들이 그의 작품으로 생각된다.

특히 사천왕사 터에서 발견된 녹유 사천왕상은 이전의 불상과는 비교할 수 없을 만큼 뛰어난 구도와 장식, 비례의 아름다움을 보여 준다. 이 작품들은 조그마한 파편에 불과하지만 7세기 중엽 신라 예술의 경지를 유감없이 보여 주며, 양지라는 위대한 조각가의 존재를 다시 한 번 우리에게 알려 준다.

예술가의 탄생

고대 사회에서 예술가의 이름은 알기가 어렵다. 당시 예술 활동의 대부분이 국가에서 주도하는 관영 수공업의 일부였기 때문이다. 작품은 대부분 왕이나 왕실,

귀족의 요구를 반영하는 것이었고, 오늘날 우리가 예술가라고 부르는 사람들은 그들의 요구에 부응하는 집단의 일원에 불과했다. 당시의 예술가들은 고려나 조선 시대에 비해서 상당히 지위가 높았다고 한다. 어떤 예술가는 국가로부터 일정한 지위를 인정받아 육두품과 같은 관등을 갖기도 했다. 그런데 삼국에 불교가 본격적으로 보급되면서 점차 사원이 예술 활동의 중요한 무대가 되었고, 비교적 자유로운 처지에 있었던 승려들은 훨씬 더 열정적이고 자유롭게 창작 활동을 할 수 있었다. 예술은 사회적, 경제적 조건에서 자유로워야 더욱 더 그 빛을 발한다.

미술 도구와 예술가의 탄생

기와·벽돌과 건축의 발달

고대 사회에서 기와는 왕궁이나 관청, 사원 등에 매우 제한적으로 사용되었다. 하지만 우리 조상들은 단순한 건축 재료에 불과한 기와에 다양한 형태와 갖가지 무늬를 장식하여 하나의 예술품으로 승화시켰다. 또 지붕뿐 아니라 바닥이나 벽면을 장식하기 위한 벽돌을 제작하기도 했다. 불교의 전래와 더불어 들어온 새로운 건축 기술과 문화는 한반도 안에서 다양한 형식으로 탈바꿈하게 된 것이다. 불교적인 제재인 연꽃을 제한된 공간 속에서 다양하게 재해석하고 갖가지 문양을 창조한 고대 산업 디자이너들의 세계에 들어가 보자.

산수 · 봉황 무늬 벽돌

연꽃으로 지붕을 덮다

우리나라에서는 삼국 시대부터 본격적으로 기와를 만들기 시작했다. 고구려, 백제, 신라는 나라마다 고유한 특징을 발전시키며 기와를 제작했다.

고구려의 수막새는 연꽃과 연꽃 사이를 두 줄로 구획하고, 세 꽃잎으로 구성된 아직 피지 않은 연봉오리를 사실적으로 나타냈다. 백제나 신라의 연꽃무늬 수막새가 활짝 핀 연꽃을 표현한 것과는 큰 차이가 있다. 지안 지역의 태왕릉에서 출토된 연꽃무늬 수막새는 여섯 개의 연꽃 봉오리를 배치하였는데 뾰족하게 생긴 꽃봉오리 안쪽에 와이(Y) 자형의 선을 도드라지게 표현한 다음 그 양쪽에 두개의 점을 찍었다. 이 수막새는 양감이 넘치는 고구려 기와의 특징을 잘 보여 준다.

고구려의 막새가 남성적이라면 백제는 여성적이라고 할 수 있다. 백제의 수막새는 활짝 핀 연꽃잎 끝부분이 살짝 들려 올라가서 부드러우면서도 세련된 느낌을 준다. 공주 무령왕릉의 무덤 내부를 장식한 연꽃무늬 벽돌이 백제 기와의 가장 전형적인 모습이고, 그 이후의 백제 기와들은 무령왕릉 벽돌의 연꽃을 확대하거나 변형한 것들이 많다. 백제 말기가 되면 연꽃잎에 자엽이나 인동 꽃무늬가 표현되는 등 장식성이 강조되고, 연꽃잎 끝이 두 갈래로 갈라지듯 하트 모양을 이룬다.

백제 연꽃무늬 벽돌(위)과 수막새(아래)
벽돌은 무령왕릉에서, 수막새는 동남리 절터에서 출토되었다.

고구려 연꽃무늬 수막새
왼쪽의 수막새는 천추총에서, 오른쪽은 태왕릉에서 출토되었다. 국립중앙박물관 소장.

103

신라는 처음에 고구려적인 막새와 백제적인 막새를 함께 만들었다. 경주 월성에서 출토된 연꽃무늬 수막새는 연꽃잎과 사이잎의 형태가 고구려의 것과 유사하고, 다른 연꽃무늬 수막새는 공주나 부여에서 출토되는 것과 비슷하다. 하지만 경주 황룡사 터에서 출토된 수막새는 연꽃잎이 두 갈래로 갈라지는 복판이 나타나고, 통일 신라 시대가 되면 연꽃잎이 두 겹으로 겹쳐진 중판이 나타나기도 한다. 복판이나 중판의 연꽃무늬는 현실 세계에서는 존재하지 않는 이상적인 것으로, 신라인들이 새롭게 창안한 막새 무늬이다.

삼국 시대 말기에는 연꽃무늬 수막새 외에도 암막새 등 여러 가지 장식 기와가 만들어졌다. 암막새에는 연꽃무늬나 새 무늬, 용무늬, 기린 무늬 등이 장식되고 어떤 것에는 녹유(綠釉)가 곱게 발리기도 했다. 서까래 끝을 장식하는 서까래 기와나 용마루 끝 부분을 장식하는 커다란 망새 기와도 생겨나서 기와 건물은 더욱 화려한 모습이 된다.

갖가지 무늬로 벽과 바닥을 장식하다

삼국 시대부터는 기와뿐 아니라 바닥이나 벽면을 화려하게 장식하는 벽돌을 제작하여 사용했다. 흙으로 만든 벽돌은 가마 속에서 높은 온도로 구워낸 건축 부재로, 무덤이나 지상 건축물을 만드는 데 많이 사용되었다. 기와와 마찬가지로 고구려, 백제, 신라는 각기 특색 있는 벽돌을 만들어서 사용했다. 특히 백제의 외리 절터에서 나온 여덟 종류의 벽돌이 유명한데, 가로세로 약 29센티미터의 정사각형 안에 연꽃무늬나 연꽃 구름 무늬, 용무늬, 봉황 무늬, 도깨비 무늬, 산 경치 무늬 등을 놀랄 만큼 아름답게 그려 놓았다.

이중 흥미로운 것이 두 종류의 도깨비 무늬 벽돌이다. 이 벽돌에는 양팔을 벌리고 당당하게 서 있는 괴수가 공통적으로 나타나는데, 한쪽은 연꽃무늬를 밟고 서 있고, 다른 한쪽은 기암괴석을 밟고 서 있다. 이런 벽돌을 만들기 위해서는 커다란 나무판에 그림을 그리고, 그 안쪽을 파내서 거푸집을 만든 다음 고운 점토를 밀어 넣어 찍어야 한다. 그런데 괴수의 얼굴이나

백제 산수·봉황 무늬 벽돌
부여 외리에서 출토되었다.
여덟 종류의 무늬 벽돌 중
하나이다.

백제 도깨비 무늬 벽돌
왼쪽은 연꽃·도깨비 무늬 벽
돌, 오른쪽은 산 경치·도깨
비 무늬 벽돌이다. 부여 외
리에서 출토되었다.

통일신라 용무늬 벽돌
왼쪽은 벽돌을 앞에서 본 모습, 오른쪽은 벽돌을 양 옆에서 본 모습이다. 국립 경주박물관 소장.

자세, 양팔에 난 깃털, 발가락의 모양, 허리띠 장식까지 지나치리만큼 똑같고 아래쪽 귀퉁이에 있는 물결무늬까지 같다. 어떻게 이런 작품이 나왔을까?

두 작품을 더욱 세밀하게 조사해 보았더니 연꽃을 밟고 있는 벽돌을 먼저 제작하여 사용한 다음, 그것을 고쳐서 기암괴석을 밟고 있는 벽돌을 만들었다는 것을 알게 되었다. 두 벽돌에 새겨진 괴수의 모습은 똑같지만, 연꽃이 새겨진 것보다 기암절벽이 새겨진 것의 윤곽이 훨씬 선명하다는 것을 알 수 있다. 또한 연꽃잎과 기암괴석이 새겨진 모양과 윤곽의 깊이 등이 일치하기 때문에 연꽃무늬 벽돌의 거푸집을 고쳐서 기암괴석 벽돌의 거푸집을 만든 것이다.

두 벽돌에 새겨진 도깨비처럼 생긴 괴수의 정체는 무엇일까. 많은 사람들이 이 괴수를 중국 청동기에서 자주 보이는 도철무늬[1]라고 생각했다. 하지만 최근에는 용을 의인화한 것이라는 주장이 나왔다. 우리는 대부분 용의 옆모습이 새겨진 것에 익숙하다. 그런데 울산에서 출토된 벽돌에는 모서리에 용무늬가 새겨져 있다. 양쪽 모서리에 있는 그림을 정면에서 보면 마치 도깨비처럼 보인다. 지금까지 용을 정면에서 바라보았을 때 그 모습이 어떻게 생겼는지에 대해서는 생각하지 못했던 것이다. 용은 물을 상징하며 만물생성의 근원을 뜻한다. 그러므로 용은 화재를 막기 위해 건물의 지붕이나 출입문 등에 여러 가지 형태로 사용된 것이다.

[1] 중국 은나라와 주나라 때에 종이나 솥 등 동기(銅器)에 새긴 무늬이다. 도철은 상상 속 동물로, 탐욕이 많고 사람을 잡아먹는다는 흉악한 짐승이다.

107

삼국 시대에 불교가 전해졌다는 것은 불상을 만들고 사원을 건립하는 데 필요한 기술이 수용되고 보급되었음을 말하는 것이다. 건축이나 주조 기술 등 새로운 분야의 생산 기술을 더욱 발전시키게 된 것이다. 그중에서도 건축 기술의 발전은 주목할 만하다.

삼국 시대 초기만 해도 대부분의 사람들은 움집이나 초가집에서 생활을 했다. 움집이나 초가집은 기둥이 가늘고 부실해서 짚이나 갈대, 억새와 같은 가벼운 지붕 재료를 쓸 수밖에 없었다. 따라서 불이 나면 전부 타 버렸다. 그래서 발명해 낸 것이 기와이다. 기와는 눈과 빗물의 침수를 막고 온도와 습도 등의 기후 변화에도 오래 견딜 수 있다.

처음 기와를 사용한 사람들은 지붕 전체에 기와를 얹지 않았다. 지붕이 서로 만나는 마루에만 비가 새지 않도록 기와를 얹었다. 그러다가 견고한 받침돌 위에 아름드리 기둥을 깎아서 세우고 서까래를 연결해 오늘날 한옥과 같이 지붕 전체에 기와를 얹었다.

우리나라에서 사용한 가장 일반적인 기와는 암키와와 수키와이다. 암키와와 수키와

기와의 이름

는 목조 건물의 지붕에 이어져 기왓등과 기왓골을 형성해 눈이나 빗물이 자연스럽게 흘러내린다. 이후 지붕을 화려하게 장식하기 위해 수막새와 암막새, 서까래 기와 같은 것도 만들어졌다. 이들 기와에는 연꽃무늬나 넝쿨무늬, 용무늬 등 여러 가지 장식이 더해져서 지붕 전체를 화려하게 만들었다. 아름다운 연꽃무늬로 장식된 기와집은 그 자체가 불교의 이상적인 정토 세계를 상징했다.

목조 건물 지붕에 기와를 얹어서 연꽃무늬로 장식하는 나라는 중국과 한국, 일본뿐이다. 우리나라의 연꽃무늬 기와나 벽돌은 중국에서 건너온 것이지만 중국보다 훨씬 아름답고 힘차며 무늬의 형식도 다양하다. 그 형태는 활짝 핀 연꽃을 위에서 본 것처럼 재구성한 것이 기본이지만 조그만 원형의 공간에 무한한 세계관을 알뜰하게 담아낸 것이다.

◇ 백제 건축 기술의 일본 전파

일본의 불교는 538년에 백제에서 불교 경전과 불상을 전해준 것에서 시작된다. 일본에서 기와를 얹은 최초의 절은 아스카데라[飛鳥寺]이다. 『일본서기』라는 일본의 역사서에 의하면 아스카데라는 588년, 백제에서 불사리와 여섯 명의 승려, 네 명의 와박사, 노반박사와 화공 각 한 명이 파견되어 건설되었다고 한다. 1956년에 아스카데라에서 연꽃잎 모양이 하트 모양인 것과 연꽃잎 끝이 점으로 된 두 부류의 기와가 확인되었다. 하트 모양 막새들은 기와의 두께가 얇고 평평하며, 점으로 된 막새들은 가운데가 약간 볼록하고 뒷면에 물 손질한 흔적이 있다. 이것은 백제에서 건너간 기와 공인들이 두 부류였거나, 약간의 시기 차이를 두고 기와 제작 기술을 전해 주었기 때문으로 생각된다. 그런데 백제 금성산에서는 하트 모양 연꽃잎 수막새와 유사한 것이 출토되어 와박사의 고향이 부여 인근이었음을 알려 준다. 와박사라는 명칭은 기와를 전문적으로 제작하는 장인을 우대하던 사회 분위기를 알려 주며, 그런 까닭에 백제인은 동아시아 문물 교류의 맨 앞자리를 차지할 수 있었던 것이다.

백제 연꽃무늬 수막새
금성산 출토.

일본 아스카 시대 연꽃무늬 수막새
아스카데라 출토. 왼쪽의 수막새는 연꽃잎이 하트 모양이고, 오른쪽은 점으로 되어 있다.

금동 대향로와 백제의 문화 교류

최고의 예술품에는 그 시대를 담는 정신이 표현되어 있다고 한다. 그런 점에서 백제 금동 대향로는 우리나라 고대 미술의 최고 걸작품이라 할 수 있다. 백제 금동대향로의 뚜껑과 몸통, 다리의 형태가 만들어낸 놀랄만한 조형미와 표면 곳곳에 새겨진 기이한 무늬들의 무한한 상징성은 당대의 시대 정신이 고스란히 녹아 있다. 금동대향로를 통해 백제 사람들의 정신 속으로 들어가 보자.

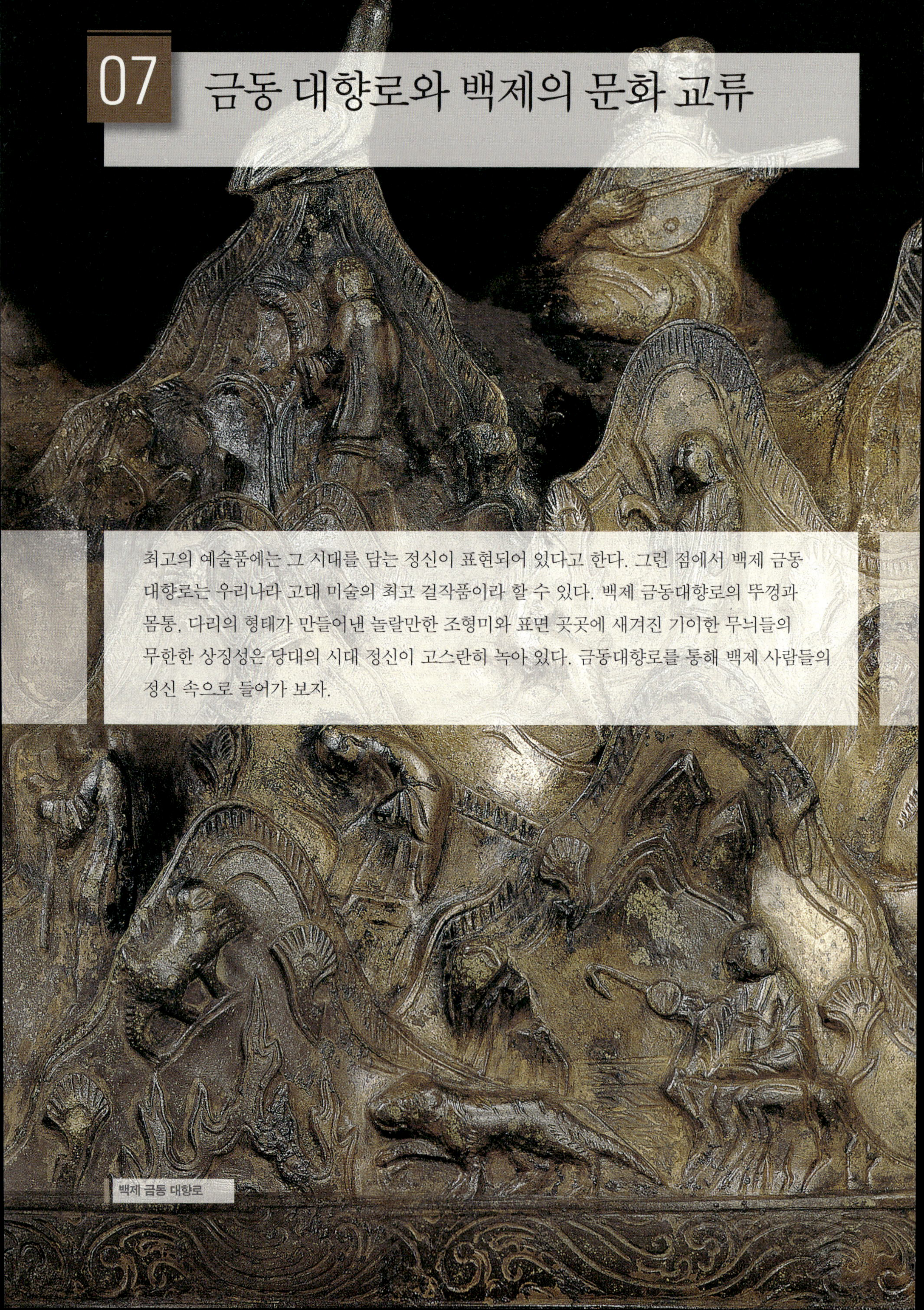

백제 금동 대향로

금동 대향로의 발굴

1993년 12월 12일 충남 부여의 한 발굴 현장, 부여 시가지를 감싸는 나성과 능산리 고분군 사이에 있어서 일찍부터 심상치 않은 분위기가 느껴지던 곳이다. 10월 말부터 시작된 발굴 조사 작업이 막바지에 다다라 발굴 단원들은 모두 분주하게 움직이고 있었다. 날씨는 추워지고 연말이 다가오니 장비며 짐 정리도 해야 하고, 아직 수습하지 못한 유물이나 현장의 도면도 그려야 했다. 그런데 그날, '제3건물지'라고 이름 붙인 곳에서 세상을 깜짝 놀라게 할 엄청난 유물이 발견되었다.

제3건물지는 남실과 중앙실, 북실 3개의 방으로 구성되어 있는데, 그날은 보존 상태가 가장 좋은 중앙실을 정리하는 날이었다. 중앙실 남쪽에서는 길이 135센티미터, 폭 55센티미터, 깊이 50센티미터 정도의 장방형 구덩이가 드러났다. 구덩이 안에는 많은 기와 조각이 벽체에 붙어 있었고, 토기의 파편들도 수평으로 가지런히 쌓여 있었다. 그 사이사이에서 여러 가지 금동 제품과 칠기 조각, 토기 조각, 옥 제품이 섞여서 함께 발견되었다.

파편들을 다 수습하고 나니 오후 네 시가 되었다. 잠시 휴식을 취한 후 대칼로 조심스럽게 흙을 제거해 나가자 네발 달린 동물이 있는 청동 제품이 나타났다. 조사원은 그 아래쪽에 당초무늬로 장식된 띠 같은 것이 있는 것을 보고 얼마 전에 발굴된 금동 관장식이 아닐까 막연하게 생각했다. 그런데 더 아래쪽을 파 내려가자 더욱 많은 동물들이 나타나고 중첩된 산 모양과 봉황 장식이 있는 뚜껑이 모습을 드러내더니 그 옆에는 앞발을 치켜든 용과 연꽃으로 장식된 받침이 있는 게 아닌가. 백제 금동 대향로는 그렇게 1,400년의 잠을 깨고 우리 앞에 모습을 드러냈다. 이후 발굴단은 제3건물지가 유리나 금동, 철기 등을 제작하던 공방 터였음을 알게 되었다.

백제 금동 대향로
백제인의 정신세계가 고
스란히 담겨 있다. 뚜껑
부분에는 백제인의 이상
세계를, 아랫부분에는 이
상 세계가 생성되는 원리
를 표현했다. 형태의 아름
다움 이상의 내면적인 깊
이가 있는 걸작이다. 국보
287호.

백제 향로의 걸작품

　　백제 금동 대향로라 이름 붙여진 이 향로는 우리나라 고대
미술의 걸작으로 평가된다. 향로는 원래 악취를 제거하고 부정을
없애기 위하여 향을 피웠던 도구이다. 중국 한나라 때는 바다를
상징하는 승반 위에 'ㅗ' 모양의 다리와 잔 모양의 몸체, 산봉우리
모양의 뚜껑을 갖춘 박산향로가 많이 만들어졌다. 특히
중첩된 산 모양의 뚜껑은 불로장생의 신선들이 살고 있
다는 삼신산을 상징화한 것인데, 그곳에 살면서 불로장생한
다는 신선들과 신기한 동식물이 장식되기도 한다. 백제 금동 대향로는 이러
한 중국의 박산향로 전통을 따르고 있지만 백제인이 도달한 사상적인 경지
와 예술적인 재능이 유감없이 발휘된 작품이다.

청동 박산향로
기원전 1세기 후반 후한
의 향로이다. 한나라 때 크
게 유행한 형태로, 하나의
다리로 된 받침 위에 산 모
양의 뚜껑을 올렸다.

　　중국 한나라 때부터 유행한 박산향로는 그 크기가 대체로 20센티미터
내외인 것이 많지만 금동 대향로는 61.8센티미터로 크고, 무게도 11.85킬로
그램으로 무겁다. 둥그런 모양을 한 승반을 대신해 한 마리의 용이 한쪽 발
을 치켜들고 입을 크게 벌려서 활짝 핀 연꽃 줄기를 물고 있는 형상이다. 향
로의 대좌 역할을 하는 용의 모양은 유려하고 탄력이 넘쳐서 커다랗고 묵중
한 향로를 지탱하고도 남는다. 특히 용틀임하는 용이 물고 있는 연꽃은 용의
입에서 뿜어져 나오는 창조의 기운을 나타낸다. 그렇게 연꽃에서 새롭게 태
어난 갖가지 자세의 사람과 동물, 산과 나무들은 생동감 넘치는 장면을 연출
하고 있다. 넓적한 연꽃무늬를 세 겹으로 돌려서 장식한 향로의 몸통은 연꽃
잎 사이사이에 2명의 인물상과 날개 달린 물고기, 새 등 27마리의 동물이 표
현되어 있다.

　　뚜껑에는 74개의 산봉우리가 세 겹이나 다섯 겹을 이루면서 다양한 변
화를 입체적으로 표현했다. 봉우리와 골짜기에는 17명의 인물, 호랑이와 코

악사

새를 물고 있는 독수리

뱀을 물고 있는 너구리

생각하는 원숭이

기마인물상

사다새

사람 얼굴의 짐승

사람 얼굴의 새

코끼리를 탄 선인

유익신수상

블로초

퉁소를 부는 악사

백제 금동 대향로의 뚜껑

금동 대향로의 뚜껑을 360도 돌아가며 찍은 것이다. 뚜껑에 새겨
진 산은 하늘과 땅이 소통하는 통로이다. 선인들과 소녀들이 악기
를 연주하고 있고, 낚시하는 사람, 전통 무예를 하는 선산의 주민
들이 보인다. 새, 용, 봉황 등 상서로운 동물들이 새겨져 있다.

도철

수달 얼굴의 호랑이와
신비의 풀

115

끼리 등 42마리의 각종 동물이 정교하게 묘사되어 있다. 가장 윗부분은 다섯 봉우리로 마무리되었는데, 봉우리마다 기러기가 앉아 있고 그 사이사이마다 악기를 연주하는 다섯 사람이 표현되어 있다. 뚜껑에 묘사된 산은 도교적인 이상향을 표현한 것이고, 가장 윗부분의 다섯 봉우리와 다섯 사람의 주악상 역시 도교의 오방 신앙[1]과 관련되는 것이다. 뚜껑의 정상에는 봉황이 막 날아오를 듯한 자세로 앉아 있다. 활짝 펼친 날개와 긴 꼬리, 벼슬, 부리, 깃털 등이 매우 역동적이면서도 사실적으로 표현되어 완벽하게 마무리되었다.

금동 대향로를 높이 평가하는 이유는 먼저 완벽한 비례감과 창조적인 디자인을 꼽을 수 있다. 향로의 밑에는 넓게 펼쳐진 용의 다리가 안정감 있게 배치되어 있지만 머리 부분은 갑작스럽게 줄어들면서 큰 향로를 받쳐 들고 있다. 왼쪽 앞발을 번쩍 치켜든 용의 모습은 둥글고 평면적인 향로의 무늬에 변화와 생동감을 불어 넣는다. 활짝 핀 연꽃과 그 위의 산악, 다섯 개의 봉우리에 앉은 기러기들과 날아갈 듯한 봉황은 아래에서 위로 올라가는 상승 작용을 빼어나게 표현했다. 또한 향로에는 음양오행설과 도교, 불교적인 세계관이 충돌하지 않으면서 조화를 이루고 있다. 음을 상징하는 용과 양을 상징하는 봉황, 불교적인 상징인 연꽃, 도교적인 이상향인 봉래산과 다섯 악사들은 모두 그곳이 제자리인 양 안정감 있게 자리하고 있기 때문이다.

이 향로가 만들어지기 훨씬 전인 웅진 시기의 무령왕릉에서는 박산향

로와 무늬의 구성이 비슷한 은으로 만든 잔과 잔 받침이 출토되었다. 잔 받침은 승반과 같은 역할을 하고, 잔과 뚜껑은 박산향로의 몸통이나 뚜껑과 유사하다. 은잔에는 산봉우리와 연꽃이 새겨져 있고, 그 사이에는 봉황과 용, 구름과 나무 등이 새겨져 있다. 금동 대향로에서 발견되는 중요한 무늬들이 백제에서 이미 사용되었음을 알려 주는 대목이다.

　　또 금동 대향로의 가장 중요한 소재가 되는 용과 봉황, 산 경치 등은 거의 같은 시기에 제작된 부여 외리 출토 벽돌에서도 확인된다. 용무늬 벽돌에는 용맹스러운 용의 머리와 네 개의 발, 온몸을 휘감은 꼬리가 표현되어 있고, 봉황 무늬 벽돌에는 봉황의 머리와 양 날개, 끝없이 이어지는 꼬리가 표현되었다. 모두 금동 대향로의 입체적인 용과 봉황이 평면으로 변형되어 나타난 것으로 보인다. 여러 개의 산봉우리를 중첩시킨 산수 무늬 벽돌(106쪽 참조)도 향로 뚜껑에 보이는 입체적인 산봉우리가 변형된 것이라 할 수 있다. 금동 대향로는 그 자체로 고귀한 예술품이면서 백제 예술계 전반의 안목과 기술을 한 차원 끌어올린 작품이다.

은으로 만든 잔과 잔 받침
무령왕릉에서 출토되었다. 뚜껑에 산과 계곡, 날짐승이 묘사되었으며, 은잔은 박산향로의 모양을 하고 있다.

반룡 무늬 벽돌(왼쪽)과 봉황 무늬 벽돌(오른쪽)
부여 외리에서 출토되었다. 금동 대향로의 입체적인 용과 봉황을 평면적으로 표현했다.

백제 사람들은 왜 향로를 이렇게 아름답게 만들어서 사용했을까? 향로의 일차 기능은 향을 피우는 도구이다. 향은 원래 인도나 동남아시아처럼 고온 다습한 지방에서 몸과 마음을 청정하게 하는데 사용했다. 그러나 불교가 확산되면서 점차 석가모니를 공양하는 공물로서 중요시되었고, 동아시아에서 향은 불교적 의미로 전래되었다. 위진남북조 시대 이후 중국에서는 부처님께 불공을 드리는 의식에서 행향(行香) 의식이 필수 과정으로 자리 잡게 된다. 그런데 중국에서는 향이 생산되지 않았고, 인도네시아 남부의 말루쿠 제도 등 해상에 위치한 여러 섬에서만 생산되어 이슬람 상인들을 통해 중국으로 수입되었다. 중국에서는 여러 지역에서 생산된 향이 집중되었고, 그 일부는 다시 우리나라에까지 전래되었다.

향은 매우 좋은 조건을 갖춘 무역품이었다. 향은 가볍기 때문에 한 번에 많은 양을 운반할 수 있고, 불교 의식의 필수품자 소모품이기 때문에 지속적인 수요를 기대할 수 있었다. 특히 향은 고가의 제품이었다. 당나라 때의 일이기는 하지만 사향 13제[2]가 일본의 가격으로 쌀 500석에 해당될 정도였으니까 말이다. 따라서 향은 해상 무역의 중요한 무역품이 될 수 있었다. 하지만 신라는 초기에는 향의 사용 방법이나 효능을 알지 못했던 같다. 눌지왕(?~458) 때 양나라 사신이 향을 보내왔지만 그 향의 명칭과 사용법을 몰라서 묵호자라는 스님이 와서 가르쳐 주었다는 기록이 남아 있기 때문이다.

백제는 향을 피우거나 향을 드리는 의식이 있었다는 기록이 전혀 남아 있지 않다. 하지만 부여 능산리 절터에서 금동 대향로가 출토되면서 그러한 인식이 있었음을 짐작할 수 있게 되었다. 이 절터에서는 향로와 함께 석조 사리감이 발견되었다. 이 사리감에는 위덕왕 13년인 567년에 위덕왕(재위 554~598)의 누이가 사리를 공양했음을 기록하고 있다. 따라서 능산리 절터는

2 사향 1제는 수사향노루 한 마리에서 채취되는 양이다.

능산리 왕릉에 새롭게 무덤을 만들거나 사비 시기 역대 왕들을 제사지낼 때 중요한 역할을 하던 곳임을 짐작할 수 있다. 그렇다면 금동 대향로는 왕실의 중요한 제사를 지낼 때 사용했던 것이라 할 수 있다.

향은 백제 때에도 매우 값비싼 것이었다. 또 귀한 향으로 왕실의 중요한 제사를 지내기 위해서는 그에 걸맞는 향로가 필요했을 것이다. 금동 대향로는 그 자체가 뛰어나고 아름다운 예술품이기 때문에 왕실의 제사를 드리기에 부족함이 없다. 금동 대향로를 통해서 중국, 나아가 동남아시아 지역까지 활발하게 무역을 하던 백제의 개방성과 창의성을 다시 한번 확인할 수 있다.

백제 '창왕'명 석조 사리감
창왕(위덕왕)이 아버지 성왕의 제사에 사용하기 위해 만들었을 가능성이 높다. 사리감은 사리함을 두는 곳을 말한다. 국보 288호.

119

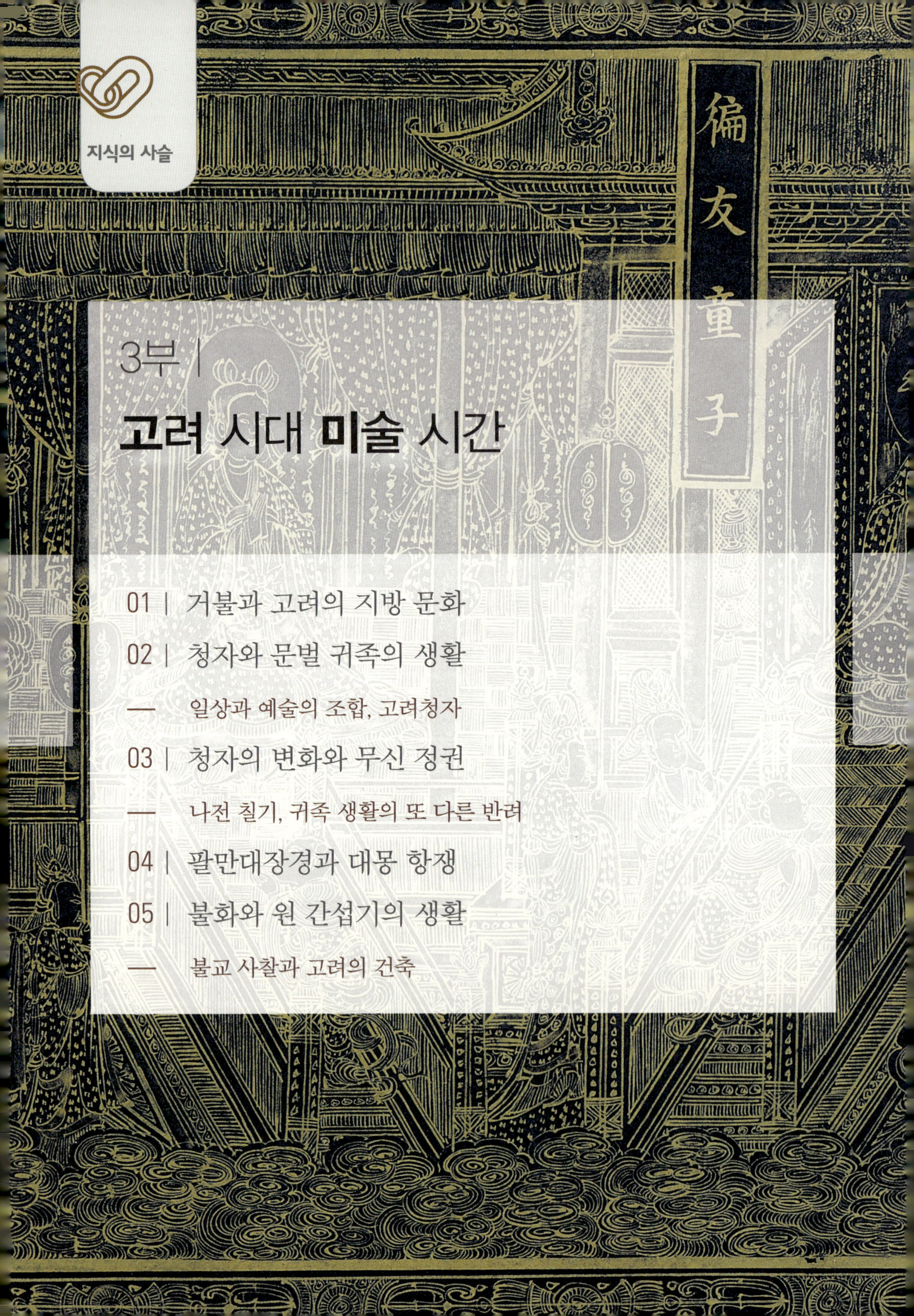

지식의 사슬

3부 |

고려 시대 **미술** 시간

고려 시대는 우리나라 미술의 역사에서 넘을 수 없는 품격과 수준을 간직한 시대이다. 고려청자, 나전 칠기, 금속 활자 등 고려의 장인들이 빚어낸 예술품들은 우리 민족의 자랑을 넘어 세계의 자랑으로 우뚝 서 있다. 고려 시대의 어떤 역사적 조건이 그와 같은 도도한 미술의 장(場)을 펼쳐 놓았던 것일까? 고려의 역사를 더듬으면서 최고의 미술품이 주는 향취에 흠뻑 빠져 보자.

거불과 고려의 지방 문화

'고려'하면 흔히 세계적으로도 손꼽히는 고급 문화재를 떠올린다. 고려청자, 팔만대장경, 금속 활자 등이 그것이다. 그러나 이러한 최고급 귀족 문화만이 고려의 전부는 아니다. 고려의 문화가 다듬어지고 완성되어 가는 도중에 만들어진 미완의 대기(大器)들도 많다. 오늘날에도 지방 각지에서 심심치 않게 만날 수 있는 거대한 석불들이 그중 하나이다. 이 투박한 미술품에서 우리는 고려 사회의 또 다른 특징과 그 속에 어려 있는 고려의 역사를 살필 수 있다.

관촉사 석조 미륵보살 입상

고려 시대에 은진미륵을 만든 뜻은?

경주로 수학여행 가서 석굴암에 모셔져 있는 부처님을 본 적이 있을 것이다. 직접 보지는 않았더라도 사진으로는 여러 차례 보았을 것이다. 통일 신라 때 만들어진 석굴암 석굴의 본존불[1]은 우리나라에서 만들어진 부처 조각 가운데 조화와 균형을 가장 잘 갖추고 있다는 평가를 받고 있다.

그런데 충청남도 논산시 은진면 관촉사에 있는 '은진미륵'의 사진을 한 번 보자. 높이 18.1미터, 귀의 길이 2.7미터, 눈썹 사이가 1.8미터에 이르는 거대한 불상이다. 이 거불(巨佛)은 몸에 비해 얼굴이 지나치게 크고, 어딘지 균

[1] 신앙과 공양의 중추가 되는 중심불(中心佛)을 말한다. 인도에서 석가모니불을 주불(主佛)로 삼은 데서 생겨난 말이나, 종파가 생기면서 다른 부처를 본존불로 삼기도 했다.

석굴암 석굴 본존불
석가모니가 깨달음을 얻은 순간을 표현한 불상이다. 원숙한 조각 기법과 사실적인 표현으로 완전한 존재를 훌륭하게 형상화했다. 석굴암에는 본존불 외에도 십일면 관음보살상, 인왕상, 사천왕상, 각종 보살, 나한상 등 동아시아 불교 조각에서 최고의 걸작으로 손색이 없는 조각상들이 있다. 석굴암 석굴 국보 24호.

123

형 잡히지 않은 모습을 하고 있다. 그렇게 크지는 않아도 완벽한 조화를 이루고 있는 석굴암 본존불과는 달라도 한참 다른 모습이다.

이 투박한 거불은 보통 '은진미륵'이라고 불리지만 사실은 미륵보살이 아니라 관음보살이다. 지금은 없어졌지만 거불이 머리 위에 쓰고 있는 보관(寶冠) 정면에는 본래 금동 여래 입상이 있었다. 금동 여래 입상은 이 거불이 관음보살이라는 증거이다. 그리고 거불이 왼손으로 표시하고 있는 수인(手印)[2]도 관음보살의 상징이다. 하지만 사람들은 오랫동안 이 거불을 미륵보살로 믿어 왔다. 미륵보살은 장차 민중을 구제하고 새로운 세상을 만들기 위하여 온다는 보살이다. 사람들은 우뚝 선 이 거불이 그런 미륵보살이기를 바랐던 것이다.

관촉사 석조 미륵보살 입상
머리에는 원통형의 높은 관을 쓰고 그 위에 네모난 보개(寶蓋)를 얹었다. 모서리에는 청동으로 만든 풍경이 달려 있다. 체구에 비하여 얼굴이 큰 편이며, 토속적인 느낌이다. 불상의 몸이 거대한 돌을 원통형으로 깎아 만든 느낌을 준다. 높이 18미터. 보물 218호.

그래서 이 거불은 '은진관음'이 아닌, '은진미륵'으로 불린 것으로 여겨진다.

거불은 면류관처럼 생긴 2층의 사각형 덮개가 달린 원통형 보관을 쓰고 있다. 왼손은 엄지와 중지를 맞댄 아미타구품인[3]을 하고 있고, 오른손은 철로 만든 연꽃 가지를 들고 있다.

거불의 얼굴은 전체 높이의 거의 절반에 가까운 데다 턱이 넓어 마치 거대한 돌기둥을 연상시킨다. 이 때문에 은진미륵은 "거대하기는 하지만 균형이 잡히지 않아 미술적 가치가 적다."라는 소리도 듣고, 심지어 '우리나라 최악의 졸작'이라는 평가를 받기도 했다.

이러한 평가는 석굴암 본존불과 같은 통일 신라 시대의 불상에 비해 예술적으로 세련되지 못하다는 데에서 나온 것이다. 우리나라에서는 석굴암 본존불, 불국사 3층 석탑[4] 등 통일 신라 시대에 만들어진 불상과 석탑을 불교문화의 전형으로 보는 경향이 강하기 때문이다.

이렇게 우리나라 불교문화의 전형을 이루는 통일 신라의 불교문화는 수도 경주를 중심으로 옛 신라 지역에 집중해 있다. 옛 백제 지역인 충청남북도와 전라남북도에서는 잘 볼 수가 없다. 따라서 통일 신라의 불교 미술에는 경주를 중심으로 한 신라 귀족들의 생각이 반영되어 있다. 경제적으로 여유가 있었던 신라 귀족들은 세련되고 예술성 있는 작품들을 만들고 싶었다. 반면 백제의 옛 영역에는 상대적으로 불상이나 석탑 등의 건축이 적었고, 그 모습도 이전의 백제 양식이 남아 있어 경주의 것과는 많이 달랐다.

그러다가 고려 시대로 접어들면서 옛 백제 지역을 비롯한 통일 신라의 '변두리' 지역에서 새롭고 투박한 모습의 거불이 등장하게 되었던 것이다. 그런데 도대체 이렇게 큰 불상을 어떻게 만들었을까?

무거운 바위를 들어 올리는 기중기가 발명되기 전에는 이렇게 큰 바위를 움직이는 것이 쉬운 일이 아니었다. 그래서 이런 불상을 만들 때에는 다리, 몸통, 상반신과 얼굴 등 몇 개의 부분으로 나누어 여러 개의 바위를 구해

---

2 모든 부처와 보살, 제천선신(불법을 지키고 행복을 가져다준다는 신)의 깨달음을 상징적으로 나타내는 표시 가운데 양쪽 손가락으로 나타내는 모양을 말한다.

3 아미타불이 취하는 아홉 가지 수인을 말한다. 극락정토가 아홉 등급으로 분화함에 따라 극락을 주재하는 아미타불의 수인도 아홉 가지로 나뉜다. 엄지와 맞닿은 손가락이 검지냐 중지냐 약지냐에 따라서 삼품을 나눈다. 그리고 두 손을 포개어 배꼽 아래에 두었느냐, 가슴 높이에서 대칭이 되게 비스듬히 들었느냐, 아니면 한 손은 들어 올리고 한 손은 배꼽 근처에 두었느냐에 따라서 삼생을 나눈다.

4 경주 불국사 대웅전 앞뜰에 있는 석탑이다. 탑의 원래 이름은 '석가여래 상주 설법 탑'으로, '석가탑'이라고 줄여서 부른다.

따로 조각을 한 후 나중에 조립을 했다. 관촉사에는 이 불상을 만든 이야기가 전해 내려오고 있다.[5]

그렇다면 고려 시대 사람들은 왜 은진미륵 같은 거불을 만들었을까? 통일 신라 말기부터 신라의 권위를 부정하는 사람들이 등장하기 시작했다. 사절주(지금의 경상북도 상주)의 원종과 애노, 죽주(지금의 경기도 안성)의 기훤, 원주의 양길, 전주의 견훤(867~936), 철원의 궁예(?~918) 등이 경주에 있는 신라 정부를 부정하고 독자적인 세력을 가졌다. 이들처럼 큰 세력을 이루지는 못했지만 각 지방을 중심으로 독자적인 세력이 성장하여, 스스로를 성주, 장군 등으로 칭했다.

고려를 세운 왕건(재위 918~943) 역시 이러한 지방 세력 출신이다. 새로운 나라를 세운 왕건은 수많은 지방 세력을 통합하여 고려의 통치 구조 속에 편입시켰다. 그러면서도 이들 지방의 실력자들의 자율적인 지방에 대한 지배권을 어느 정도 인정하는 정책을 실시했다.

커다란 불상들을 만든 사람들은 바로 이들 지방의 실력자들이었다. 그들은 경주를 중심으로 했던 귀족 문화의 영향에서 벗어나고 싶었다. 그리고 자기 지방의 개성 있는 문화를 표현하고 싶었다. 그리고 자신들이 지방에서 차지하고 있는 힘을 과시하고 싶기도 했다. 석굴암 본존불에서 보이는 예술성이나 세련미보다는 강한 '힘'을 강조하는 분위기가 이 시기의 특징이었다. 지방의 실력자들뿐 아니라 고려의 중앙 정부도 새로 건국된 국가의 권위를 강화하려는 의도에서 큰 불상을 만들었다.

그리하여 고려 초기에는 은진미륵 외에도 10미터가 넘는 커다란 불상들이 곳곳에 만들어졌다. 17.4미터의 파주 용미리 석불 입상을 비롯하여 최소한 10미터는 되어야 명함을 내밀 수 있을 정도로 커다란 불상들이 충청남북도와 경기도 곳곳에 만들어졌다.

산기슭이나 벌판 한가운데 우뚝 서 있는 이러한 불상들은 길을 오가는

괴산 미륵리 석불 입상
5개의 돌로 불상을 만들고 1개의 얇은 돌로 갓을 삼았다. 활 모양의 눈썹, 긴 눈, 넓적한 코, 두터운 입술에 머리는 꼰 형태이다. 머리에 비해 몸은 매우 간략하게 표현했다. 높이 10.6미터. 보물 96호.

대조사 석조 미륵보살 입상
얼굴은 사각형으로 넓적하며, 양쪽 귀와 눈은 크나 코와 입이 작아서 다소 부자연스러운 느낌이다. 옷은 매우 투박해 보이고, 팔과 손은 겨우 표현되었고, 왼손은 금속으로 된 연꽃 가지를 잡고 있다. 높이 10미터. 보물 217호.

사람들 눈에 쉽게 띄었다. 이런 불상들은 은진미륵이 그렇듯 경주 석굴암의 본존불처럼 잘생기지는 않았지만, 이전과는 다른 독특한 개성을 과시했다. 거대한 몸집에 사각 모자, 둥근 모자 등 다양한 모자를 쓴 모습을 보라. 정말 개성 있고 귀엽지 않은가?

거불처럼 오만한 호족 세력 끌어안기

은진미륵은 석굴암 본존불에 비해 못생기고 투박할지는 몰라도 거대한 덩치와 우직한 모습을 간직하고 있다. 그런 모습은 바로 고려 초기 지방 호족[6] 들의 모습이기도 했다. 그들은 나름대로 세력을 지니고 지방을 다스렸

6 통일 신라 말기·고려 초기에 지방에서 성장하여 고려를 건국하는 데 이바지한 정치 세력을 말한다. 대개 촌주(村主) 출신이며, 고려의 중앙 집권 체제가 이루어지면서 중앙 귀족이 되거나 향리가 되었다.

으며 태조 왕건이 세운 고려 조정에 고분고분하지 않았다. 그들의 눈에는 왕건도 자신들과 같은 호족 가운데 한 명일 뿐일지도 몰랐다.

그 자신이 지방 호족이었던 왕건이 여러 지방 호족 세력을 통합하는 과정은 매우 어렵고 긴 과정이었다. 통일 신라 말기에 각 지방에서 일어난 호족 세력 가운데 가장 큰 것이 궁예 세력과 견훤 세력이었다. 궁예는 옛 고구려의 뒤를 잇겠다며 후고구려를 세웠고 견훤은 옛 백제의 뒤를 잇겠다며 후백제를 세웠다. 후고구려와 후백제와 무너져 가는 통일 신라와 함께 이 땅을 셋으로 갈랐던 시대가 후삼국 시대이다.

왕건은 송악(지금의 개성) 출신의 호족으로 처음에는 궁예의 밑에 있었

다. 그러다가 궁예가 포악해지고 인심을 잃자 신하들의 추대를 받아 왕위에
올랐다. 그때 나라 이름도 고려로 바꾸고 수도도 철원에서 송악으로 옮겼다.
그런 다음 통일 신라의 항복을 받고 후백제와도 싸워 이겨 후삼국을 통일했
다. 일개 호족에서 천하를 다스리는 군주가 된 것이다.

　　새로운 나라는 세웠지만 여전히 각 지방에서 왕 노릇을 하며 거불처럼
투박하되 오만한 태도를 취하고 있는 호족들을 어떻게 끌어안을 것인가? 왕
건이 우선 사용한 방법은 호족들의 딸들과 혼인을 맺는 것이었다. 지방 호족
의 딸과 혼인을 맺으면 지방 호족은 태조 왕건과 사돈 관계가 된다. 왕과 사
돈 관계를 맺은 지방 호족이 왕의 뜻을 거스를 리는 없다.

　　그러다 보니 태조 왕건의 부인은 갈수록 늘어났다. 충주 유긍달의 딸 신
명 왕후 유씨, 경주 김억렴의 딸 신성 왕후 김씨, 홍주 홍규의 딸 홍복원 부인
홍씨 등등 무려 29명의 왕비가 고려의 왕궁을 가득 메웠다. 그리고 태조 왕
건과 그 왕비들 사이에서 태어난 왕자가 25명이고 공주가 9명이었다. 왕건은
그 많은 부인들을 챙기느라 나랏일을 제대로 보살필 시간이나 있었을까? 아
니, 호족의 딸들인 부인들을 챙기는 것이야말로 당시 가장 큰 나랏일이었다.

　　이와 같은 혼인 정책으로 호족 세력을 끌어안기는 했지만, 이것은 또 다
른 문제를 고려 조정에 남겼다. 태조 왕건이 죽고 난 뒤에 왕건과 사돈을 맺
은 호족들이 저마다 자기 외손자를 왕위에 앉히고 싶어 했기 때문이다. 실
제로 태조 왕건 이후 고려 왕실에는 왕실의 친인척들이 서로 왕위를 차지하
려고 싸움을 벌여 일대 난리가 벌어지기도 했었다. 훗날 이 혼란을 극복
하고 왕권을 강화하여 고려를 반석 위에 올려놓은 이가 4대 임금 광
종(재위 949~975)이다.

　　이처럼 전국 각지의 거불들은 저마다 개성을 뽐내며 지방을 호
령했던 고려 전기 호족들의 투박함과 오만함을 동시에 상징한다.

고려 태조상
태조의 제사를 지냈던 개
성 봉은사에 있던 동상이
다. 태조 왕건은 죽은 뒤
에도 고려 왕실을 상징하
는 신과 같은 존재로 여겨
졌다.

청자와 문벌 귀족의 생활

고려청자는 우리에게 어떤 의미에서는 고려 그 자체이다. 박물관마다 빠지지 않고 놓여 있는 고려청자의 영롱한 빛에 심취해 있다 보면, 청자가 백자보다는 한 단계 낮은 자기라는 사실도 잊을 때가 있을 정도이다. 고려청자는 사치스러운 귀족들의 그릇이고 조선 백자는 검소한 사대부들의 그릇이라는 선입견 때문이기도 하다. 청자를 사랑했던 고려 시대의 귀족들은 어떤 사람들이었을까? 그들이 이룩한 고려 전기 귀족 문화와 청자는 어떤 상관관계가 있을까?

〈청자 음각 연꽃무늬 매병〉

고려의 자랑, 청자

고려 시대의 가장 대표적인 문화재를 말해 보라고 한다면 '고려청자'라고 대답하는 사람이 많을 것이다. 고려청자는 당시 송나라를 비롯한 외국에도 널리 알려졌고, 지금도 고려 시대 문화재로서는 가장 많이 남아 있기 때문이다. '청자'라고 하면 말 그대로 '푸른 자기'를 떠올리기 쉽다. '백자'가 '하얀 자기'라고 생각되듯 말이다. 하지만 '청자'라는 말이 '푸른 자기'에서 나온 것은 맞지만, 청자라고 모두 '푸른빛'은 아니다. '청자'와 '백자'는 단순히 색깔로 구분되는 것이 아니라, 만드는 방법의 차이에 따라 구분되기 때문이다.

청자는 도기에서 발달한 자기의 일종이다. 도기는 우리가 흔히 찰흙이라고 부르는 붉은 흙으로 그릇을 빚어 1,000도 이하의 낮은 온도에서 구운 것이다. 선사 시대의 토기도 넓은 의미에서는 도기에 속한다. 자기는 도기에 유약을 묻혀 1,300도 정도의 높은 온도에서 구워 내서 표면을 매끄럽게 하여, 수분이 침투하지 못하게 만든 그릇이다. 우리가 흔히 말하는 '도자기'는 원래 도기와 자기를 합쳐서 부르는 말이다.

청자를 처음으로 만든 나라는 중국이다. 중국에서는 남북조 시대에 초보적인 청자를 만들기 시작하여, 당나라·송나라를 거치면서 청자 제조 기술이 크게 발달했다. 우리나라에서는 중국과의 교역을 통해 청자 문화를 알게 되었고, 통일 신라 시대 이후 청자 만드는 기술을 받아들이기 시작했다. 황해도 배천과 평천, 경기도 용인과 안양, 충남 보령 등 중국과의 도자기 교역이 쉬운 서해안에서 처음 청자를 생산했던 것은 이 때문이다. 지금도 그곳에는 당시 그릇을 만들던 가마터가 많이 남아 있다.

고려청자는 예술적 가치뿐 아니라, 실용성도 두루 갖추고 있다. 고려 사람들은 항아리, 매병, 주전자, 접시, 촛대, 베개, 기와, 향로, 연

적, 벽돌 등을 청자로 만들어 사용했다. 술과 음식을 담거나 화초를 심는 등 일상생활의 거의 모든 영역에서 청자는 널리 사용되었다.

물론 청자의 첫 번째 용도는 음식을 담는 그릇이었다. 음식을 담는 그릇의 계보는 선사 시대 토기부터 시작하여 청자에까지 이어진다. 청자로 만든 그릇은 아름답기도 하지만, 다양한 용도에 맞게 다양한 형태로 만들어졌다. 오랫동안 많은 양을 보관할 필요가 있을 때에는 항아리나 매병(梅瓶)처럼 큰 그릇을 만들었다.

이런 그릇들은 대개 입이 몸체보다 작고, 사용할 때 내용물이 흐르지 않도록 턱을 만들었다. 매병은 '매화 매(梅)' '병 병(瓶)'이라는 이름으로 보면 매화 가지를 꽂는 꽃병으로 쓰였다고 볼 수 있다. 그러나 뚜껑이 있는 매병도 있는 것으로 보아 학자들은 매병이 술을 담았던 용기였다고 짐작하고 있다. 이때 뚜껑은 술의 향취를 보존하는 역할을 했다.

일상적으로 액체를 따를 때 사용하는 병은 사용 대상과 시대에 따라 형태와 종류가 매우 다양하다. 이러한 병들은 한꺼번에 많은 양을 보관할 필요는 없기 때문에 조금 작게 만드는 것이 일반적이다. 또 흔들려도 내용물이 쉽게 쏟아지지 않도록 목을 길거나 좁게, 그리고 손으로 쥐기 편리하도록 잘록하게 만들었다. 역시 액체를 따를 때 사용하는 주전자는 몸체와 주구(注口), 뚜껑, 손잡이 등으로 구성되었다.

음식을 담는 접시, 물과 술, 차를 따라 마시는 잔 같은 그릇들도 많이 만들어졌다. 특히 고려 시대에는 차가 기호 식품으로 자리 잡으면서 차를 마시는 데 사용하는 그릇들이 애용되었다.

통일 신라 말기 우리나라에서는 참선을 중요시하는 선종(禪宗)[1]이 유행했다. 승려들은 참선을 위해 맑은 정신을 갖게 하는 차를 즐겨 마셨다. 중국에 유학했던 승려나 학자들은 중국에서 만든 청자 찻잔을 사용하면서 차문화에 익숙해졌다. 그리고 이들을 통해 중국 찻잔이 우리나라에 수입되었다. 경주 안압지 등 통일 신라 시대 유적을 보면 중국 찻잔이 많이 발견된다.

이처럼 차 문화가 확산되면서 청자 찻잔에 대한 수요가 늘어났다. 그러나 값비싼 중국 청자 찻잔을 대량으로 수입하는 데는 한계가 있었다. 이 때문에 우리나라에서 청자를 만들 때 찻잔을 만드는 일이 많았다. 이 시기 청자를 만들었던 경기도 용인 서리 가마터에서는 청자 가운데 반 이상이 찻잔이었다.

이렇듯 청자는 원래 중국에서 처음 만들어졌지만, 고려 시대에는 우리 청자가 이미 중국의 수준을 넘어섰다고 한다. 고려청자의 우수성은 무엇보

〈청자 사자 유개 향로〉
고려청자의 전성기인 12세기 무렵에 만들어진 청자 향로이다. 12세기 전반기에는 사자와 같이 상서로운 동물이나 식물을 본뜬 상형 청자가 많이 만들어졌다. 향을 피우는 몸체와 사자 모양의 뚜껑으로 되어 있다. 국립중앙박물관 소장. 국보 60호.

다도 신비한 푸른빛에 있다. 당시 고려와 함께 청자의 생산국으로 유명했던 송나라 학자 태평노인은 "고려청자의 비색(翡色, 푸른빛)이 세상에서 가장 좋다."라고 칭찬했다. 고려청자의 가장 큰 특징을 '비색'으로 보았던 것이다. 비색을 가진 청자는 청자를 만드는 흙의 본래 빛깔인 회청색 외에 다른 색을 사용하지 않고 순수한 청자색을 가진 청자를 말한다. 그래서 '비색청자' 또는 '순청자'라고 부른다.

앞 쪽의 청자를 한번 보자. 이 청자의 용도는 향을 피우는 데 사용하는 향로이다. 향을 직접 태우는 그릇과 뚜껑으로 이루어져 있는데, 뚜껑에는 사자 모양의 조각 장식이 있다. 그런데 900년 전 우리나라에 온 송나라 사람 서긍은 이런 모양의 청자를 보고, 자신이 지은 『고려도경』이라는 기행문에 다음과 같은 기록을 남겼다.

"사자 모양을 한 향로 역시 비색인데, 위에는 쭈그리고 있는 짐승이 있고, 아래에는 연꽃이 있어 그것을 받치고 있다. 여러 기물(器物) 가운데 이 물건이 가장 뛰어나다."

'청자'라고 하면 오묘한 푸른빛의 순청자를 떠올리기 쉽지만, 청자라고

해서 모두 '푸른빛'을 가졌던 것은 아니다. 고려청자는 재료와 만드는 과정에 따라 그 빛깔을 달리 한다. 흙과 유약에 철분이 얼마나 들어 있는지, 가마에 불을 땔 때 산소가 얼마나 들어가는지 등이 청자의 색을 결정하는 중요한 요소이다.

고려청자 가운데에는 당시 사람들이 생활 용기로 사용했던 녹청자도 있다. 귀족들이 주로 사용하던 순청자나 상감 청자는 다양한 형태의 자기를 조금씩 만들었지만, 녹청자는 비슷한 모양의 생활 용기를 한꺼번에 많이 만들었다. 순청자가 다품종 소량 생산이었던 데 비해 녹청자는 소품종 다량 생산이었던 셈이다.

1983년 전라남도 완도 앞바다에서 3만 여점의 청자를 비롯해 각종 유물이 들어 있는 배 한 척이 발견되었다. 여기에는 모양이 비슷한 청자 대접이 2만여 점, 청자 접시가 1만여 점이 있었다. 밥과 국을 담는 대접 2점과 반찬을 담는 접시 1점이 당시 한 세트의 식기를 이루고 있음을 알려 주고 있다.

이와 같은 청자를 만들 수 있는 나라는 12세기까지 중국과 고려밖에 없었다. 그 뒤 베트남이 중국에게 청자 제작 기술을 배워 청자를 만들기 시작했다. 일본은 임진왜란 때 우리나라에서 자기를 만드는 기술자를 데려간 후 17세기에 이르러서야 자기 만드는 기술을 발달시켰다. 유럽에서는 그보다 한참 뒤에 동양의 기술을 연구해서 자기를 만들었다. 청자는 모양뿐 아니라 기술에서도 고려가 자랑할 만한 문화재임이 틀림없다.

청자를 사랑한 문벌 귀족들

푸른빛의 아름다운 청자는 고급스러워 보이는 만큼 아무나 가질 수 있는 그릇이 아니었다. 생활 용기로 주로 사용된 녹청자와 달리 순청자가 다품

녹청자 병

서민들이 주로 사용한 녹청자이다. 녹청자는 녹갈색을 띠며, 모래가 많이 섞여 있는 등 대충 만들었다고 해서 '막청자'라고도 한다.

종 소량 생산의 방식으로 만들어진 것만 보아도 알 수 있다. 경제력을 갖춘 상류 계층이 각자의 기호에 따라 순청자를 주문하면, 지금의 전라남도 완도 같은 곳에 있던 청자 소(所)[2]에서 장인들이 정성껏 만들어 올려 보냈다.

이렇게 경제력을 갖춘 상류 계층은 주로 수도인 개경(송악을 서울로 삼으면서 바꾼 이름)에 모여 살았다. 그들은 대대로 높은 관직을 물려받는 문벌 출신으로 권력과 경제력을 독점하고 있었다. 그래서 이들 고려 전기의 상류층을 가리켜 '문벌 귀족'이라고 불렀다.

문벌 귀족은 개경에서 높은 벼슬을 하고 살면서 고래 등 같은 거대한 기와집에서 살았다. 조선 시대의 양반들은 기와집을 지을 때에도 99간 이상의 집은 짓지 말자는 등 나름대로 '검약'의 원칙을 가지고 있었지만, 고려의 문벌 귀족은 아무 제한 없이 사치스러운 생활을 했다. 조선 시대의 한옥에서는 1층짜리 집만 발견할 수 있지만 개경의 문벌 귀족은 2층짜리 기와집에 양탄자를 간 바닥, 비단으로 두른 정원수 등 궁궐 부럽지 않은 주거 조건을 갖추고 있었다. 그뿐만 아니라 문벌 귀족은 지방 각지에 많은 땅과 집을 가지고 있었다.

이렇듯 고급 청자를 사랑하는 고려의 특권 계층인 문벌 귀족은 어떻게 형성되었을까? 그들이 개경에 모여 살며 권세와 부를 한꺼번에 누리게 된 배경에는 고려 중앙 권력의 강화가 있었다. 앞에서 살펴본 것처럼 고려가 건국된 직후에는 지방 호족들의 힘이 셌기 때문에 태조 왕건을 비롯한 초기 왕들의 과제는 이들을 끌어들여 권력을 다지는 것이었다.

지방 호족들은 태조 왕건을 비롯한 고려 왕실과 혼인 관계를 맺고 중앙 권력에 많은 영향을 미쳤다. 서로 자기와 친인척 관계인 왕자를 왕위에 올리기 위해 암투를 벌였으며, 때로는 칼을 들고 경쟁 상대를 죽이는 짓도 서슴지 않았다. 이런 권력 투쟁으로 혼란스러웠던 고려 정국을 안정시킨 사람이 4대 광종이다.

광종은 노비안검법을 제정하고 중국의 과거 제도를 받아들여 왕권을 강화했다. 노비안검법은 왕실 인척이나 호족들이 가지고 있던 노비들 가운데 원래 양민이었던 자를 검사하여 양민으로 풀어 주는 법이다. 호족들의 힘은 자신들이 거느리고 있던 노비들로부터 나왔는데 노비안검법이 시행되자 그들의 힘은 확 줄어들 수밖에 없었다. 여기다 과거를 봐서 벼슬아치를 뽑게 되면 열심히 공부해서 합격한 관리들이 힘과 연줄만 믿고 떵떵거리던 호족들을 견제할 수 있었다.

광종에 이어 임금이 된 경종(재위 975~981)은 전시과라는 토지 제도를 실시하여 전국의 토지를 안정시켰다. 모든 관리가 직급에 따라 토지의 수조권[3]을 받게 되어, 중앙 권력도 안정되고 전국의 토지도 정리되어 갔다. 이 과정에서 개경에 근거지를 두고 중앙 정부에서 벼슬을 하면서 지방에도 연고를 둔 문벌 귀족이 고려 사회의 엘리트로 자리 잡아 갔던 것이다.

문벌 귀족은 특권을 누리는 만큼 국가를 위한 자신들의 의무도 다했다. 문벌 귀족 최승로(927~989)는 982년 성종(재위 981~997)에게 '시무 28조'라는 개혁 정책안을 올려 군사 제도와 관료 제도를 정비하고 학문하는 풍습을

[3] 관원이 세금을 받을 권리를 말한다. 나라에서 부여한다.

장려해 고려의 정치와 사회를 반석 위에 올려놓았다. 또 다른 문벌 귀족 강
감찬(948~1031)은 1018년 거란의 요나라가 10만 대군을 일으켜 쳐들어왔을
때 일흔 한 살의 나이에도 상원수의 직책을 맡아 귀주에서 적군을 대파했다.

이처럼 200여 년 간 고려를 책임지고 이끌어 갔던 문벌 귀족과 떼려야
뗄 수 없이 결합되어 있던 물건이 바로 청자였다. 그들의 집은 지붕에도 청
자, 바닥에도 청자가 있었다. 침실에는 베고 자는 베개도 청자였고, 서재에
는 향로와 벼루와 필통이 모두 청자였다. 응접실에는 꽃병도 청자, 찻잔도 청
자, 술병도 청자, 침 뱉는 그릇도 청자였으며, 뜰에는 의자도 청자, 바둑판도
청자였다. 청자는 그들에게 곁에 두고 감상하는 예술품이자 일상생활의 반
려였다.

청자 양각 모란·당초무늬 기와

고려 궁궐터인 만월대에서 발견되었
다. 1965년에는 전라남도 강진군 사당
리 청자 가마터에서 300여 편의 청자 기
와가 출토되기도 했다. 『고려사』에는 "의종 11
년(1157년) 봄 4월 고려 궁궐 후원에 연못을 팠다. 거
기에 정자를 세우고 그 이름을 양이정(養怡亭)이라고 하였는데,
그 지붕에 청자 기와를 덮었다."라는 기록이 있다. 고려 궁궐터에
서 발견된 청자 기와는 이때 쓰인 것일 수도 있다. 국립중앙박물관
소장.

일상과 예술의 조합, 고려청자

고려청자의 가치는 뛰어난 예술성뿐만 아니라 고려 사람들의 삶이 담긴 일상적인 생활용기라는 점에 있다. 청자는 음식 용기 외에도 생활의 각 분야에서 두루 애용되었다. 또한 사람, 동물, 식물 등 다양한 모양과 무늬가 표현되었고, 다양한 장식 기법으로 만들어졌다. 고려청자에는 일상과 예술의 절묘한 조합이 고스란히 녹아 있다.

〈청자 쌍사자 모양 베게〉 (보물 789호)

〈청자 음각 풀꽃 무늬 꽃 모양 받침잔〉
(보물 1025호, 국립 중앙박물관 소장)

**〈청자 여자아이
모양 연적〉**

〈청자 투각 의자〉 (보물 416호)

〈청자 참외 모양 꽃병〉
(국보 94호, 국립중앙박물관 소장)

〈청자 복숭아 모양 연적〉
(보물 1025호, 국립중앙박물관 소장)

〈청자 어룡 모양 주전자〉
(국보 61호, 국립중앙박물관 소장)

**〈청자 사자 장식
뚜껑 수주와 승반〉**
(국립 중앙박물관 소장)

〈청자 용머리 거북 등 주전자〉
(국보 96호, 국립중앙박물관 소장)

**〈청자 양각 연꽃잎 무늬
표주박 모양 주전자〉**
(국보 133호)

〈청자 사람 모양 주전자〉
(국립중앙박물관 소장)

〈청자 투각 칠보 무늬 뚜껑 향로〉
(국보 95호, 국립중앙박물관 소장)

〈청자 양각 기봉 무늬 사각 향로〉
(보물 1026호, 국립중앙박물관 소장)

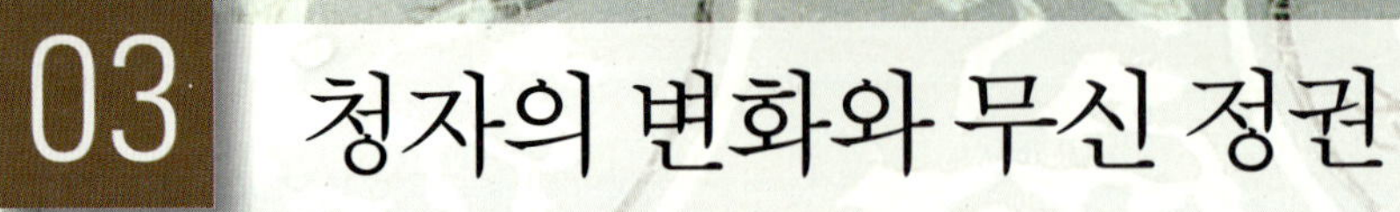

03 청자의 변화와 무신 정권

고려의 자랑 청자는 12세기 후반부터 서서히 모양과 무늬가 바뀌기 시작한다. 고요하고
정적이었던 순청자 중심에서 다채롭고 장식이 많이 들어가는 상감 청자로 변화하는 것이다.
이러한 변화는 당시의 정치적 변화와 연관되어 있었다. 고려 전기까지 사회를 이끌고 가던
문벌 귀족이 지나친 사치를 부리며 무신들을 업신여기다가 무신 정변을 맞아 몰락한 것이다.
새롭게 고려 사회의 주역이 된 무신 집권자들과 그들에게 봉사하며 현실에 적응해 가던
고려 후기의 문신들은 어떤 청자를 좋아했을까?

〈청자 상감 구름·학 무늬 매병〉

　상감 청자는 청자의 무늬를 새기는 기법 가운데 하나인 '상감' 기술을 이용하여 만든 청자를 말한다. 상감은 그릇 표면에 글씨나 그림을 그려 파내고, 그 자리에 흰색이나 붉은색 흙을 집어넣어 색과 모양을 내는 기법이다.

　오른쪽에 보이는 청자는 상감 기법으로 물가 풍경을 새겼다. 수풀과 갈대가 솟아 있는 물가에 버드나무가 넓은 공간을 차지하며 늘어져 있고, 수면 위에는 연꽃 사이를 한 쌍의 원앙이 물살을 남기며 한가로이 헤엄치고 있다. 이처럼 잔잔한 호수를 배경으로 하는 물가 풍경은 중국 청자에서는 볼 수 없지만, 고려청자에는 자주 새겨졌다. 고려에서는 청자뿐 아니라 금속으로 만든 그릇이나 거울에도 이러한 무늬가 종종 나타난다.

　상감 청자는 12세기부터 만들어지기 시작했다. 상감 기법이 처음 사용되었을 때에는 그릇 표면 일부에만 무늬를 새기고, 여백을 많이 남겨 두었다. 고려청자에 자주 등장하는 구름과 학 무늬는 중국 청자에서는 보기 드문, 고려청자의 상징적인 문양이다. 12세기에 만들어진 청자 상감 구름·학 무늬 매병은 넓은 창공을 배경으로 흰 구름이 떠다니고 학이 너울너울 하늘을 날고 있다.

　그런데 13세기에 만들어진 청자 상감 구름·학 무늬 매병을 보면 그릇 표면 전체에 무늬를 가득 채우고 있다. 이 청자는 당당한 어깨, 위에서 아래로 흐르는 유연한 곡선, 표면 전체에 배치된 상감 기법의 무늬 등으로 상감 청자를 대표하는 작품이다. 이 매병에는 그릇 표면 전체에 구름과 학 등이 질서 정연하게 배치되어 있다. 두 겹의 동심원을 서로 어긋나게 여섯 단으로 배치하고, 그 원 안에는 구름 사이로 날아오르는 학을, 원 밖에는 땅을 향해 내려오는 학이 표현되어 있다.

〈청자 상감 버드나무·대나무·연꽃·갈대·원앙 무늬 정병〉

청아한 비취색에 백토(白土) 상감으로 버드나무와 갈대, 연꽃, 원앙새 한 쌍을 새겼다. 병목에는 앞뒤에 모란꽃을 하나씩 상감했다. 매우 정제되고 세련된 양식을 보여 준다. 국보 66호.

143

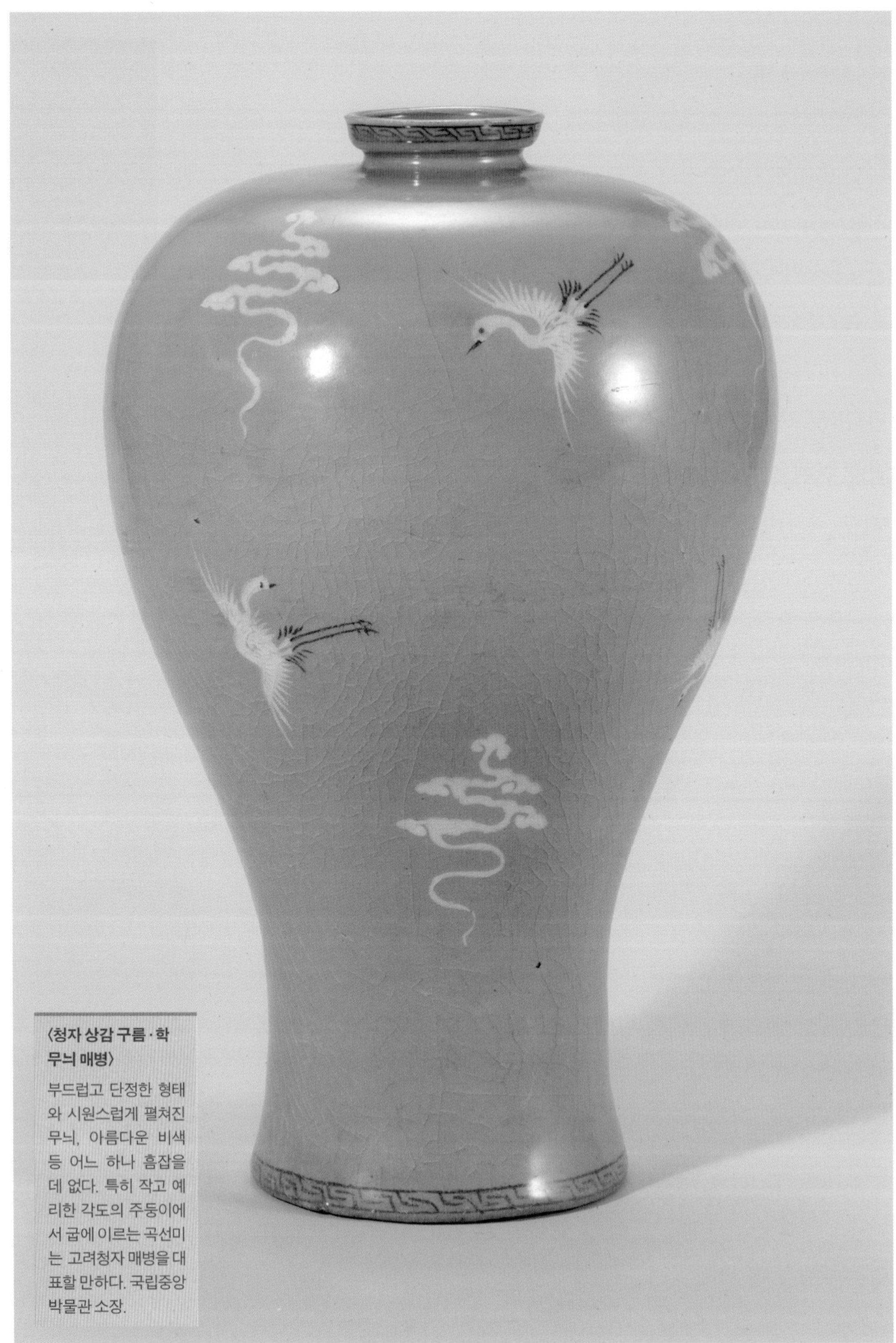

〈청자 상감 구름·학 무늬 매병〉
부드럽고 단정한 형태와 시원스럽게 펼쳐진 무늬, 아름다운 비색 등 어느 하나 흠잡을 데 없다. 특히 작고 예리한 각도의 주둥이에서 굽에 이르는 곡선미는 고려청자 매병을 대표할 만하다. 국립중앙박물관 소장.

〈청자 상감 구름·학
무늬 매병〉
몸체 전면에 학과 구름 무
늬가 가득 새겨져 있고,
입 아래와 굽도리에 보조
문양을 배치했다. 이러한
형식은 13세기에 들어 나
타난다. 국보 68호.

145

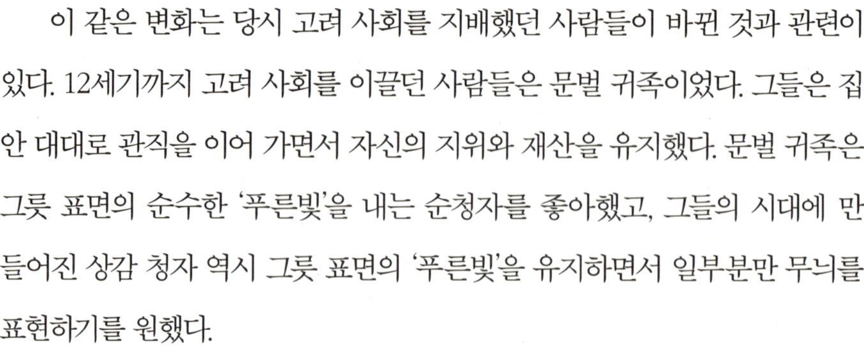

순청자에 산화철 안료로 문양을 나타낸 청자를 화청자라고 하며, 화청자는 회청자, 철회청자, 철화청자라고도 한다. 이 화청자는 긴 통 모양의 병 앞 뒤에 버드나무를 한 그루씩 붉은 흙으로 그렸다. 병의 모양이 거의 직선이고 버드나무를 간결하게 표현하여 운치 있고 세련된 느낌을 준다. 국보 113호. 국립중앙박물관 소장.

이 같은 변화는 당시 고려 사회를 지배했던 사람들이 바뀐 것과 관련이 있다. 12세기까지 고려 사회를 이끌던 사람들은 문벌 귀족이었다. 그들은 집안 대대로 관직을 이어 가면서 자신의 지위와 재산을 유지했다. 문벌 귀족은 그릇 표면의 순수한 '푸른빛'을 내는 순청자를 좋아했고, 그들의 시대에 만들어진 상감 청자 역시 그릇 표면의 '푸른빛'을 유지하면서 일부분만 무늬를 표현하기를 원했다.

하지만 1170년 정중부(1106~1179) 등이 일으킨 정변으로 무신 세력이 새로운 집권 세력으로 등장하면서 변화가 왔다. 무신을 중심으로 한 새 집권 세력은 하나의 '푸른빛'을 주조로 해서 정적인 고요함을 가지고 있는 비색 청자보다는 다채롭고 장식적인 상감 청자를 좋아했다. 이에 따라 청자의 제작 과정에서 상감의 기법과 무늬의 배치 등이 매우 발달하게 되었다. 상감 기법뿐 아니라 이 시기에는 철분이 포함된 안료로 무늬를 그리는 철화(鐵畫), 구리가 포함된 안료로 무늬를 그리는 동화(銅畫) 등 청자를 화려하게 장식하는 다양한 기법이 사용되었다.

음식 용기뿐 아니라 붓걸이, 베개, 상자, 화분, 의자 등 일상생활에 필요한 도구를 청자로 만드는 일이 많은 것은 고려 전기와 비슷했다. 붓걸이는 붓을 꽂아 보관하기 위한 것으로 연적과 함께 글을 쓰는 데 필요한 도구였다. 고려 사람들은 용머리로 장식한 붓걸이를 청자로 만들어 사용했다. 물론 청자 연적도 같이 만들었다. 사람들이 누울 때 머리를 받치는 베개 역시 청자로 만들었다. 베개의 중앙에는 당시 고려 사람들이 좋아했던 구름과 학 무늬를 상감으로 새겨 넣었다.

변화하는 고려의 지배 세력

정적인 순청자에서 다채로운 상감 청자로 넘어가는 변화는 문신(文臣) 정권에서 무신(武臣) 정권으로 넘어가는 변화와 함께 왔다. 고려 전기를 이끌고 갔던 문벌 귀족은 기본적으로 문신이었다. 다시 말해 군인이 아니라 민간인이었다는 이야기이다. 귀주 대첩의 영웅이었던 강감찬도 평상시에는 갑옷을 입은 '장군'이 아니라 비단옷을 입은 '재상'이었다.

문벌 귀족은 불교를 융성케 하고 유학을 발전시키며 고려 문화의 수준을 한껏 끌어올렸다. 그러나 달도 차면 이지러지는 법, 문벌 귀족은 사치스러운 생활이 극에 달하자 타락하는 모습을 보이기 시작했다. 12세기 중반에 왕이 된 18대 임금 의종(재위 1146~1170)은 문신들과 더불어 좋은 곳으로 놀러 다니며 시를 읊고 술을 마시는 것을 즐겼다. 단지 그것뿐이면 문제가 덜했을 텐데 의종과 문신들은 무신들을 얕잡아보고 함부로 대했다.

고려 전기 사회에서 무신은 제도적으로 문신에 비해 차별을 받았다. 무

147

신이 할 수 있는 가장 높은 벼슬은 정3품 상장군이었다. 그러다보니 거란족의 요나라가 쳐들어왔을 때에도 최고 사령관 자리는 문관인 강감찬이 맡았던 것이다. 이런 상황이 오래 이어지다 보니 문신들은 무신들을 마음대로 부릴 수 있는 종처럼 생각하는 것이 일상화되었다.

고려 17대 임금 인종(재위 1122~1146) 말기에 문벌 귀족 가운데 가장 권세가 높은 사람은 김부식(1075~1151)이었다. 김부식은 지금까지 남아 있는 우리나라 역사책 가운데 가장 오래된 『삼국사기』를 쓴 사람이다. 김부식의 아들 김돈중(?~1170)은 어느 날 연회에서 나이 많은 대장군 정중부(1106~1176)의 수염을 촛불로 태우는 짓을 저질렀다.

참고 참았던 무신들은 기어코 문신들의 권력을 뒤집어엎기로 결심했다. 모의를 주도한 사람은 정중부와 이고(?~1171), 이의방(?~1174) 등 무신이었다. 그들은 1170년 8월 의종이 문신들과 함께 보현원이라는 곳에 행차할 때를 거사 시점으로 잡았다. 마침 행차하던 도중 의종이 신하들과 함께 술을 마시며 무신들에게 씨름을 하도록 시켰다. 그때 젊은 문신 한뢰는 씨름에 진 대장군 이소응(?~1180)의 뺨을 때렸다. 이 사건이야말로 울고 싶은 아이 뺨 때려 준 격이었다.

무신들은 보현원에 도착하자마자 행동에 들어가 군사들을 풀어 한뢰를 비롯해 그 자리에 있던 문신들을 모조리 죽였다. 무신들은 군졸들에게 "무릇 문신의 관을 쓴 자는 서리(胥吏)라도 죽여서 씨를 남기지 말라!"라는 잔인한 명령을 내렸다. 그날 무신들은 개경으로 들어가 더 많은 문신들을 죽이고 권력을 장악했다. 그들은 의종을 폐한 뒤 잇따라 다른 임금을 세웠지만 무신 천하에서 임금은 허수아비일 뿐이었다.

이후 고려 사회는 확 바뀌었다. 하찮은 지위에 있던 무신들이 정변에 가담하여 가장 높은 자리에 올라가는 일이 생기자, 고려 사회의 하층민들은 일제히 들고 일어났다. 공주에 있던 명학소라는 하층민 집단에서 망이, 망소

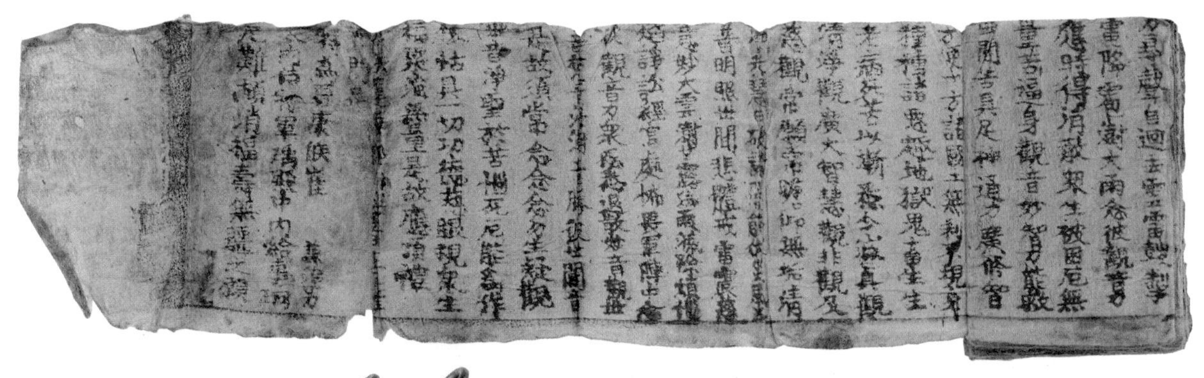

이 등이 주도한 반란이 일어났고, 전주에서는 죽동이라는 관노(관청의 노비)가 반란을 일으켰다. 무신 권력자 최충헌의 사노(개인에게 속한 노비)였던 만적(?~1198)은 대담하게 수도인 개경에서 "왕후장상(왕, 제후, 장군, 재상)의 씨가 따로 있나?"라고 외치며 반란을 일으키기도 했다.

그러나 이러한 하층민의 봉기는 모두 진압되고 고려 사회에는 무신들이 중심이 된 새로운 지배 계층이 등장했다. 오랫동안 권력과 부에 굶주려 있던 무신 권력자들은 닥치는 대로 전국의 땅을 긁어모으고 노비를 늘렸다. 무신들을 얕잡아 보다가 하루아침에 무신들의 졸개로 전락한 문신들은 무신 권력자들에게 봉사하면서 술과 시 타령으로 하루하루 살아갔다.

고려 사회 상층부에서 권리와 의무를 다하는 '노블레스 오블리쥬'[1]는 사라졌다. 세속적인 권력과 사치를 탐하는 무신 권력자들과 그에 빌붙어 적당히 체념하고 현실을 즐기는 문신들만이 남았다. 청자의 빛깔이 다채로워지고 화려해진 것은 이러한 시대적 배경과 맥을 같이 한다.

나전 칠기, 귀족 생활의 또 다른 반려

예전 우리 부모님들이 결혼하실 때 반드시 장만하는 혼수 용품으로 장롱이 있었다. 검은 색 바탕에 조개껍데기로 꽃이나 새 모양의 무늬를 화려하게 장식한 나전 칠기 장롱은 한때 결혼한 부부가 함께 살고 있는 안방의 상징이었다. 이런 장롱과 같은 가구를 보통 나전 칠기라고 부른다.

나전 칠기는 우리나라의 전통공예로서 고려 시대부터 현재에 이르기까지 지속적으로 이용되었다. 한국, 중국, 일본에서 모두 사용하는 '나전(螺鈿)'이란 말은 소라 '라(螺)'와 보배로 꾸민 그릇 '전(鈿)' 자를 써서, 소라 껍데기를 가지고 화려하게 장식하는 것을 말한다. 우리나라에는 옛날부터 조개껍데기를 가리키는 '자개'라는 고유어가 있어서, 나전 칠기를 만드는 일을 '자개박이' 또는 '자개 박는다'라고 불렀다. 나전 칠기는 옻칠한 그릇인 '칠기'에 자개 무늬를 박아 넣어 아름답게 치장한 공예품을 가리키는 말이다.

한국, 중국, 일본의 나전 칠기

옻나무에서 나오는 액체를 '옻칠'이라고 한다. 옻나무는 한국, 중국, 일본, 미얀마, 타이 등 동아시아 지역에서만 자란다. 따라서 옻칠을 이용한 칠공예는 동아시아 지역에서만 이루어질 수 있었고, 그중에서도 한국, 중국, 일본에서 가장 발달했다.

옻칠한 그릇이나 가구의 무늬 장식에 자개를 처음 사용한 나라는 중국이었다. 나전 칠기를 처음 만든 중국에서는 중국 남해 연안에서 많이 잡히는 소라를 많이 사용했기 때문에 자개를 한자로 소라 '라(螺)'자로 쓰게 되었다. 하지만 우리나라는 소라는 거의 쓰지 않고 전복 껍데기를 주로 사용한다.

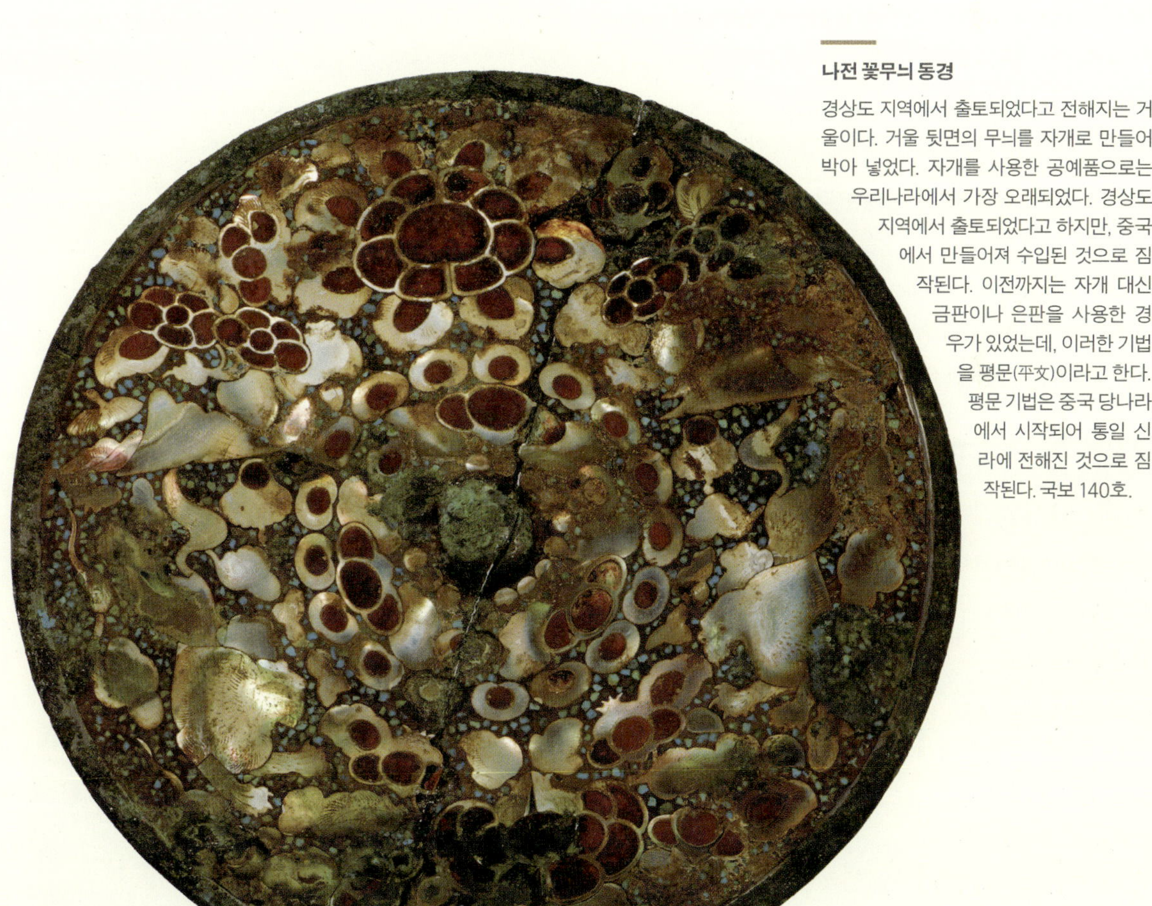

나전 꽃무늬 동경

경상도 지역에서 출토되었다고 전해지는 거울이다. 거울 뒷면의 무늬를 자개로 만들어 박아 넣었다. 자개를 사용한 공예품으로는 우리나라에서 가장 오래되었다. 경상도 지역에서 출토되었다고 하지만, 중국에서 만들어져 수입된 것으로 짐작된다. 이전까지는 자개 대신 금판이나 은판을 사용한 경우가 있었는데, 이러한 기법을 평문(平文)이라고 한다. 평문 기법은 중국 당나라에서 시작되어 통일 신라에 전해진 것으로 짐작된다. 국보 140호.

나전칠기, 귀족 생활의 또 다른 반려

중국에서 시작된 나전 칠기는 우리나라와 일본에 전해졌다. 나전 칠기는 한국, 중국, 일본이 공통적으로 만드는 공예품이 되었다. 하지만 중국과 일본은 이후 다른 칠기 장식법이 발달했고, 나전 칠기의 기술은 그다지 발전하지 못했다. 반대로 우리나라에서는 다른 칠기 장식 분야는 그다지 발전하지 못했으나, 고려, 조선에서 현대에 이르기까지 나전 칠기 제작법이 계속 발전했다. 그래서 우리나라에서는 '칠기'라고 하면 바로 나전 칠기를 가리키게 되었다.

바다거북 등딱지로 만든 나전 칠기

우리나라의 나전 칠기 기술이 크게 발달한 것은 고려 시대였다. 고려 시대에는 개인주의적이고 화려한 성격의 귀족 문화가 발달했는데, 귀족의 취향에 맞는 각종 생활 공예가 발달했다. 고려 나전 칠기는 상감 청자와 함께 이 시기 귀족 문화를 대표하는 공예품으로서 세계적으로 그 예술성을 인정받고 있다.

오른쪽의 상자들은 하나는 상감 청자, 하나는 나전 칠기이지만, 모두 여성들의 화장 용품을 담기 위해 만든 것이다. 뚜껑에 당시 유행했던 넝쿨이 있는 국화 무늬를 새겨 넣은 것도 많이 비슷하다. 상감 청자와 나전 칠기 모두 고려 귀족들이 주로 사용했던 공예품이었다. 그런데 이 나전 칠기는 바다거북 등딱지인 대모(玳瑁)를 사용한 것이 특이하다. 나전 칠기에 자개와 함께 대모를 사용한 것은 12세기에 만들어진 나전 칠기의 특징이다.

〈청자 상감 투각 거북등 무늬 상자〉

출토 당시 청동 거울, 침통 등과 함께 발견되었기 때문에 여성들이 사용했던 것으로 보인다. 상자 안에는 화장과 바느질을 위한 각종 도구가 담겨 있었을 것이다. 국립중앙박물관 소장.

나전 대모 칠 국화 무늬 상자

화장용 상자의 일부로 생각된다. 국화 무늬를 새겼고 자개와 함께 대모를 사용했다. 국립중앙박물관 소장.

나전 칠기로 만든 경전함

고려의 나전 칠기는 국가의 관리 하에서 제작되었기 때문에 우수한 품질을 유지할 수 있었다. 고려 왕실에서 사용하는 물품 생산을 전담하는 관청인 중상서에는 '자개박이'를 맡은 기술자와 '칠기 제작'을 맡은 기술자가 별도로 소속되어 있었다. 당시로서는 전문화된 고급 제작 기술이 있었던 것이다. 1272년(원종 13)에는 나전 칠기 경전함을 대량으로 만들기 위해 전함조성도감이라는 관청을 만들었는데, 지금 남아 있는 나전 칠기로 만든 경전함은 대부분 이곳에서 제작된 것으로 보인다.

고려 시대 나전 칠기는 현재 20개 정도밖에 남아 있지 않다. 가장 많이 남아 있는 것이 바로 경전함이다. 그나마도 대부분 일본, 미국 등 외국에 있고, 국내에 남아 있는 것은 매우 적다. 고려 시대 나전 칠기를 보관하고 있는 곳마다 그 가치를 높게 평가하고 있는데, 그 명성에 비해 너무 적게 남아 있는 셈이다.

나전칠기, 귀족 생활의 또 다른 반려

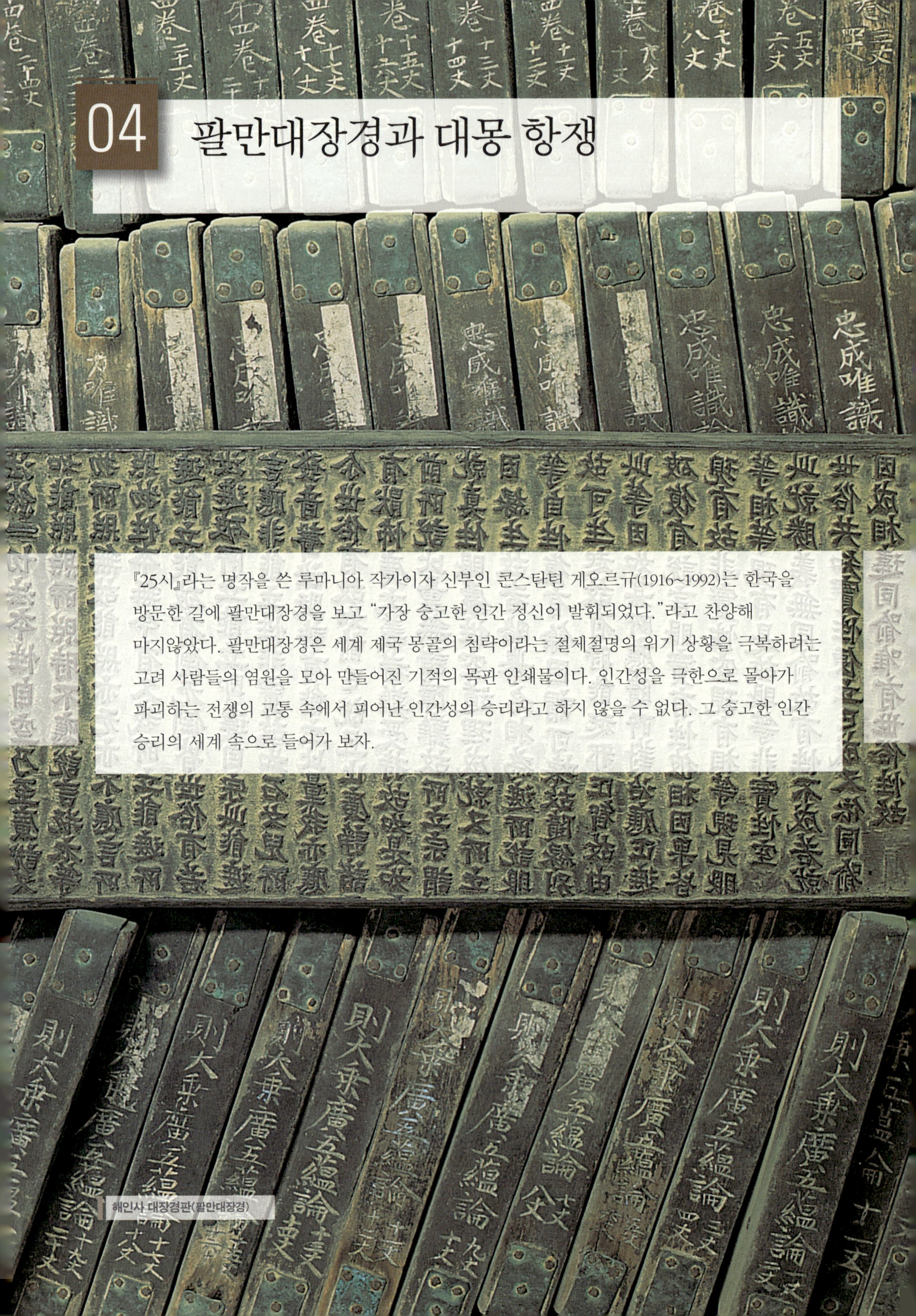

팔만대장경과 대몽 항쟁

『25시』라는 명작을 쓴 루마니아 작가이자 신부인 콘스탄틴 게오르규(1916~1992)는 한국을
방문한 길에 팔만대장경을 보고 "가장 숭고한 인간 정신이 발휘되었다."라고 찬양해
마지않았다. 팔만대장경은 세계 제국 몽골의 침략이라는 절체절명의 위기 상황을 극복하려는
고려 사람들의 염원을 모아 만들어진 기적의 목판 인쇄물이다. 인간성을 극한으로 몰아가
파괴하는 전쟁의 고통 속에서 피어난 인간성의 승리라고 하지 않을 수 없다. 그 숭고한 인간
승리의 세계 속으로 들어가 보자.

해인사 대장경판〈팔만대장경〉

팔만대장경을 만든 뜻은?

경상남도 합천 해인사에 보관되어 있는 팔만대장경은 고려의 발달된 인쇄 기술을 잘 보여 주는 귀중한 문화유산이다. 1995년 유네스코[1]는 해인사의 팔만대장경과 경판을 보관하는 건물을 인류가 함께 보호해야 할 세계문화유산으로 지정했다. 8만 개가 넘는 엄청난 경판을 제작했다는 사실뿐 아니라, 700년이 훨씬 넘은 지금까지도 별다른 손상 없이 보존되었다는 점에서 그 가치를 높게 인정했기 때문이다.

목판 인쇄는 간행하고자 하는 책의 내용을 나무판에 새겨서 먹을 칠하고 종이에 찍어내는 것을 말한다. 한국의 목판 인쇄술은 신라 때 시작되어 고려를 거쳐 조선 시대에 이르기까지 인쇄 문화에서 가장 큰 비중을 차지했다. 특히 국가적으로 불교를 믿고 있던 신라와 고려에서는 불경의 수요가 지속적으로 있었으므로, 한 번 목판을 만들어 놓고 필요할 때마다 불경을 인쇄하는 목판 인쇄술이 대단히 효율적이었다. 인쇄 기술이 발명되기 이전에는 모든 경전을 한 글자 한 글자 직접 쓸 수밖에 없었지만, 목판 인쇄를 이용하면 불경을 한꺼번에 많이 만들 수 있다.

우리나라 목판 인쇄물 가운데 가장 오래된 것은 통일 신라 때 만들어진 무구 정광 대다라니경이지만, 고려 시대에도 목판으로 인쇄된 불경은 아주 많았다. '초조대장경'과 '재조대장경(팔만대장경)'은 그중에서도 가장 대표적인 것이다.

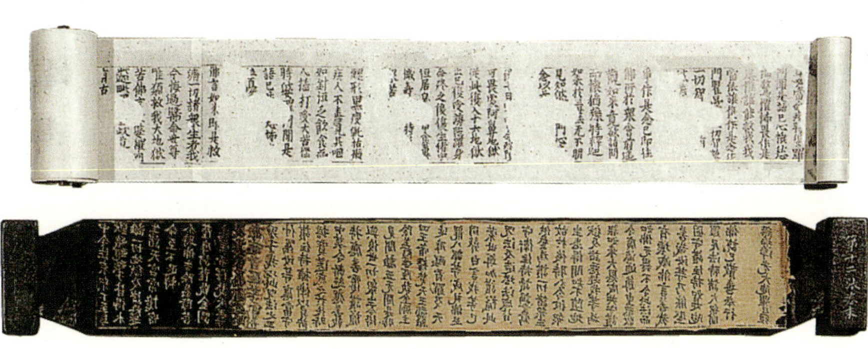

1 국제 연합 전문 기관의 하나로, 국제 연합 교육 과학 문화 기구(United Nations Educational, Scientific and Cultural Organization)의 약자이다. 교육·과학·문화의 보급과 국제 교류 증진을 통해 국제 간의 이해와 세계 평화를 추구한다.

대장경(大藏經)은 불교 경전을 비롯한 불교 관계 서적을 집대성한 것을 말한다. 고려의 대장경은 11세기와 13세기 두 차례에 걸쳐 판각되었다. 앞의 것을 '처음으로 새겼다[초조, 初彫]'는 의미에서 초조대장경, 뒤의 것을 '다시 새겼다[재조, 再彫]'는 의미에서 재조대장경이라고 한다. 11세기 거란의 침입을 계기로 조판된 초조대장경은 13세기 몽골의 침입으로 소실되었다. 이에 다시 만든 것이 바로 재조대장경이다.

재조대장경은 다른 말로 '팔만대장경'이라고 한다. 팔만대장경은 그 경판의 수량이 '8만 1,258개'라고 해서 붙여진 이름이다. 그런데 사실은 판목의 앞뒷면에 모두 불경을 새겼으므로, 16만여 장에 이르는 경전이 새겨져 있다. 여기에 새겨진 글자만 해도 5,200만여 자가 된다. 그 많은 글자가 마치 한 사람이 쓴 것처럼 필체가 거의 똑같으며, 오자나 탈자가 거의 없이 정교하여 보는 사람마다 신기하다고 한다.

팔만대장경은 고려가 몽골의 침입을 받은 후 부처님의 힘으로 몽골 군을 물러나게 해 달라는 바램에서 만들어진 것이다. 외적의 침입에 대항하여 무기를 만들지 않고 경판을 만들다니, 지금의 생각으로는 이해가 되지 않는 점도 있다. 하지만 고려에서는 이러한 일이 처음이 아니었다.

11세기에 만들어진 초조대장경도 부처님의 힘으로 거란족 요나라의 침입을 막아 달라는 바램에서 만들어진 것이었다. 요나라의 침입은 결국 강감찬 장군의 귀주 대첩으로 물리칠 수 있었다. 하지만 고려 사람들은 대장경을 만들어서 부처님의 도움을 받았기 때문에 귀주 대첩도 일어났다고 생각했다. 그래서 몽골 군의 침략으로 초조대장경이 불타 버리자, 다시 대장경을 만들어야겠다고 생각한 것이다.

고려의 무신 집권자들이 다시 대장경을 만들겠다고 생각한 것은 무엇보다도 요나라의 침략 때처럼 부처님의 도움으로 몽골 군의 침략을 물리쳤으면 하는 바램 때문이었다. 하지만 한편으로는 육지에 남아 있는 백성들의 불

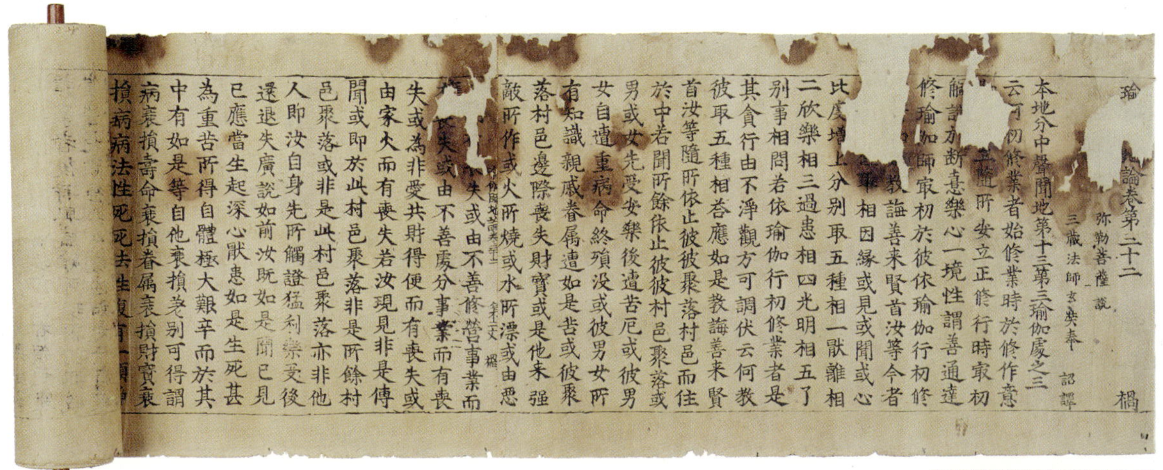

초조대장경 중 『유가사지론』 32권을 당시의 경판으로 인쇄한 것이다. 초조대장경은 1011년(현종 2) 거란군이 개경을 침범하자 부처의 가호로 거란을 물리치기 위해 새기기 시작했다. 국보 272호.

만을 종교를 통해 달래 보려는 생각도 있었다.

몽골이 쳐들어오자 무신 집권자들은 왕실과 정부를 강화도로 옮겨서 저항했기 때문에 육지에 남아 있던 백성들은 몽골 군의 침략으로 엄청난 고통을 겪어야 했던 것이다. 30년 동안 수많은 사람들이 몽골 군의 칼날에 죽거나, 포로가 되어 종으로 끌려가거나, 전쟁의 참화 속에서 굶어 죽어야 했다. 1254년에는 몽골 군에게 끌려간 포로만 28만 6,800명이고, 죽은 사람은 셀 수 없을 정도로 많았다.

물론 팔만대장경을 만드는 데 온 백성의 염원을 집중시키는 것만으로 거대한 적을 물리칠 수는 없다. 그러나 경판을 새기는 데 들어가는 정성과 불심(佛心)을 모아 적과 맞서 싸운 백성들이 있었기에 고려는 몽골의 침략에 맞서 30년 가까운 세월을 버틸 수 있었다. 그와 같은 고귀한 정신이 깃들어 있는 팔만대장경이 민족의 유산일 뿐 아니라 세계의 유산이 된 것은 지극히 당연한 일이라 하겠다.

해인사 대장경판(팔만대장경)

초조대장경이 1232년(고종 19) 몽골의 침입으로 불타 없어지자 다시 만든 재조대장경이다. 대장도감이라는 임시 기구를 설치하여 새긴 것으로, 1237년에 작업을 시작하여 1248년에 마무리했다. 지금은 경상남도 합천 해인사에 보관되어 있다. 국보 32호.

세계를 휩쓸었던 몽골 군의 침입은 고려 사람들에게 엄청난 두려움을 안겨 주었다. 1206년 칭기즈 칸(재위 1206~1227)이 처음으로 통일한 몽골은 빠른 속도로 중앙아시아와 북중국의 금나라,[2] 유럽 등을 정복했다. 그리고 1231년에 고려에도 쳐들어왔다.

몽골이 고려를 침공한 것은 중국의 금나라를 공격하기 위한 작전의 일환이었다. 당시 고려는 금나라에 조공을 바치며 교류 관계를 맺고 있었다. 따라서 금나라를 공격하면서 고려를 내버려 두면 고려가 언제 몽골의 뒤를 칠지 모른다고 생각했던 것이다.

당시 고려는 무신 집권자 최우(?~1249)가 실질적으로 다스리고 있었다. 최우는 바다에 약한 몽골 군의 약점을 이용해 이듬해인 1232년 강화도로 수도를 옮기고 몽골과 대치했다. 고려 정부가 떠난 한반도 곳곳을 약탈하던 몽골 군이 대구 부인사에 보관되어 있던 초조대장경 경판을 불살라 버린 것은 바로 그해였다. 몽골 군은 고려 정부가 강화도에서 나와 항복할 것을 요구하며 무려 여섯 차례나 내륙 지방 곳곳을 파괴했다. 초조대장경뿐 아니라 경주의 황룡사 9층 목탑이 불타 버린 것도 이때의 일이었다.

육지에 남아 몽골의 침략에 노출되었던 고려의 민중은 참으로 용감하게 싸웠다. 김윤후라는 승려는 백성들을 모아 지금의 경기도 용인에 있던 처인성에서 몽골 군과 맞서 싸웠다. 그때 얼마 안 되는 고려 백성들은 압도적으로 많은 몽골 군과 맞서 싸워 적장 살리타를 화살로 쏘아 죽이는 커다란 승리를 거두었다. 1235년부터 시작된 몽골 군의 3차 침입 때는 죽주성에서 적을 맞아 승리하기도 했다.

이러한 민중의 저항에 힘입어 고려는 1251년 9월 마침내 팔만대장경을 완성했다. 그 후로도 몽골 군은 두 차례나 더 쳐들어왔지만 고려를 완전히

[2] 여진족 완안부의 추장 아구다가 북송과 요를 무찌르고 지금의 만주, 몽골, 화베이 땅에 세운 나라이다. 1115년에 건국되어 1234년에 몽골 제국에 망했다.

굴복시키지는 못했다. 그리하여 1259년에는 전쟁을 계속하는 대신 고려가 태자를 몽골로 보내면 더 이상 침략하지 않겠다는 뜻을 전하고 군사를 돌렸다.

고려는 태자(훗날의 원종)를 몽골로 보내 몽골의 새 지도자로 떠오르고 있던 쿠빌라이(1215~1294)와 협상을 벌이게 했다. 쿠빌라이는 고려 태자를 맞이하여 이렇게 말했다. "고려는 만 리나 되는 큰 나라이다. 당 태종이 친히 군사를 거느리고 원정을 했는데도 굴복시키지 못했는데, 이제 고려의 태자가 내게 왔으니 이는 하늘의 뜻이다."

이때 쿠빌라이는 고려를 옛날의 고구려와 같은 나라로 보고 있었던 것이다. 태자는 쿠빌라이와 협상을 벌여 몽골에 조공을 바치고 사대 관계를 맺는 대신 고려는 나라를 지키고 '풍속을 바꾸지 않는다'는 약속을 받아 냈다. 세계 제국이었던 몽골과 30년 가까운 전쟁을 벌이고도 고려의 국체(國體)와 문화의 자주성을 지켜 냈던 것이다.

고려와 몽골 사이에 화의 협상이 이루어지면서 고려 정부는 다시 개경으로 돌아갔다. 끝까지 몽골과 싸울 것을 주장하던 무신 정권은 끝내 무너졌다. 그러나 모든 고려 사람의 염원을 모아 만들어 낸 팔만대장경의 힘을 받아 고려는 무너지지 않고 살아남았다.

쿠빌라이와 측근이 몽골 전통 복식을 하고 사냥에 나서는 모습이다. 고려에서도 몽골 복장을 하고 다니는 사람들이 있었지만, 쿠빌라이는 국서를 보내 고려의 풍속을 바꾸지 말라고 했다. 따라서 고려의 전통 복식은 크게 변하지 않았다.

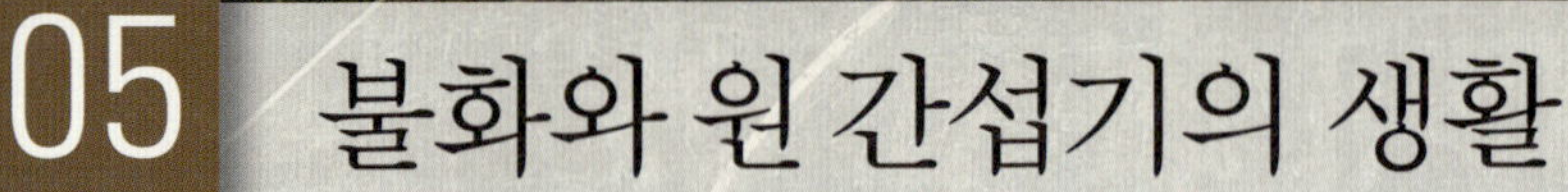

05 불화와 원 간섭기의 생활

고려 불교가 낳은 또 하나의 명작이 고려 불화이다. 팔만대장경이 몽골의 침략이라는 절대 위기를 벗어나려는 고려인의 염원 속에서 태어났다면, 불화는 몽골과의 전쟁이 끝난 뒤 평화롭고 행복한 삶을 살고 싶었던 고려인의 염원 속에서 피어났다. 문제는 이런 염원을 담은 아름다운 불화를 소유하고 감상할 수 있었던 것이 소수의 귀족들뿐이었다는 데 있었다. 명품 불화들을 고려 귀족의 한정된 욕망으로부터 끄집어내어 우리 모두의 소망을 담은 불후의 명작으로 재조명해 보자.

〈수월 관음도〉

아름다운 고려 불화

　불교의 나라 고려가 만들어 낸 최고 수준의 종교 예술이 바로 불화이다. 불화는 불교의 가르침을 알기 쉽게 그림으로 표현한 것을 말한다. 불화에는 불교에서 예배의 대상이 되는 부처와 보살의 모습을 그린 그림, 부처님이 이 세상에 나타나기 이전 전생(前生)에서의 이야기를 그린 그림, 또 이 세상에서의 생애를 그린 그림, 불경에 나오는 교훈적인 장면을 그린 그림 등이 있다.

　불탑이나 불상, 불경 등과 함께 신앙의 대상이 되는 불화는 그림이 배치되는 장소에 따라 몇 가지 종류로 나뉜다. 벽에 직접 그리는 그림은 벽화(壁畵), 불교 경전에 그리는 그림은 경화(經畵), 종이나 비단 등에 그려 벽면에 거는 그림은 탱화(幀畵)라고 한다. 고려 사람들은 그중에서도 탱화를 많이 그렸다. 부처와 보살의 모습을 그린 존상화(尊像畵)는 주로 불상 뒤에 탱화의 형태로 모셔지는 경우가 많았기 때문이다.

　고려 사람들은 불화를 그릴 때 주로 검은 비단에 금이나 은을 수은에 녹여 그림을 그렸다. 그 섬세함과 화려함이 말로 표현하기 어려울 정도이다. 고려 불화의 화려한 아름다움의 비밀은 독특한 물감 사용법에 있다. 불화를 그린 화가는 중간색을 쓸 때 안료를 직접 섞어서 쓰지 않고, 그림의 앞면과 뒷면에서 각각 다른 색을 칠해 자연스럽게 중간색이 나오게 하는 복채법(伏彩法)이라는 방법을 썼다. 안료를 직접 섞어 만든 중간색은 색깔이 탁해 보이지만, 복채법을 사용한 중간색은 자연스러운 느낌을 준다. 또 물감을 뒷면에도 칠하기 때문에 앞면의 화면 손상이 줄어드는 이점도 있다.

　고려 불화 가운데 고려 사람들이 가장 즐겨 그린 주제는 중생을 극락으로 인도하는 아미타불이었다. 이 세상을 떠난 뒤 극락으로 가기를 모두가 원했기 때문이다. 이러한 신앙을 그림으로 표현한 것이 바로 관경 변상도이다. 다음 장의 불화는 아미타 신앙을 설명하는 『관무량수경』이라는 경전이 쓰이게 된 유래를 그린 것이다.

〈관경 16관 변상도〉

부처가 바이데히 왕비에게 보여 준 극락정토의 16장면을 묘사한 그림이다. 16가지 장면은 수행의 과정으로, 수행자는 이 그림의 한 장면 한 장면을 보면서 수행을 진전시킨다.

1관 일상관(日想觀, 해를 생각하는 방법)

붉은 해 안에 2층짜리 큰 집이 있고, 그 뒤에 나무가 두 그루 솟아 있다. 아미타불이 있는 서방을 향해 해가 지려는 모습을 전심으로 생각하여 눈을 감아도 명료하게 나타나도록 수행한다.

8관 상관(像觀, 아미타 부처의 형상을 생각하는 방법)

가운데에 아미타 부처가 있다. 양쪽 옆에 관음보살과 대세지보살이 있다. 아미타 부처와 관음보살, 대세지보살을 보며 수행한다.

9관 불신관(佛身觀, 아미타 부처의 몸을 생각하는 방법)

가운데에 아미타 부처가 있고, 양쪽에 열 명의 부처가 있다. 아미타 부처의 색깔·크기 등 세세하게 그 모습을 보고 인자한 마음까지 보며 수행한다.

10관 관음관(觀音觀, 관음보살을 생각하는 방법)

가운데 연꽃 대좌 위에 관음보살이 있고, 그 주위에 6가지 길이 그려져 있다. 이 길은 사람이 죽으면 가게 되는 길이다. 관음보살을 보며 수행한다.

11관 세지관(勢至觀, 대세지보살을 생각하는 방법)

가운데 연꽃 대좌 위에 대세지보살이 있고, 그 주위에 열두 명의 부처가 있다. 대세지보살을 보며 수행한다.

12관 보관(普觀, 자신이 극락에 태어남을 생각하는 방법)

왼쪽에 아미타삼존불이 있고, 오른쪽에 극락왕생한 바이데히 왕비가 있다. 수행하는 사람 자신이 극락세계에 태어나서 연꽃 속에 앉은 모습을 보며 수행한다.

13관 잡상관(雜想觀, 아미타삼존불을 생각하는 방법)

네모난 연못의 연꽃 위에 아미타삼존불이 있다. 아미타 부처가 중생을 구제하고, 관음보살과 지장보살이 아미타 부처를 도와 중생을 가르치는 모습을 보며 수행한다.

17법회

여래를 중심으로 여러 큰 보살, 큰 제자, 제석(帝釋)·범천(梵天)등이 설법도의 안쪽에 있고, 아라한과 천왕 그리고 여러 곳에서 온 보살들은 바깥에 있다.

14관 상품관(上品觀), 15관 중품관(中品觀), 16관 하품관(下品觀.)

평범한 사람이 극락에 갈 수 있는 세 가지 방법을 나타냈다. 3품은 각각 3생으로 나누어 9등급으로 나눈다. 세상에서 쌓은 공덕에 따라 극락세계에서 보살, 승려, 속인으로 태어난다고 한다.

18마정·수기 장면

수기는 장차 부처가 되리라는 기별을 주는 것이며 마정은 머리를 쓰다듬는 것이다. 이 두가지는 같은 뜻이다.

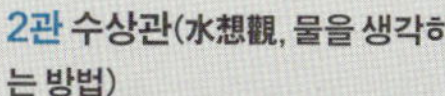

2관 수상관(水想觀, 물을 생각하는 방법)

출렁이는 푸른 바다와 붉은 하늘에 구름이 있다. 극락세계가 모두 물로 이루어졌다고 생각하고 투명한 물과 얼음을 바라보며 수행한다.

3관 지상관(地想觀, 땅을 생각하는 방법)

2층 누각을 중심으로 4개의 큰 집이 있고, 오색찬란한 빛 위에 리본을 단 악기들이 날고 있다. 눈을 뜨든 감든 2관이 잘 보이도록 극락세계를 자세히 관찰하며 수행한다.

4관 수상관(樹想觀, 극락에 있는 보배로운 나무을 생각하는 방법)

칠보로 꾸민 나무를 중심으로 오색찬란한 빛이 있다. 극락의 나무를 하나하나 빠짐없이 살펴보고, 그 위에 걸친 보석과 그물과 줄기·가지·잎·꽃·열매 등을 똑똑히 보며 수행한다.

5관 지상관(池想觀, 극락에 있는 보배로운 연못을 생각하는 방법)

직사각형의 연못에 연꽃이 피었고, 그 위에 보배로운 구슬이 있다. 이 구슬에서 두 줄기 흰빛이 분수처럼 나오고, 위쪽에는 봉황·공작새·백학 등이 날고 있다. 극락세계의 여덟 가지 공덕을 갖춘 연못을 보며 수행한다.

6관 총상관(總想觀, 극락의 궁전을 생각하는 방법)

온갖 보석으로 장식된 누각이 솟아 있고, 뒤에 오색찬란한 빛이 있다. 수많은 누각을 보며 수행한다.

7관 화좌관(華座觀, 극락에 있는 대좌를 생각하는 방법)

활짝 핀 연꽃 위에 불상을 올려놓는 대가 있고, 그 위에 지붕이 있다. 극락세계에 핀 아름다운 연꽃의 잎과 줄기를 보며 수행한다.

관경 변상도는 크게 두 가지 내용으로 나뉘어 있다. 하나는 실제 인도에서 있었던 역사적 사건을 그린 것이다. 아사세 태자가 아버지 빈비사라 대왕의 왕위를 찬탈하고, 아버지를 감옥에 굶겨 죽였던 사건이다. 다른 하나는 이 사건을 겪은 바이데히 왕비를 위로하기 위해 부처가 극락으로 가는 16가지 수행 방법을 가르쳐 준 내용을 그렸다.

고려 불화에는 현재의 풍요로운 삶이 지속되기를 바라는 고려 귀족들의 마음도 담겨 있다. 고려 시대에는 국가 불교를 적극적으로 후원했기 때문에, 사찰에 많은 혜택이 주어졌다. 귀족들도 자신들의 번영과 극락왕생을 빌기 위하여 개인용 사찰인 원찰(願刹)을 많이 세웠다. 불화는 자신들의 번영이 영원히 지속되기를 바라는 고려 귀족들의 마음이 반영된 것이다.

〈미륵 하생경 변상도〉는 다음 세상에 오실 부처인 미륵의 설법을 듣고 있는 그림이다. 그림의 윗부분에는 미륵부처를 중심으로 크기가 다른 보살과 신들이 그려져 있다. 그런데 그림의 맨 아래를 보자. 토지를 경작하고 곡식을 수확하며 열심히 일하는 농민들의 오른쪽에 그들을 감시하는 지주의 모습이 보인다. 이처럼 이 그림에는 왕과 신하, 시종, 백성의 신분 차이가 그림 속에서 그대로 표현되었다.

고려 불화는 매우 독특한 화면 구성을 하고 있다. 화면을 상단·하단으로 나누고, 위에는 본존불, 아래는 협시보살(본존불을 좌우에서 모시는 부처)을 배치하는 2단 구도가 고려 불화의 특징이다. 〈지장시왕도〉에 보이는 것처럼 그림의 주인공

미륵보살이 부처가 된다는 『미륵하생성불경』의 내용을 그렸다. 가운데에 용화보리수 아래에서 부처가 된 미륵부처가 있다. 미륵부처 옆에는 크기가 다른 보살과 신들이, 발 아래에는 용왕 부부가 그려져 있다.

인 지장보살은 가운데 앉아 있고, 나머지 인물들은 모두 지장보살의 무릎 아래에 있다. 이처럼 고려 불화에서는 지위에 따른 등장인물의 차별이 매우 엄격하다. 이러한 화면 구성은 본존인 지장보살의 권위를 극대화시킬 뿐만 아니라, 본존에게 시선을 집중시키는 효과가 있다.

이에 비해 조선 시대에 그려진 〈아미타 극락 회도〉에서는 가운데 아미타부처를 중심으로 그 외 인물들을 전 화면에 고루 배치하고 있다. 조선의 불화는 고려의 불화와는 달리 인물들에 대한 구별이 그리 심하지 않았다. 조

선 후기로 갈수록 불화에서 이러한 경향이 더욱 두드러진다. 이것은 조선 시대의 불교가 일반 백성들에게 좀 더 가까이 다가서려 했기 때문으로 이해된다. 고려 시대의 불교가 권위를 강조하는 귀족들의 입장에 보다 가까웠던 것과는 구별되는 특징이다.

고려 불화가 주로 제작되었던 시기는 고려가 원나라의 지배를 받고 있던 14세기였다. 원나라는 몽골 제국의 지도자 쿠빌라이가 중국을 정복하고 그곳에 세운 왕조의 이름이었다. 중국 문화를 존중했던 쿠빌라이는 원나라를 중심으로 세계 제국 몽골을 운영했던 것이다.

30년 가까운 전쟁 끝에 1259년 몽골의 쿠빌라이와 강화를 맺은 고려는 그 후 100년 동안 원나라의 간섭을 받았다. 이 시기는 의식주 등 우리 민족의 생활 문화에 커다란 변화가 생긴 시기이다. 원나라의 간섭을 받는 동안 고려의 지배 계층을 이루었던 귀족들은 국가와 백성의 문제보다는 자신들의 극락왕생과 현재 생활의 풍요가 더욱 중요했다.

지금 우리가 살펴보고 있는 고려 불화들은 대부분 바로 이러한 고려 후기 귀족들의 주문에 따라 그려진 작품이었다.

아름답지 못했던 권문세족

고려에서 불화를 소유할 수 있고 감상할 수 있었던 소수의 귀족을 '권문세족'이라고 부른다. 이들은 고려 전기의 문벌 귀족과 달리 무신 정권, 원 간섭기 등을 거치면서 형성된 고려 후기의 지배 계층이다. 무신 정변 때 살아남은 문벌 귀족 일부와 무신 정권 아래에서 세력을 얻은 가문, 원 간섭기에 원나라에 빌붙어 권력을 얻으면서 일어난 가문 등이 이러한 권문세족을 구성했다.

권문세족은 전국의 땅을 사 들여 거대한 농장을 경영하면서 세력과 부를 늘려 나갔다. 그들은 가난한 백성을 노비로 만들어 자신들의 농장을 경작하게 했다. 노비는 국가에 세금을 내지 않기 때문에 백성들이 농장에 들어가 노비로 일하면 그만큼 국가의 세금 수입은 줄어든다. 그렇다고 농장을 경영하면서 더 많은 수입을 올리게 된 권문세족이 나라에 세금을 더 냈는가 하면 그렇지도 않았다. 따라서 권문세족이 농장을 더 많이 만들고 더 많은 백성을 노비로 끌어들이면 국가의 재정은 자꾸만 줄어들고 국가는 가난해질 수밖에 없었다.

고려 후기의 권문세족과 결탁하여 많은 혜택을 누린 특권층 중에는 불교 사찰도 있었다. 사찰의 승려가 권문세족의 일부를 이루기도 했다. 초조대장경과 팔만대장경을 찍어 내면서 국난 극복의 선두에 섰던 불교, 고려인의 정신세계를 앞장서서 이끌어 왔던 불교의 참모습은 갈수록 찾아보기 어려워졌다. 일부 불교 사찰은 가난한 농민을 대상으로 고리대금업을 하는가 하면, 드넓은 땅을 소유하고 면세 혜택을 누렸다.

이 같은 권문세족과 불교의 관계 속에서 고려 후기의 주옥같은 불화들이 태어나게 되었다. 권문세족은 현세에서 누리는 풍요로운 생활이 저세상에서도 이어지기를 빌며 자신들이 가진 재물을 쏟아 부어 최고의 불화를 제작했다. 그리고 그 불화들을 자신들의 원당(원찰)에 걸어 놓고 흐뭇해 하며 내세를 위해 빌고 또 빌었다.

그러나 권문세족이 영화를 누리며 사는 것은 오래 계속되지 않았다. 원 간섭기를 지나면서 원나라를 통해 들어온 새로운 유학, 성리학의 가르침을 따르려는 젊은 학자 관료들이 늘어났다. 그들은 드넓은 농장을 소유하고 있는 권문세족과는 달리 시골에 작은 논밭을 가지고 있는 중소 지주 출신으로, '신흥 사대부'라고 불렸다.

신흥 사대부들은 권문세족이 원나라에 아부하면서 지나친 부와 권세를 누리고 국가의 재정을 갉아먹는 모습을 그냥 두고 볼 수 없었다. 권문세족과 결탁하여 타락해 가는 불교에 대해서도 비판의 날을 세웠다. 고려의 31대 임금인 공민왕(재위 1351~1374)은 신흥사대부들의 지지를 받으며 원나라의 간섭을 물리치고 권문세족을 억누르는 개혁 정치를 폈다.

공민왕의 개혁에 힘입어 고려는 원나라에 아부하며 고려 사람들을 억누르던 '부원배'들을 타도하고 원나라가 차지했던 땅도 되찾았다. 때마침 중국에서도 한족이 몽골 족이 세운 원나라를 북쪽으로 몰아내고 명나라를 세웠다.

공민왕은 원나라의 간섭은 어느 정도 제거했으나 고려 사회의 완전한 개혁은 이루지 못하고 숨졌다. 그 뒤에도 기득권을 지키려는 권문세족과 고려 사회를 바꾸려는 신흥 사대부 간의 투쟁은 계속되었다. 그리고 이 싸움의 최종 귀결은 바로 고려의 멸망과 조선의 건국이었다. 신흥사대부와 힘을 합친 장군 이성계(1355~1408)가 권문세족을 누르고 새로운 나라를 창건했던 것이다.

유학인 성리학을 신봉하는 사대부들의 나라, 조선이 세워지면서 고려 불화의 아름다움은 무대의 뒤편으로 사라졌다. 대부분의 고려 불화는 권문세족의 주문을 받아 그려졌고, 그들의 원당에 주로 걸렸다. 이처럼 고려 귀족을 위해 그려진 고려 불화들은 상당수가 일본으로 반출되어 오늘날 일본의 절에 걸려 있는 것이 많다.

　　세계 최고 수준의 종교 미술
품인 고려 불화가 고려 귀족과 일
본인의 품안에서 나와 우리 모두
의 사랑을 받아야 할 때이다.

〈지장보살도〉

고려 불화의 지장보살도 중 준수한 용모와 경건한
자태의 청년 보살을 잘 묘사한 걸작이나, 일본의
한 미술관에 보관되어 있다.

불교 사찰과 고려의 건축

유럽의 전통 있는 도시에는 대부분 하늘로 솟아오를 듯한 뾰족한 모양의 성당 건물이 있다. 서양에서는 돌을 사용하여 건물을 짓기 때문에 오랫동안 남아 있곤 하지만, 우리나라를 비롯한 동양에서는 불에 잘 타는 나무를 사용하여 건물을 짓기 때문에 건물이 오랫동안 남아 있기가 어렵다. 우리나라에 남아 있는 오래된 건물은 대부분 고려 시대에 지어진 것으로, 모두 산에 자리 잡고 있는 사찰의 건물이다.

해인사 장경판전

다양한 지붕 모양

맞배지붕

팔작지붕

우진각지붕

지붕 모양을 어떻게 할까

우리나라 전통 건축의 특징은 지붕 모양에서 나타난다. 고려 시대 건축물의 지붕 모양에는 맞배지붕과 팔작지붕이 있는데, 고려 시대를 대표하는 건물인 영주 부석사의 조사당은 맞배지붕, 무량수전은 팔작지붕을 하고 있다.

맞배지붕은 용마루와 내림마루만 있는 간단한 모양의 지붕으로, 마치 책을 거꾸로 엎어 놓은 모양처럼 보인다. 건물의 앞뒤에서만 지붕면이 보이고, 옆에서는 지붕의 테두리만 보인다. 선사 시대 움집에서 건물이 점점 지상으로 올라올 때부터 지금에 이르기까지 사용되고 있는, 가장 기본적인 지붕 양식이다.

팔작지붕은 용마루와 내림마루 외에 추녀마루가 좌우로 펼쳐진 모양의 지붕으로, 앞뒤에서 보면 갓을 쓴 모양처럼 보인다. 옆면에서 보면 사다리꼴 위에 맞배지붕의 측면을 올려놓은 듯한 모습을 하고 있다. 맞배지붕에 비해 지붕을 구성하는 목재가 더 많이 들어가 훨씬 화려하게 보인다.

우리나라 전통 건축의 지붕 모양에는 우진각지붕도 있다. 우진각지붕은 지붕 네 모서리의 추녀마루가 처마 끝에서부터 경사지게 오르면서 용마루에서 합쳐지는 모양이다. 앞뒤에서는 지붕이 사다리꼴 모양으로 보이고, 옆에서는 삼각형 모양으로 보인다. 현재 남아 있는 고려 시대 건물에서는 보이지 않지만, 조선 시대 성문이나 정자 등에 주로 사용되었다.

배 나온 기둥

부석사 무량수전의 기둥을 자세히 살펴보자. 위아래가 똑같이 고른 원기둥이 아니다. 기둥 윗부분을 기둥머리, 중간을 기둥허리, 밑부분을 기둥뿌리라고 부르는데, 무량수전의 기둥은 기둥뿌리부터 3분의 1 지점에서 직경이 가장 크고 위와 아래로 갈수록 직경을 줄이며 만든 배흘림기둥이다. 그리스, 로마 신전의 건물에서도 이런 기법을 사용했는데, 서양에서는 이를 엔타시스 기법이라고 한다. 북한에서는 배부른 기둥이라고 부른다.

왜 기둥의 배 부분을 봉긋하게 만들었을까? 기둥머리에서부터 기둥뿌리까지 직경이 고른 기둥을 세우면 우리 눈은 착시 현상을 일으켜 기둥 허리 부분이 상대적으로 가늘어 보인다. 짙은 빛의 기와를 얹어 더욱 육중해 보이는 지붕을 지탱하는 것이 기둥인데, 그 중간이 가늘게 보이면 보는 사람들은 시각적으로 불안을 느낀다. 그러므로 기둥 배 부분에 약간의 흘림을 주어 시각적으로 안정감을 주려 한 것이다. 배흘림기둥은 고구려 고분 벽화에서도 찾아볼 수 있을 정도로 오랫동안 우리나라 건축물에서 꾸준히 사용되어 왔다.

부석사 무량수전의 배흘림기둥(왼쪽)과 쌍계사 대웅전의 민흘림기둥(오른쪽)

지붕과 기둥을 잇는 방법

건물의 기둥 위에는 지붕의 처마를 받치기 위해 공포(拱包)를 놓았다. 공포는 기둥을 앞뒤, 좌우로 이어주는 창방과 들보를 연결하는 역할을 한다. 그리고 기둥의 무게를 분산시키는 역할과 함께 건물 전체를 화려하게 장식하는 역할도 한다. 공포를 어떻게 설치하느냐에 따라 건물의 인상이 달라지는데, 공포를 설치하는 전통적인 방식으로는 주심포 양식과 다포 양식이 있다.

주심포 양식이라는 것은 '공포'가 기둥 위에만 놓인 형태를 말한다. 즉 기둥이 4개 있으면 공포도 4개, 기둥이 6개 있으면 공포도 6개 있게 된다. 고려 시대의 건물은 주로 주심포 양식을 사용했는데, 조선 시대에도 종묘나 저택, 사찰의 부속 건물 등 외관이 간소한 건물에 주심포 양식을 사용했다.

다포 양식은 공포가 기둥 위뿐만 아니라, 기둥과 기둥 사이에도 설치되어 있는

수덕사 대웅전의 주심포 양식

봉정사 대웅전의 다포 양식

것을 말한다. '포가 기둥보다 많다'는 의미에서 '다포(多包)'라고 부른다. 다포 양식은 궁전의 성문이나 사찰의 법당 등 위엄이 있고 화려해야 할 건물에 주로 사용했다.

주심포 양식은 남송 때 화남 지방에서 유행하던 건축 양식이다. 고려 시대의 주심포 양식은 신라 때부터 전승된 주심포 형식을 바탕으로 남송의 기법을 응용한 것이다. 다포 양식은 중국 동북부에서 일어나 요나라, 금나라, 원나라 등에서 성행한 것이다. 원나라 공주들이 고려에 시집오면서 원나라에서 유행했던 다포 양식이 고려에서도 유행하게 되었다. 조선 시대에는 주심포와 다포 양식 둘 다 이용되었다. 궁전의 성문이나 사찰의 법당 등 위풍이 요구되고 화려해야 할 건물에는 다포 양식이, 간소한 외관으로도 충분한 종묘나 저택, 사찰의 부속 건물에는 주심포 양식이 사용되었다. 하지만 점차적으로 다포 양식이 일반화되는 경향을 띠어 갔다.

기둥과 처마를 잇는 방법

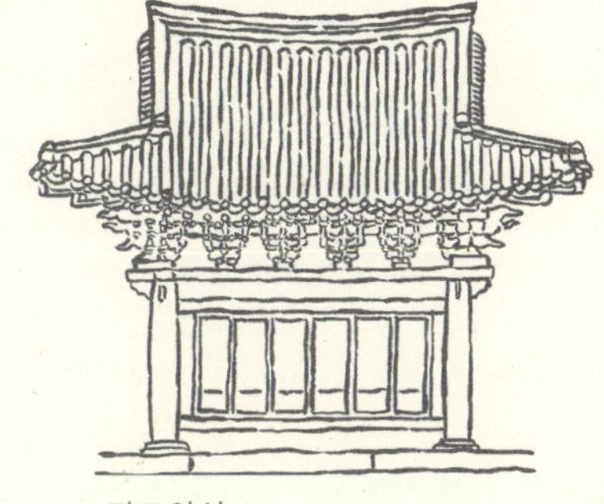

주심포 양식

다포 양식

4부 |

조선 시대 미술 시간

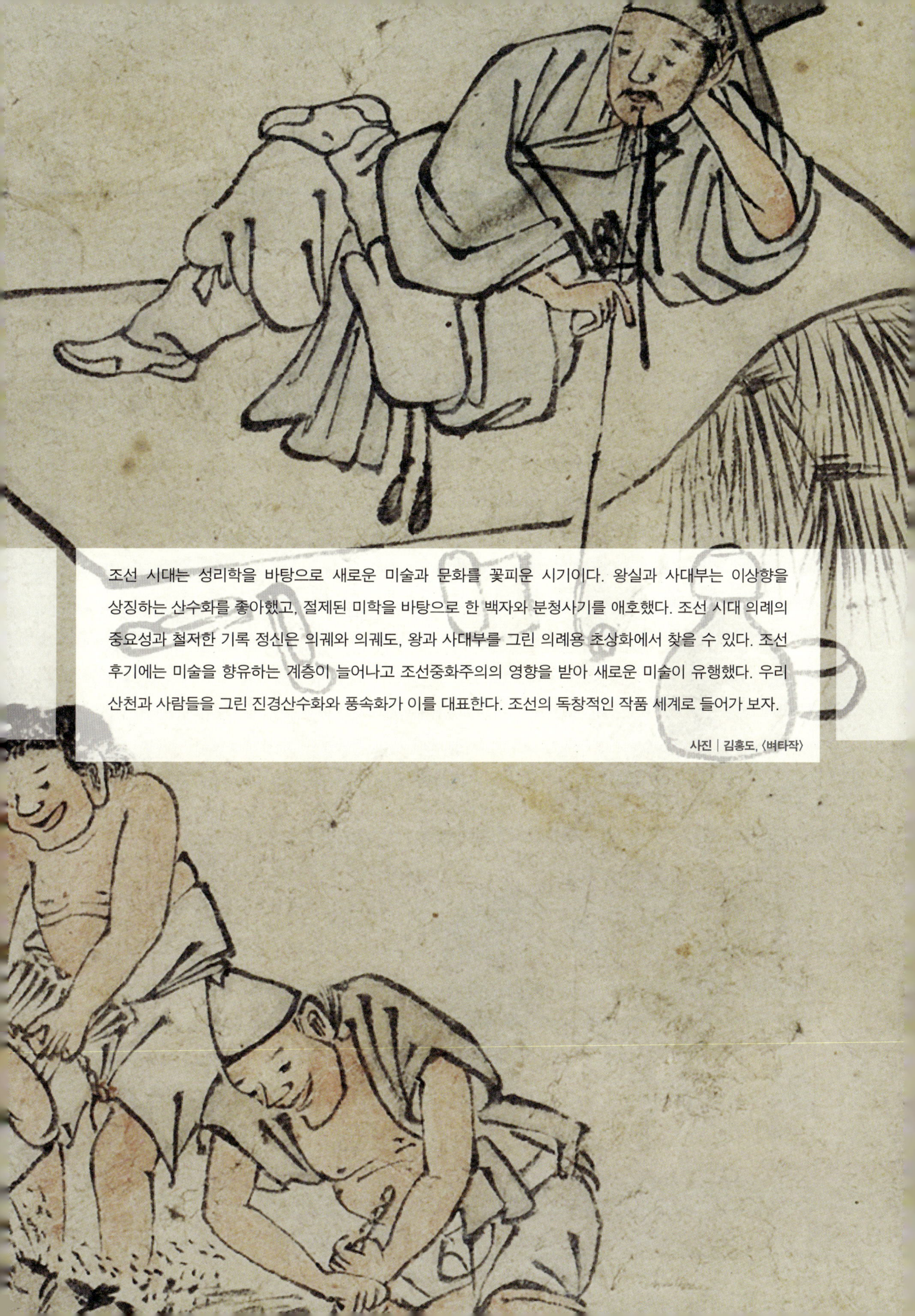

조선 시대는 성리학을 바탕으로 새로운 미술과 문화를 꽃피운 시기이다. 왕실과 사대부는 이상향을 상징하는 산수화를 좋아했고, 절제된 미학을 바탕으로 한 백자와 분청사기를 애호했다. 조선 시대 의례의 중요성과 철저한 기록 정신은 의궤와 의궤도, 왕과 사대부를 그린 의례용 초상화에서 찾을 수 있다. 조선 후기에는 미술을 향유하는 계층이 늘어나고 조선중화주의의 영향을 받아 새로운 미술이 유행했다. 우리 산천과 사람들을 그린 진경산수화와 풍속화가 이를 대표한다. 조선의 독창적인 작품 세계로 들어가 보자.

사진 | 김홍도, 〈벼타작〉

조선 전기 산수화와 선비의 이상향

조선 시대에 왕실과 함께 미술과 문화를 주도한 사람들은 유학 교육을 받은 사대부들이었다. 이들은 관직에 나아가 나라를 위해 일하지만, 마음으로는 자연을 벗 삼아 유유자적하는 생활을 동경했다. 중국의 유명한 풍경을 소재로 한 조선 전기의 산수화는 이들의 이상과 바람이 담긴 그림이다. 산수화를 감상하며 조선 선비의 정신세계로 들어가 보자.

안견이 그렸다고 전해지는 〈소상팔경도〉

선비들의 이상향을 그린 그림

조선 시대 사대부 문화의 발전과 함께 발달한 미술 형식으로 산수화를 빼놓을 수 없다. 기록에 의하면 산수화는 이전부터 그려졌지만, 본격적으로 발달한 것은 조선 시대부터이다. 현존하는 산수화 역시 대부분 이 시기에 제작된 것이다.

동아시아 회화 전통에서 산수화는 중요한 위치를 차지한다. 산수화에서 '산수(山水)'는 단순한 산과 물 이상의 의미가 있다. 이는 어지러운 세상과는 대비되는 이상적인 세계로, 오랜 세월에 걸쳐 신화와 유교, 도교 사상의 여러 요소가 복합적으로 작용하여 그 의미가 형성되었다. 중국에서도 산수는 사대부들이 가장 애호한 회화의 주제였다. 이들은 몸은 사회에 머물며 국가를 위해 봉사하지만, 마음은 자연을 벗 삼아 유유자적하는 생활을 동경했다. 산수화는 이러한 생각을 표현하고 간접적으로 자연을 접할 수 있게 해 주는 중요한 매체였다.

조선 초기에 제작된 산수화는 중국의 유명한 풍경과 글에 영감을 받은 그림이 큰 비중을 차지한다. 세종(재위 1418~1450) 때 활동한 화가인 안견(15세기 중엽 활동)이 그린 〈몽유도원도〉는 그 대표적인 예이다. 그림의 제목은 '꿈에 도원을 거닐다'라는 뜻으로, 안평 대군(1418~1453)[1]이 꿈에서 복사꽃 핀 마을을 거닐었다는 이야기를 소재로 한다. 여기서 '도원'은 중국 동진 시기의 시인인 도잠(365-427)의 『도화원기』에서 유래한 것으로, 모든 사람들이 평화로운 삶을 누리는 이상향을 뜻한다.

〈몽유도원도〉가 그려진 두루마리를 보면, 가장 앞쪽에 안평 대군의 시가 적혀 있고, 그 다음에 그림이 등장한다. 이어 그림이 제작된 배경을 설명하는 안평 대군의 발문이 있고, 그 다음에는 신숙주(1417~1475), 정인지(1396~1478), 박팽년(1417~1456) 등 당시 명사 21명이 쓴 찬시가 적혀 있다.

안견, 〈몽유도원도〉
왼편의 현실 세계와 오른편의 도원 세계가 대조를 이루고, 몇 개
의 경관이 독립되어 있으면서도 조화를 이루고 있다. 이 그림 뒤에
나오는 시문은 명사들의 친필로 되어 있어 서예사적으로 큰 가치
가 있다.

안평 대군의 발문에 의하면 안견은 〈몽유도원도〉를 사흘 만에 그렸다고 하는데, 이러한 내용이 믿기지 않을 정도로 그림이 섬세하고 완성도가 뛰어나다. 안견이 재현한 안평 대군 꿈속의 산수는 긴 두루마리에 가로로 길게 펼쳐져 있고, 일반적인 옛 그림과 달리 왼쪽에서 시작해서 오른쪽으로 전개된다. 따라서 감상을 위한 출발점은 작은 언덕이 있는 화면의 왼쪽으로, 기이하게 생긴 산악 사이로 난 길을 따라 오른쪽으로 가다 보면 높은 산봉우리 사이에 둘러싸인 넓은 공간을 만나게 된다. 이곳에는 분홍색 복사꽃이 가득 피어 있고, 사람이 없어 고요해 보이는 집이 몇 채 보인다. 왼편에 깎아지른 듯한 절벽의 산은 정면에서 본 모습으로 그렸다면, 도원은 위에서 내려다본 모습으로 그려 두 세계의 차이를 강조하고 있다.

안견의 산, 나무의 표현은 북송 시기의 대표적 화가 중 한 명인 곽희(11세기 활동)와 그의 추종자들의 표현 방식과 비교된다. 곽희의 대표작인 〈조춘도〉에서 보이는 구름 같은 모습의 산과 게의 집게발처럼 생긴 날카로운 나뭇가지에서 안견과의 유사점을 찾을 수 있다. 안견의 후원자였던 안평 대군의 서화 수집품 중에는 곽희의 작품이 17점에 이르러, 안견이 이를 관찰한 것을 바탕으로 자신만의 표현 방식을 창안한 것으로 보인다.

조선 전기의 산수화 중에는 '소상 팔경도'도 여러 점 전한다. 이는 중국

곽희, 〈조춘도〉

조춘(早春), 즉 '이른 봄'을 그린 그림이다. 눈이 녹아 내려 물이 흐르고 구름 같은 산과 바위, 날카로운 나뭇가지로 만물이 꿈틀거리는 시간을 표현했다.

후난 성의 동정호로 흘러들어 가는 소강과 상강이 만나
는 지점의 여덟 가지 풍경을 담은 그림이다. 예부터 중국
의 시인들은 그 주변 풍경의 아름다움을 시로 표현했고,
송나라 시기부터는 이곳의 여덟 가지 경치를 소재로 한
산수화가 그려지기 시작했다.

　우리나라에는 이미 고려 시대에 소상팔경도가 전해
졌지만, 현존하는 가장 오래된 소상팔경도는 조선 초기
의 것이다. 안견이 그렸다고 전해지는 〈소상팔경도〉는 전
체적으로 낭만적이고 아련한 분위기를 풍기며, 비, 눈, 기
러기, 달 등의 요소로 계절의 특징을 정형화하여 표현하
고 있다. 조선의 선비들은 소상팔경도를 볼 때, '사실성'
보다는 소상팔경이 대표적인 절경인 상징성과 이에 주
목한 중국 문인들의 전통을 보다 중시했을 것이다.

　안견이 그렸다고 전하는 또 다른 그림인 〈적벽도〉
역시 중국 문인의 전통을 소재로 한 그림이다. 오른편에
는 웅장한 느낌을 주는 산악, 나무, 폭포가 표현되어 있
고, 왼쪽 아래에 작게 배를 탄 채 풍경을 바라보는 인물
들이 표현되어 있다. 그중 검은 동파모를 쓴 인물이 송나
라의 대표 시인이자 '소동파'라는 이름으로 더 잘 알려진
소식(1037~1101)이다. 이를 보는 선비들은 누구나 소식
이 황저우에서 유배 생활을 할 때, 역사적인 전투가 있
었던 적벽 부근을 노닐면서 지은 그의 대표작『적벽부』
를 떠올렸을 것이다.

안견이 그렸다고 전해지는 〈소상팔경도〉
중국 송, 원나라 산수화 양식을 바탕으로 한 독창적인 양
식으로 중국의 절경 중 하나인 소강과 상강의 풍경을 그
렸다. 국립중앙박물관 소장.

안견이 그렸다고 전해지는 〈적벽도〉
조선 사대부가 존경했던 중국의 대표적인 시인인 소동파
가 적벽부에서 노니는 장면을 담고 있다. 국립중앙
박물관 소장.

183

유교의 사농공상[2]이라는 계급 의식에 따르면, 그림을 그리는 일은 상대적으로 천한 직업인 공에 해당한다. 그러나 사대부들은 그림을 즐겨 그렸다. 이들은 내면세계를 표현하고 자기를 수양하는 수단 중 하나로 그림을 그렸으며, 이는 생계를 위해 그림을 그리는 직업 화가와는 다르다고 인식했다. 그래서 시를 잘 짓고, 글씨를 잘 쓸 뿐만 아니라 그림을 잘 그리는 시·서·화 삼절(三絶)이 선비들 사이에서 이상적인 모델로 여겨졌다.

사실 시, 서예, 회화는 서로 밀접한 관련을 지닌다. 우선 서예와 회화는 오래전부터 하나의 연원이라고 여겨졌다. 둘 다 붓을 사용한 필치로 이루어진다는 점이 매우 닮았다. 현존하는 가장 오래된 중국 회화사 기록인 장언원의 『역대명화기』에는 "서예와 회화는 이름은 다르지만 하나이다."라는 구절이 등장한다. 또 소식은 당나라 때의 화가 왕유(자는 마힐)를 평하면서, "마힐의 시를 음미하면 그 속에 그림이 있고, 마힐의 그림을 보면 그 속에 시가 있다."라고 언급했다.

시·서·화 삼절의 이상은 조선 시대 선비들 사이에도 널리 퍼져 있었다. 조선 초기의 강희안(1417~1464)은 시·서·화 삼절로 일컬어진 인물 중 하나이다. 그의 집안은 4대에 걸쳐 정3품 이상의 당상관을 배출한 명문가이며, 어머니는 소헌 왕후의 동생이다. 강희안도 종2품 중추원 부사를 지냈는데, 글씨를 잘 써 활자 글씨본을 쓰기도 했고, 문장을 잘 해 『훈민정음해례』, 『용비어천가』 등의 편찬에도 참여했다. 〈고사관수도〉는 현존하는 그의 대표작으로, 큰 바위에 기대어 물을 바라보는 선비의 모습을 능숙한 필치로 묘사하고 있다. 실제 화면은 작은 편이지만, 활달한 필치로 표현된 바위, 풀, 물로 인해 커다란 풍경을 보는 것과 같은 느낌을 받는다. 자연을 벗 삼아 상념에 잠겨 있는 선비의 여유롭고 넉넉한 표정은 보는 이로 하여금 바쁜 속세를 벗어난 기분을 느끼게 한다.

김시(1524~1593)는 조선 중기에 활동한 선비 화가이다. 그의 부친인 김

강희안, 〈고사관수도〉

깎아지른 듯한 절벽을 배경으로, 바위 위에서 수면을 바라보는 선비의 모습을 묘사
했다. 필치가 활달하고 세련되어 사대부의 기품이 나타난다. 국립중앙박물관 소장.

김시, 〈한림제설도〉
조선 중기 산수화의 추상화 경향을 잘 보여 주는 산수화로, 왼쪽에 솟아 있는 기이한 산봉우리가 눈에 띤다.

전 이경윤, 〈고사탁족도〉
바위에 걸터앉아 바지를 걷어 올리고 물속에 발을 넣으려는 선비의 모습이 간략한 산수 배경 속에 그려져 있다. 이러한 그림은 세속을 떠나 자연 속에 묻혀 살고자 하는 조선 시대 사람들이 좋아하는 소재 중 하나였다.

안로(1481~1537)는 중종(재위 1506~1544) 때 좌의정까지 지낸 권신이다. 김안로는 문정 왕후(1501~1565)의 폐위를 기도하다 발각되어 체포되는데, 그날이 마침 김시가 열네 살의 나이로 장가드는 날이었다고 한다. 가문의 비극을 겪은 후 김시는 사포(司鋪)의 벼슬만을 했을 뿐 평생 과거에 응하지 않고 서화에 몰두하며 보냈다.

그가 그린 〈한림제설도〉는 눈이 그친 겨울 풍경을 담고 있다. 적막감이 느껴질 정도로 평화로운 겨울 풍경이 담담한 필치로 재현되어 있다. 오른편의 먼 산과 왼쪽에 불쑥 솟아 오른 기이한 산봉우리는 추상적으로 표현되어 있어, 현실 세계의 풍경이라기보다는 선비의 고매한 내면세계를 표현한 것이라는 인상을 받는다.

조선 중기에 활동한 사대부 화가로는 이경윤(1545-1611)이 있다. 그는 산수와 인물이 어우러진 '산수인물화'를 잘 그렸으며, 동물을 소재로 한 그림도 자주 그렸다고 전한다. 그의 작품은 전칭작(전하여 일컬어지는 작품)을 포함하여 여러 점 남아 있다. 그 중 『산수인물화첩』에 수록된 〈고사탁족도〉는 어지러운 세상을 벗어나 한가로이 발을 씻고 있는 선비의 모습을 간결하

면서도 품격 있게 묘사했다.

16세기는 성리학에 대한 이해가 깊어지면서 성리학을 집대성한 주희(1130~1200)가 머물렀던 '무이구곡'을 소재로 한 산수화가 유행하기 시작했다. 무이구곡은 중국 푸지엔 성에 위치한 무이산의 아홉 골짜기를 가리킨다. 주희는 1183년 이곳에 정사를 지었고, 이후 이곳에서 학문을 닦고 제자들을 양성하면서 여생을 보냈다. 성리학을 신봉한 조선 시대 사대부들, 그 중에서도 특히 사림파[2] 지식인에게 무이산은 성지이자 이상적인 자연이었다. 일부 학자를 중심으로는 이를 모방한 은거지가 만들어지기도 했다. 율곡 이이(1536~1584)의 고산구곡, 17세기 송시열(1607~1689)의 화양구곡, 김수증(1624~1701)의 곡운구곡, 권상하(1641~1721)의 황강구곡이 모두 그러한 예이다.

조선 시대 선비들은 화첩이나 두루마리에 그려진 '무이구곡도'를 통해 머나먼 중국 땅에 있는 무이구곡을 간접적으로나마 체험했다. 16세기의 대표작으로는 이성길의 〈무이구곡도〉를 꼽을 수 있다. 여기에는 1184년 주희가 지은 『무이도가』에 묘사된 첫 번째에서 아홉 번째 골짜기의 풍경이 긴 두루마리에 펼쳐져 있다.

고려 말 신흥 무인 세력인 이성계는 정도전 등의 혁명파 사대부와 손을 잡고 1392년 새로운 왕조 조선을 건국했다. 이들은 고려 말기 불교의 폐단에 비판적이었으며, 새 왕조의 정치적 이념으로 성리학을 내세웠다.

성리학은 중국 송나라 때 주희가 집대성한 유학의 한 학파이다. 성리학의 가장 큰 특징은 공자와 맹자의 사상에 철학적, 형이상학적인 논의를 더한 것으로, 이전의 유학에서 다루지 않던 인간의 근원적인 문제에 관심을 기울였다. 주희는 주돈이(1017~1073), 정호(1032~1085), 정이(1033~1077)의 학설을 바탕으로, 이(理), 기(氣), 성(性), 심(心)과 같은 개념을 보다 명료하게 정리했다.

성리학의 근본이 된 이기설(理氣說)은 우주가 형이상의 것인 이(理)와 형이하의 것인 기(氣)로 이루어져 있으며, 양자의 결합으로 만물이 생성된다고 본다. 주희는 인간에게서 본성[성(性)]은 곧 이(理)로, 이는 근본적으로 선하지만 기(氣)와의 불균형으로 한계가 있다고 보았다. 따라서 인간은 자신의 행동이 이(理)와 일치하도록 사물의 이치를 연구하고 자기 수양을 해야 한다고 주장했다. 주희는 또한 『대학』, 『논어』, 『맹자』, 『중용』의 사서에 새로운 주석을 달아 편찬했는데, 이는 이후 교육과 과거의 기본 교재로 자리 잡으면서 지대한 영향력을 갖게 되었다.

조선 초기에 성리학은 국가 운영과 사회 개혁의 바탕이 되는 이념으로 주목받았고, 16세기에는 그 사상에 대한 이해가 깊어지면서 철학적인 논의가 본격적으로 전개되었다.[3] 그리고 조선 왕조가 성리학을 신봉하고 불교를 억제하는 정책을 펴면서, 성리학은 조선 시대의 가장 영향력 있는 사상으로 대두되었다. 더불어 과거 합격이 관직에 진출할 수 있는 유일한 방법으로 정착하면서 유교 교육에 대한 관심이 높아졌고, 성균관, 향교, 서원을 통해 유교 교육이 확대되었다. 또한 서원을 중심으로 성리학에 대한 연구가 활성화

조선 시대 사랑방

전통 한옥에서 사랑방은 남자 주인을 위한 공간으로, 방 안의 목가구, 문방사우, 회화, 백자에는 선비의 취향이 잘 반영되어 있다.

되면서, 유학이 과거를 위한 것이 아닌 하나의 삶의 방식으로 자리 잡았다.

이와 같은 변화는 조선 시대의 문화에도 영향을 주었다. 당시 왕실과 더불어 새로운 문화를 주도한 세력은 사대부로, 이들은 유교적 사상과 이상을 기반으로 한 사대부 문화를 꽃피웠다. 전통 가옥에서 사랑방은 조선 시대 선비의 취향이 잘 나타난 공간으로, 이곳에 배치된 목가구, 문방사우, 회화, 백자는 모두 간결하고 절제된 아름다움이 특징이다. 이는 화려한 귀족 취향의 고려 시대의 미술과 대조된다.

조선 시대의 산수화는 성리학적 이상을 추구하는 사대부가 문화를 주도하면서 본격적으로 발달했다. 당시 산수화는 현실의 공간을 재현하기보다는 중국의 문인들 사이에 잘 알려진 명소나 이상화된 풍경을 소재로 했다. 이러한 산수화는 자연을 벗 삼아 유유자적하는 삶을 동경했던 선비들의 삶을 대변한 것이다.

189

02 백자 · 분청사기와 유교 문화

그릇에는 사용하는 사람의 생활이 그대로 담겨 있다. 조선 시대를 대표하는 분청사기와 백자는 흰색을 기본으로 한 색감과 절제된 문양으로, 검소와 정갈함을 중시한 조선의 왕실과 선비의 취향을 그대로 보여 준다. 분청사기는 청자에서 백자로의 이행 과정에 등장한 우리나라 특유의 도자기이며, 백자는 고도의 기술을 요하는 가장 높은 단계의 도자기로 조선 시대의 과학적 지식과 기술의 결과물이기도 하다. 분청사기와 백자의 아름다움에 흠뻑 취해 보자.

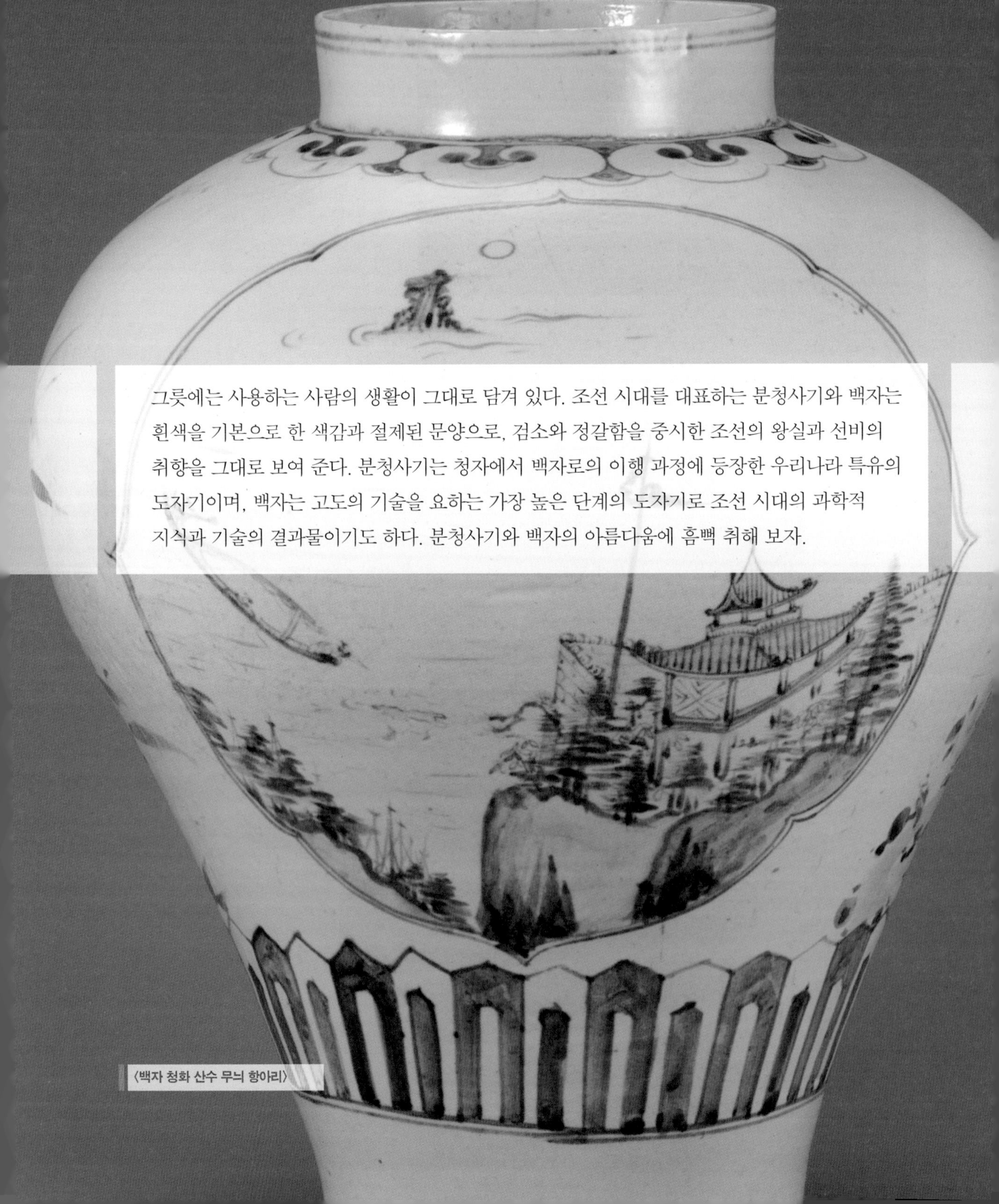

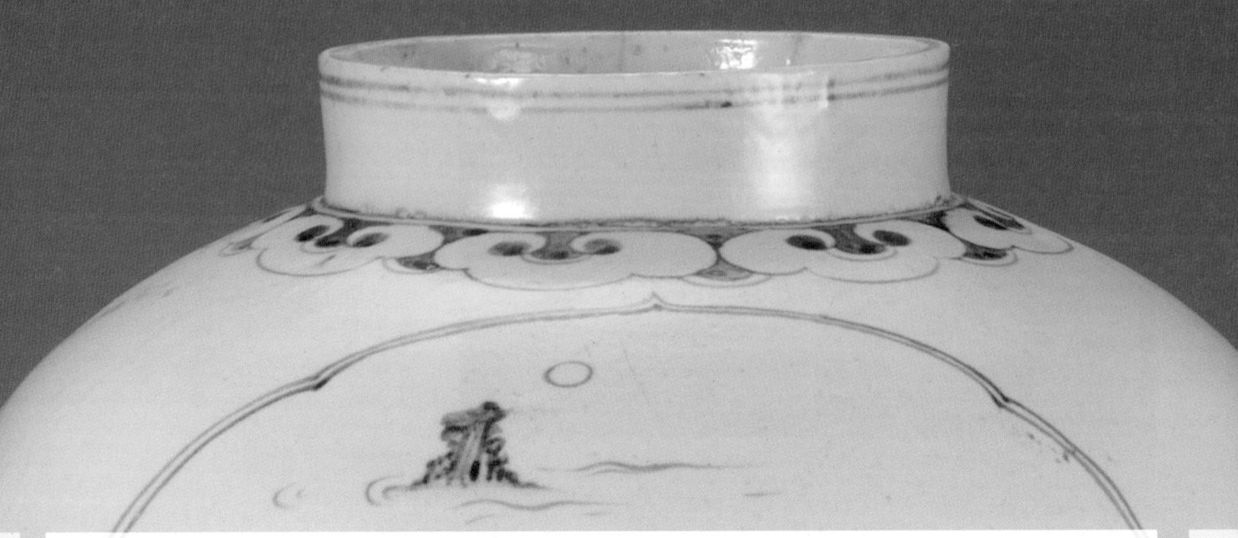

〈백자 청화 산수 무늬 항아리〉

　고려 시대가 막을 내리고 새로운 왕조 조선이 등장하면서 도자기에도 변화가 생겼다. 청자가 고유의 비색을 자랑했다면, 조선 시대 도자기의 가장 큰 특징은 '흰색'이 중시되었다는 점이다. 이 시기를 대표하는 도자기 중 하나인 분청사기는 청자와 동일한 회색의 흙으로 그릇을 만들지만 그 표면에 백토를 다양한 기법으로 입힌 것이다. 또한 조선 시대에 꽃을 피운 백자는 그야말로 백색의 흙인 백토로 만든 그릇이다. 백자의 흰색 표면에 코발트, 철, 동을 이용한 안료로 장식하기도 했지만, 이웃 중국이나 일본에서처럼 표면 전체에 색을 입힌 자기는 제작되지 않았다.

〈분청사기 인화 무늬 병〉
인화 무늬로 장식된 분청사기는 규칙적인 문양이 정돈된 느낌을 주어 왕실에서 크게 애호했다.

〈백자 병〉
장식이 없고 단순하면서도 우아한 백자는 유교를 근간으로 탄생한 조선 왕조의 철학과 미학을 보여 준다. 국립중앙박물관 소장. 보물 1054호.

백자는 단순히 취향의 변화로 제작될 수 있는 것이 아니며, 체계적인 과학적 지식과 고도의 기술을 필요로 한다. 우리나라는 중국과 더불어 백자를 가장 일찍 제작한 나라에 속한다. 백자를 만들 때에는 고령토 50퍼센트 이상에 석영, 장석 등이 함유된 태토를 사용하며, 이를 구울 때 온도는 섭씨 1,250~1,300도 이상에 이른다. 이렇게 만든 백자는 투습성이 낮고 강도는 높으며 가장 질이 높은 도자기인 것이다.

분청사기가 15~16세기의 한정된 기간 동안 제작되었다면, 백자는 조선 왕조 500여 년 동안 계속해서 만들어졌다. 학자들은 조선 시대에 백자가 특히 선호된 이유를 당시 국가 이념이자 지배층의 사상적 바탕이었던 성리학에서 찾는다. 조선 왕실과 사대부들은 유교적인 교육과 사상을 바탕으로 추구하게 된 청렴, 검소와 같은 가치를 단순하게 절제된 모습의 백자에서 발견했다. 기능에 충실한 간결한 형태와 우아한 백색을 자랑하는 백자는 왕실에서 사용되는 어기로 사용되기에, 또한 선비의 공간을 장식하기에 손색이 없었다. 성현(1439-1504)의『용재총화』에 의하면 세종 연간에 어기로 백자만을 썼다고 하며, 당시의 대표적 문신인 김종서(1390-1453)가 '백사기'를 칭송하는 글도 전한다.

조선의 지배층이 도자기를 중시하고 새 시대에 맞는 품격 있는 그릇을 만들려고 노력한 사실은 기록을 통해서 확인할 수 있다. 대표적인 예는 1454년 간행된『세종실록』「지리지」와 1481년 발간된『신증동국여지승람』의 기록이다. 여기에는 전국에 위치한 도자기 제작소인 자기소와 도기소를 조사한 결과가 자세히 수록되어 있다.『세종실록』「지리지」의 경우, 15세기 전반에 자기소가 139곳, 도기소가 185개가 있었음을 기록하고 있으며, 각 제작소에서 만들어진 도자기의 품질을 상, 중, 하로 평가하고 있다. 이러한 자료는 보다 질 좋은 도자기를 생산하고 이를 관리하기 위한 국가 정책을 수립하는 데 기반이 되었다.

　조선 시대를 대표하는 백자가 본격적으로 생산되기 이전에 왕실과 관청용으로 활발히 제작되던 도자기는 분청사기이다. '장흥고', '내섬시' 등 관청의 이름이 들어간 분청사기는 중앙에서 이러한 그릇을 주문 제작하여 사용했음을 보여 준다. 분청사기는 고려 말 상감 청자를 기반으로 발전한 유형으로, 우리나라 도자기의 역사에서 볼 때 청자에서 백자로 이행하는 과정에 등장한 유형이다. 제작 시기도 15~16세기로 한정되어 있다.

　분청사기라는 용어는 '분장회청사기'를 줄인 말로, '백토로 분장한 회청색의 사기'라는 뜻이다. 이는 근대 미술사학자인 고유섭(1905~1944)이 일제 강점기에 일본인들이 사용하던 미시마[三島]를 대체하기 위해 창안한 것이다.

　분청사기의 절정기는 세종 때(1419~1450)로, 이 시기에 그릇의 질과 장식 기법이 크게 발전했다. 그후 15세기 후반에는 조정에서 경기도 광주에 백자를 생산하는 가마를 운영하면서 분청사기의 수요가 감소하고 품질도 떨어졌다. 16세기 이후에는 우리나라에서 분청사기가 생산되지 않았지만, 임진왜란을 계기로 그 기술이 일본으로 전해져 일본의 다완(차를 마실 때 사용하는 사발) 생산에 영향을 주었다.

　분청사기는 장식 기법에 따라 크게 7가지로 구분된다. 다양한 장식 기법만큼 그 모습도 다양하여, 때로는 매우 세련되고 정제된 모습을, 때로는 자유분방하고 서민적인 분위기를 풍긴다. 장식

〈'장흥고'명 분청사기 인화 무늬 대접〉
조선 시대에 장흥고에서 사용하기 위해 만든 그릇으로, 대접 중앙에 '장흥고'라는 이름을 상감 기법을 사용하여 써 넣었다. 장흥고는 돗자리, 종이 등을 왕실에 대고 관리하는 관청이었다.

기법을 차례로 보면, 첫 번째 상감 기법은 상감 청자와의 관련성을 잘 보여 주는 기법이다. 표면에 선이나 면으로 문양을 판 후 여기에 백토를 새기거나 박아 넣어 문양이 두드러지게 한다.

두 번째는 인화 기법으로, 무늬를 새긴 도장을 사용하여 그릇 표면에 문양을 찍은 후 백토를 바르는 것이다. 앞에서 본 〈분청사기 인화 무늬 병〉은 도장을 빽빽이 찍어 표면의 흰색을 강조한 예로, 세련된 아름다움이 절정에 이른 인화 분청의 모습을 잘 보여 준다. 인화 기법으로 장식한 분청 중에는 관청, 생산지, 도자기를 만든 도공의 이름이 새겨진 예가 유난히 많다. 이는 조정이나 관청에서 사용하는 도자기의 품질을 국가에서 관리하기 위한 방법이었던 것으로 보인다.

세 번째는 박지 기법으로, 이는 백토를 표면에 바른 후 무늬 외의 부분을 긁어내어 회색을 바탕색으로 흰색 문양이 돋보이게 하는 방식이다. 네 번째 조화 기법은 선으로 무늬를 새기는 것으로, 박지 기법과 함께 사용되는 경우가 많다. 다섯 번째는 철화 기법으로, 백토로 분장을 한 후 철분이 많은 안료로 무늬를 그리는 방식이다. 흰 바탕에 짙은 갈색이나 검은색의 문양이 회화적으로 표현되며, 해학적이고 자유분방한 느낌을 전달하는 경우가 많다. 이와 같은 특징은 〈연꽃 물고기 무늬 병〉와 같은 작품에서 잘 볼 수 있다.

여섯 번째는 귀얄 기법이다. 귀얄은 돼지털이나 말총으로 만든 솔을 가리키는데, 귀얄 기법은 이를 사용하여 그릇 표면에 백토를 바르는 것이다. 이는 박지, 조화, 철화 기법을 사용할 때 그릇 표면에 백토를 입히는 방법으로 사용되기도 하지만, 다른 기법을 더하지 않고 이 기법만으로 표면을 장식한 예도 있다. 이 경우 솔 자국이 두드러져 추상적이면

〈연꽃 물고기 무늬 병〉
거대한 연꽃이 피어 있는 연못을 유유히 헤엄치고 있는 물고기를 향해 날아 내려온 새의 모습이 익살스럽게 표현되어 있다.

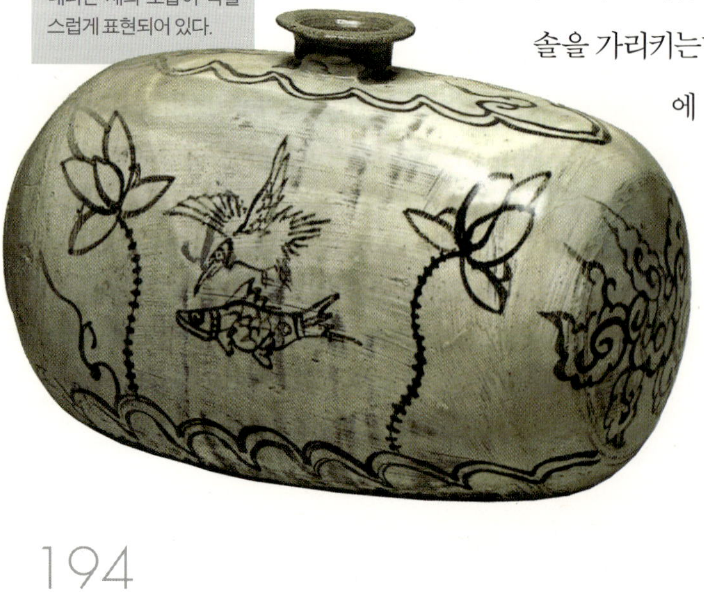

서 현대적인 느낌을 준다.

　　일곱 번째는 덤벙 기법으로, 백토 물에 그릇을 담가 표면에 백토를 입히는 방식이다. 마지막 두 기법은 다른 기법에 비해 늦은 시기에 유행했으며, 상대적으로 백색이 강조되어 백자로의 이행을 잘 보여 준다.

순백의 아름다움

　　15세기 후반부터는 조선 왕실에서 왕실용 백자를 직접 생산, 관리하기 시작했다. 이 임무를 맡은 기구는 왕실의 음식을 담당하던 사옹원의 분원이었다. 분원은 경기도 광주에 설치되었는데, 이는 『세종실록』「지리지」에 기록된 상품(上品)의 자기소가 있었던 곳 중 하나였다. 분원이 설치되기 이전부터 이미 우수한 자기가 생산되었을 뿐 아니라, 서울과의 거리가 가깝고 백토와 연료로 써야 할 나무가 풍부한 장점 때문에 선택된 것으로 보인다. 한편, 사옹원을 운영하는 도제조, 제조 등의 중요 직책은 왕실의 종친들이 맡는 경우가 많았다. 이로 인해 사옹원과 분원의 운영에는 자연스럽게 왕실의 의견이 반영되었다.

　　분원이 설치되면서 조선 백자가 본격적으로 생산되었다. 아무런 장식을 하지 않은 순백자가 주로 생산되었으며, 〈백자 반합〉은 단순한 기형과 우아한 빛깔이 어우러진 당시 백자의 특징을 잘 보여 준다. 이와 더불어 고려 시대에 유행한 상감 기법을 활용한 상감 백자가 15세기에 한정되어 제작되었다. 〈백자 연꽃·당초무늬 대접〉은 대접의 표면에 선으로 문양을 새기고, 가마에서 구우면 검은색을 띠게 되는 자토를 그 안에 넣은 것이다. 마치 붓으로 그린 듯한 무늬가 날렵하고 정교하게 표현되어 있다.

　　청화 백자는 코발트 안료를 사용하여 백자 표면에 문양을 그려 넣은 유

〈분청사기 귀얄 무늬 편병〉
귀얄을 사용하여 표면에 백토를 칠한 것으로, 붓자국이 그대로 남은 모습은 마치 현대의 추상 미술을 보는 듯하다.

〈백자 반합〉
절제와 검약을 미덕으로 삼
았던 왕실과 사대부는 이처
럼 형태와 빛깔 면에서 간결
하면서도 우아한 느낌을 주
는 그릇을 선호했다. 높은 굽
과 긴장감 있으면서도 풍성
한 느낌을 주는 모양, 눈이
부시도록 깨끗한 백색을 지
닌 조선 전기 백자의 걸작이
다. 보물 806호.

〈백자 연꽃·당초무늬 대접〉
조선 시대에 많지 않은 상감
백자로. 가는 음각선에 자토
를 넣어 당초무늬를 표현했
다. 국립중앙박물관 소장. 국
보 175호.

형으로, 백색과 청색이 아름답게 어우러진 모습을 띤다. 조선 초에 중국 명나라 사신이 가져온 도자기는 대부분 청화 백자였고, 이에 자극받아 조선에서도 청화 백자를 생산하기 시작한 것으로 보인다. 이때 코발트 안료는 중국을 통해 수입했는데, 워낙 고가였기 때문에 국내에서 이와 비슷한 색을 낼 수 있는 광물을 찾고자 노력하기도 했지만 성공하지 못했다.

조선 시대의 여러 기록에는 고가의 안료를 사용하여 만든 청화 백자의 사용을 법으로 금지하거나 이를 비판하는 상소가 남아 있어, 당시 유교적인 가치관에 따라 사치를 경계하고 검소함을 중시했던 사회적 분위기를 짐작할 수 있다. 『경국대전』에 의하면, 세조(재위 1455~1468) 때 술을 담는 그릇 이외에는 금, 은, 청화 백자를 사용하는 자는 엄벌에 처하며, 서민들은 남녀를 불문하고 청화 백자로 만든 술 그릇의 사용을 금한다는 내용이 전한다. 『성종실록』의 1475년 기록 중에는 사대부 집에서 날마다 사치를 일삼고 서로 다투어 아름다움을 자랑하는데, 그 가운데에서도 연회에서 중국에서 가져온 청화 백자가 아니면 사용하지 않아 사치 풍조가 팽배하여 그 폐단을 금할 것이 언급되어 있다. 역시 『성종실록』의 1477년 기록에는 세력 있는 부호들이 법을 무시하고 중국산 청화 자기를 다투어 사용하는 등 그 폐단이 극도에 달했으므로, 그 무역을 거듭 금한다는 내용이 남아 있다.

그럼에도 불구하고 청화 백자는 계속 인기가 있었던 것으로 보인다. 『승정원일기』 중 숙종(재위 1674~1720) 시기인 1701년의 기록에는 청화 백자가 없는 집이 없을 정도로 흔하다는 내용이 등장하며, 1702년 기록에는 청화 백자를 사용하는 사치스러운 풍속이 날로 성하여 오직 미관을 위하여 재화를 없애고 있는 당시의 풍조를 비판하는 내용이 보인다.

홍치 2년(1489)의 명문이 있는 〈'홍치 2년'명 소나무·대나무 무늬 항아리〉는 15세기의 대표작이다. 항아리의 표면은 소나무, 대나무 그림과 문양으로 빽빽이 채워져 있어 화려한 느낌을 준다. 그리고 소나무와 대나무를 그린 능

〈'홍치 2년'명 청화 백자
소나무·대나무 무늬
항아리〉
자신감 넘치는 필치로 표
현된 소나무와 대나무는
궁중의 화원 화가가 그렸
을 것으로 여겨진다. 국보
176호.

숙한 필치에서 화원 화가의 솜씨임을 짐작할 수 있다. '망우대(忘憂臺)'라는 글씨가 쓰여 있는 〈'망우대'명 청화 백자 접시〉는 앞서 본 항아리보다 여백을 많이 둔, 보다 한국적인 청화 백자의 예이다. 접시 한쪽에는 패랭이꽃이 피어 있고, 그 반대쪽에는 나비가 날고 있다. 접시의 가장자리에는 점을 찍어 장식했는데, 점의 농도가 일정하지 않아 자연스러운 느낌을 준다. 이렇게 여백이 강조되고 간결한 느낌의 한국적인 청화 백자는 조선 중기 이후 대세를 이루게 된다. 그 배경에는 코발트 안료가 고가인 점도 중요한 요인으로 작용했지만, 문양으로 도자기 표면 전체를 채워 화려함이 강조된 중국적 양식의 청화 백자보다는 절제미와 간결미가 느껴지는 양식이 검소함을 중요한 가치로 삼았던 조선 시대의 미적 감각에 잘 맞았던 것으로 보인다.

철화 백자는 그릇 표면에 철분이 많은 안료로 그림을 그려 장식한 것이다. 철화 백자는 조선 초부터 제작되었으며, 〈백자 철화 끈 무늬 병〉이 그 중 하나이다. 병의 목에서 대각선으로 내려 그은 선은 술병에 묶었던 끈을 재현한 듯하다. 이와 같이 간결하고 절제된 장식은 당시 백자를 선호한 사대부의 미감을 잘 보여 준다. 철화 백자는 17세기 이후에 더욱 활발히 제작되었다. 임진왜란 등을 겪으면서 경제적, 외교적 여건으로 인해 코발트가 구하기 어려워지자 청화 백자 생산이 위축되었고, 이를 대신할 도자기로 국내에서 쉽게 안료를 구할 수 있는 철화 백자가 대두되었기 때문이다. 〈백자 철화

〈'망우대'명 청화 백자 접시〉
여백을 많이 두고 서정적인 느낌이 강한 한국적인 청화 백자의 대표작이다. 보물 1057호.

〈백자 철화 끈 무늬 병〉
병을 묶었던 끈을 연상시키는 선을 그릇 표면에 그려 넣은 모습에서 제작자의 재치가 느껴진다. 국립중앙박물관 소장. 보물 1060호.

199

〈백자 복숭아 모양 연적〉
붉은색의 산화동 안료와 청색의 코발트 안료를 사용하여 복숭아 모양의 입체적인 형태가 돋보이도록 장식을 했다. 국립중앙박물관 소장.

포도무늬 항아리〉는 17세기의 대표작으로, 항아리 어깨에 다양한 농도로 그려진 포도 줄기, 잎, 포도의 모습은 당대 최고의 화가가 그린 포도 그림을 보는 듯하다. 청화, 철화 이외에 산화동 안료를 사용하여 붉은색을 더한 예도 있다. 〈백자 복숭아 모양 연적〉은 붉은색을 부분적으로 사용하여 복숭아의 탐스러운 모습을 강조했다.

백자 중에는 선비들의 시나 그들이 가까이한 산수화가 표현된 예가 있다. 〈시명 백자 청화 접시〉에는 다음과 같은 시가 적혀 있다. "달빛 차가운 대나무 계곡에 도연명이 취해 있고 / 꽃 시장의 향기로운 바람 속에 이백이 잠들었네 / 돌이켜 보면 세상사 정이 드는 것 같고 / 인간사 술을 마시지 않아도 술 취한 것 같네." 한편, 〈백자 청화 산수 무늬 항아리〉에는 조선 시대에 유행한 소상팔경도의 8풍경에 속하는 '동정추월(洞庭秋月)'과 '산시청람(山市靑嵐)'의 주제가 항아리 중간 부분의 동그란 화면에 그려져 있다. '동정추월'은 가을날 동정호에 달빛이 비친 풍경을, '산시청람'은 활기가 느껴지는 봄의 풍경을 담고 있다. 이러한 작품들은 당시 선비 문화의 일부가 된 도자기의 모습을 잘 보여 준다.

〈백자 청화 산수 무늬 항아리〉
'동정추월'의 주제를 그린 부분이다. 도자기 표면에 산수화를 그린 것을 보면 조선 시대에 산수화가 생활 속에 얼마나 깊숙이 들어와 있는지를 잘 알 수 있다. 국립중앙박물관 소장.

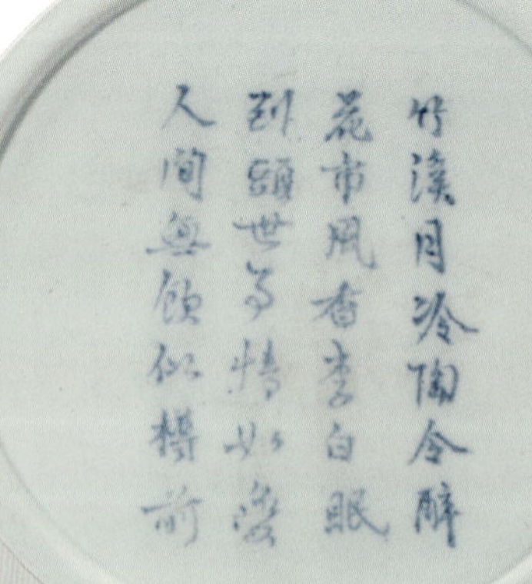

〈'시'명 백자 청화 접시〉
둥글고 납작한 접시에 청화 안료를 사용해 시를 써 넣었다. 국립중앙박물관 소장.

〈백자 철화 포도 무늬 항아리〉
포도나무를 주제로 한 폭의 그림을 보는 것처럼 품격 높은 장식이 돋보이는 항아리이다. 국보 107호.

백자는 엄격함과 우아한 모습으로 왕실의 품격을 상징했지만, 동시에 조선 시대 사람들의 익살과 해학을 엿볼 수 있다. 조선 백자의 독특한 기형인 달항아리[1]의 표면에 철화로 문양을 그려 장식한 〈백자 철화 구름·용무늬 항아리〉에는 용과 구름이 단순하면서도 익살스럽게 표현되어 있어 보는 이로 하여금 웃음을 짓게 한다. 〈백자 청화 까치·호랑이 무늬 항아리〉는 민화에서 애용된 주제인 까치와 호랑이의 모습으로 장식되어 있다. 눈을 잔뜩 치켜뜨고 있는 호랑이와, 소나무 가지에 앉아 긴장한 모습으로 호랑이를 마주보고 있는 까치의 모습이 실감나게 그려져 있다.

조선 시대의 도자기는 당시 최고의 과학, 기술, 심미안, 그리고 생활의 응축물이다. 고려 시대와는 다른 이상을 추구하며 창건된 조선 왕조의 지배층은 새로운 시대에 걸맞는 도자기를 생산하고자 노력했고, 이들이 선택한 백자는 500여 년 동안 지속적으로 제작되었다. 초기에는 상감 청자에 연원을 둔 분청사기가 활발히 제작되었으며, 그 다양한 장식 기법은 조선 시대 도공의 독창성을 잘 보여 준다. 15세기 후반 분원이 설치되면서 백자의 제작이 본격화되어 수준 높은 순백자, 청화 백자, 철화 백자가 제작되었다. 당시 도자기 중에는 시와 산수화가 그려진 예가 있어 선비 문화의 일면을 볼 수 있으며, 민화에서 보는 것과 같은 익살스러운 소재로 장식된 도자기에서는 조선 시대 사람들이 공유했던 해학을 엿볼 수 있다.

〈백자 철화 구름·용무늬 항아리〉
조선 시대에 용은 왕의 상징이기도 했으나, 이와 같은 항아리를 보면 다양한 계층에서 용무늬로 장식한 항아리를 사용했던 것으로 보인다. 구불거리는 수염을 날리며 하늘을 나는 용이 익살스럽게 표현되어 있다. 국립중앙박물관 소장.

〈백자 청화 까치·호랑이 무늬 항아리〉

민화에 자주 등장하는 호랑이와 까치가 도자기의 표면에도 등장한다. 서로를 노려보고 있는 모습이 실감나게 표현되었다. 국립경주박물관 소장.

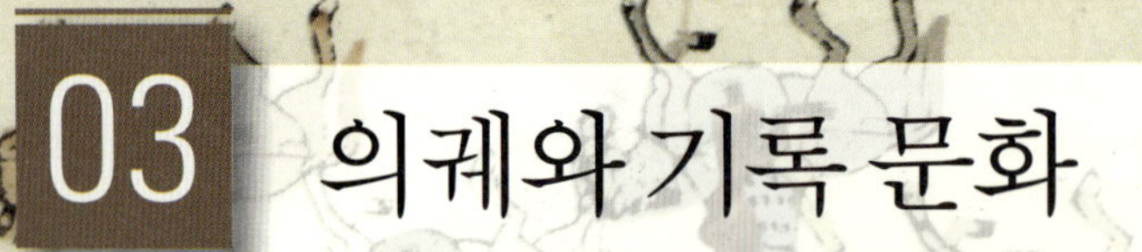

03 의궤와 기록 문화

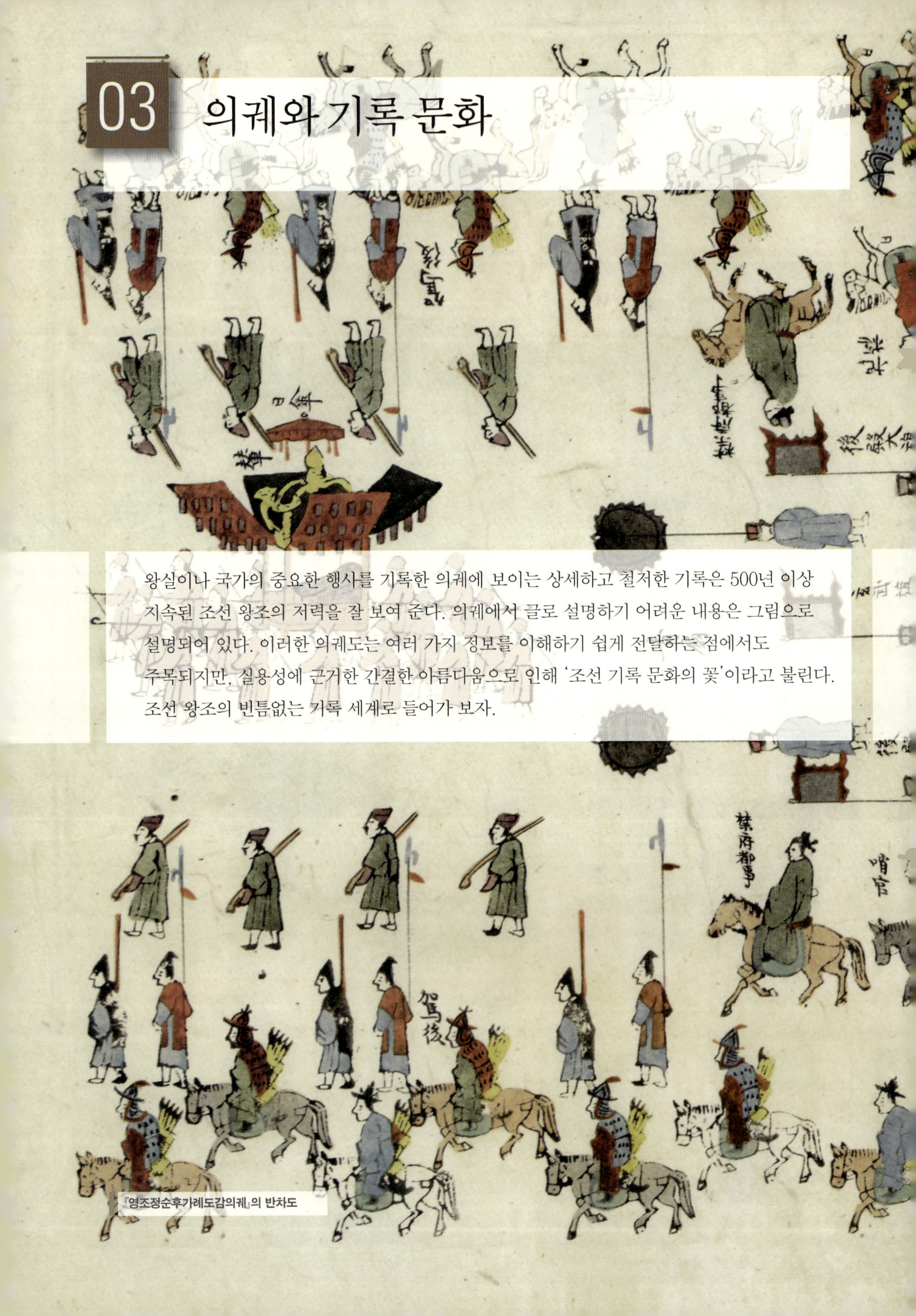

왕실이나 국가의 중요한 행사를 기록한 의궤에 보이는 상세하고 철저한 기록은 500년 이상
지속된 조선 왕조의 저력을 잘 보여 준다. 의궤에서 글로 설명하기 어려운 내용은 그림으로
설명되어 있다. 이러한 의궤도는 여러 가지 정보를 이해하기 쉽게 전달하는 점에서도
주목되지만, 실용성에 근거한 간결한 아름다움으로 인해 '조선 기록 문화의 꽃'이라고 불린다.
조선 왕조의 빈틈없는 기록 세계로 들어가 보자.

『영조정순후가례도감의궤』의 반차도

하나도 빼놓지 말고 기록하라

조선 시대의 기록이라고 하면 『조선왕조실록』[1]을 떠올리는 사람이 많을 것이다. 조정에서 일어난 일과 왕에게 보고된 내용을 모두 담고 있는 실록은 조선 시대 기록 문화의 정수라고 할 수 있다. 실록과 더불어 주목할 기록으로 '의궤'가 있다. 실록이 매일의 일을 기록했다면, 의궤는 왕실이나 국가의 중요한 행사와 관련된 내용을 기록한 것이다.

의궤(儀軌)는 '의례의 본보기'로 풀 수 있다. 불교 국가였던 고려를 멸하고 새로운 나라를 창건한 조선 왕조가 가장 먼저 착수한 일 중 하나는 국가의 모든 의례를 유교식으로 재정비하는 것이었다. 국가에서 지내던 의례를 '오례'라고 하는데, 이는 길(吉, 종묘와 사직의 제사), 가(嘉, 왕실의 혼인·세자 책봉 등), 빈(賓, 사신의 접대), 군(軍, 활쏘기·강무 의식), 흉(凶, 왕실의 장례)으로 이루어졌다.

의궤에 기록된 대표적인 행사는 세자나 왕비의 책봉, 왕실의 혼례와 장례가 있다. 또한 의궤에는 궁궐을 포함한 국가적으로 중요한 건축물, 역사를 기록한 실록을 비롯하여 악기, 도장, 어진(왕의 초상화)의 제작이 기록되었다.

의궤는 조선 초부터 제작되었다. 15~16세기의 것은 임진왜란 등의 전란으로 소실되어, 현존하는 가장 오래된 예는 1600년에 제작된 『의인왕후산릉도감의궤』이다. 18~19세기에는 의궤의 종류가 늘어나고 질적인 면에서도 향상된 모습을 보인다.

17세기 후반부터는 목판화가 부분적으로 도입되기 시작했다. 정조(재위 1777~1800)가 을묘년이었던 1795년

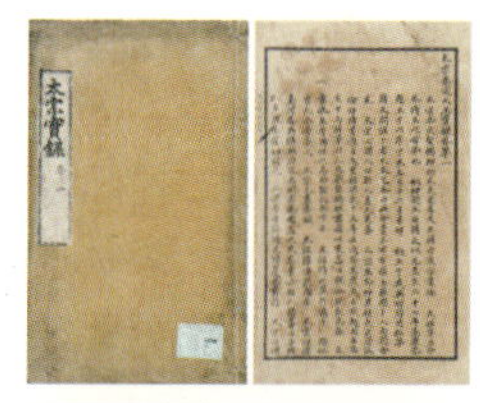

1 조선 태조 때부터 철종 때까지 25대 472년 동안의 역사적 사실을 연대순으로 기록한 사서이다. 사진은 3대 왕 태종(재위 1400~1418) 때의 역사를 기록한 『태종실록』이다. 국보 151호.

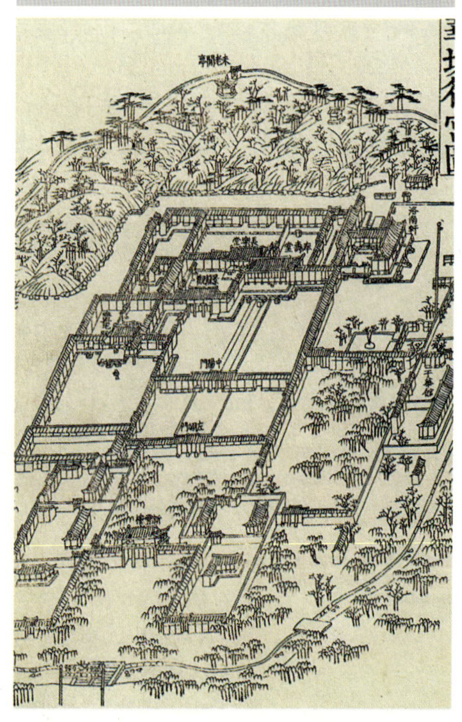

『원행을묘정리의궤』 중 〈화성행궁도〉
화성행궁의 건물 및 출입문 등이 위에서 내려다 본 모습으로 그려져 있다. 특히 정문 신풍루로 들어가 좌익문과 중양문을 거쳐 봉수당에 이르는 길이 한눈에 들어온다.

에 아버지 사도 세자(1735~1762)의 묘소인 현륭원에 행차한 내용을 담은 『원행을묘정리의궤』는 활자로 인쇄한 최초의 의궤이다. 『원행을묘정리의궤』를 널리 알리고자 하는 정조의 의도가 담겨 있다.

의궤에는 많은 글이 담겨 있다. 행사와 관련된 공문서, 국왕의 명령을 담은 문서, 행사가 준비되어 진행된 과정, 업무의 분장과 담당자 명단, 행사에 동원된 인원, 소요 물품, 경비, 유공자에 대한 포상은 모두 글로 기록되었다. 하지만 행사 시 인물의 배치, 건물의 모습, 사용된 물건의 모양 등은 글로 기록하기 어렵다. 따라서 의궤에는 많은 그림이 수록되어 있다.

의궤 속에 등장하는 그림을 '의궤도'라고 부른다. 의궤도 중에서 큰 비중을 차지하는 반차도(班次圖)는 행사 중 행렬 장면을 그린 그림이다. 여기에는 의식에 동원된 인원과 물건의 위치, 순서, 숫자 등이 상세하게 표현되어 있어 행사의 모습을 한눈에 파악할 수 있다.

영조(재위 1724~1776)와 정순 왕후(1745~1805)의 결혼식을 기록한 『영조 정순후가례도감의궤』의 반차도를 보면, 그 특징을 쉽게 알 수 있다. 배경이 전혀 없는 화면에 인물, 말, 기물이 간단명료하게 묘사되어 있고, 인물들은 위치에 따라 각기 다른 각도에서 본 모습으로 표현되었다. 즉, 아래의 인물들은 서 있고, 중앙의 일부 인물들은 뒷모습으로, 윗부분의 인물들은 거꾸로 서 있는 모습으로 그려져 있다. 공간을 2차원의 평면에 재현할 때 하나의 시점을 두는 방식에 익숙해져 있는 우리에게는 이상해 보이기도 한다. 그렇지만 공간을 사실적으로 재현한다면, 행렬하는 인물들이 서로 겹쳐서 각각의 위치가 정확하게 전달되지 않을 것이다. 그러니까 반차도의 이러한 표현은

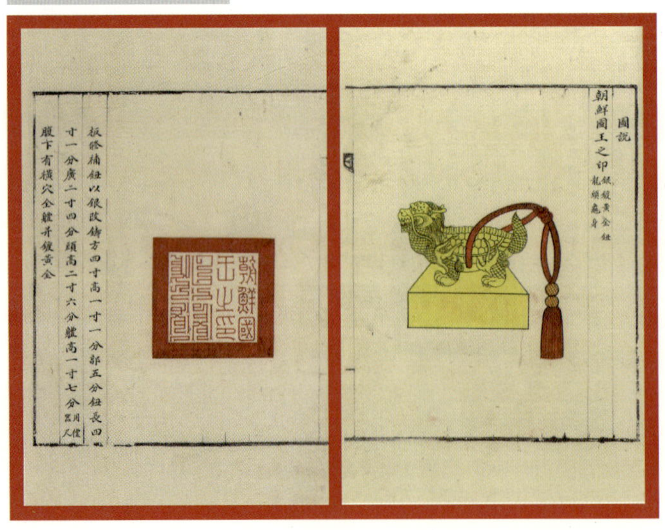

『보인소의궤』 중 〈조선국 왕지인 도설〉

1876년에 만들어진 11종의 보인 중 중국과의 외교 문서에 사용된 보인의 도설이다.

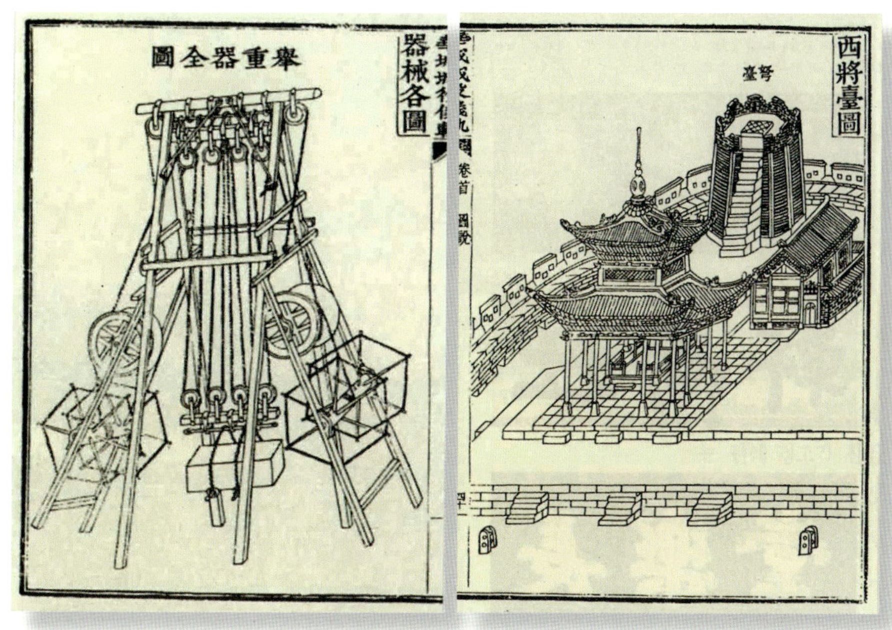

각 인물의 위치를 명료하게 전달하기 위해 채택된 방법인 것이다. 일부 인물과 기물 옆에는 직책과 명칭도 적혀 있어 행렬의 구성과 각 요소의 위치를 이해하는 데 도움을 준다.

의궤도 중 중요 건축물, 기물, 행사에 사용된 물품 등을 그림으로 설명한 것을 도설(圖說)이라고 부른다. 고종(재위 1863~1907) 때인 1876년 왕실과 관청에서 사용한 도장인 보인(寶印)의 제작을 기록한 『보인소의궤』에는 당시 새로 제작된 11종의 보인을 설명하는 도설이 담겨 있다. 도장의 모양, 색은 그림으로 설명하는 것이 훨씬 효과적인 것이어서, 이 의궤는 도설 부분이 유난히 큰 비중을 차지하는 것이 특징이다.

정조의 지시로 1794~1796년의 화성 성곽 공사에 대한 내용을 기록한 『화성성역의궤』는 문화적 부흥기인 18세기의 문화적 역량과 철저한 기록 정신이 반영된 의궤이다. 1801년(순조 1)에 발간된 이 의궤에는 사업의 일정과 담당자 이름을 비롯하여, 성곽 축조 사업에 대한 임금의 명령과 신하들의 보고, 실무와 관련된 문서, 참여한 장인들의 명단, 사업 경비의 예산과 결산이

207

『영조정순후가례도감의궤』 중
〈반차도〉

『영조정순후가례도감의궤』는 1759
년 6월에 있었던 영조와 정순 왕후 김
씨의 결혼식 과정을 기록한 의궤이다.
2권으로 만들어졌고, 왕실 결혼의 구
체적인 절차가 적혀 있다. 반차도는
46면에서 92면에 걸쳐 자세히 그려
졌다. 사진은 〈반차도〉 중 왕의 행차
에 해당하는 부분이다.

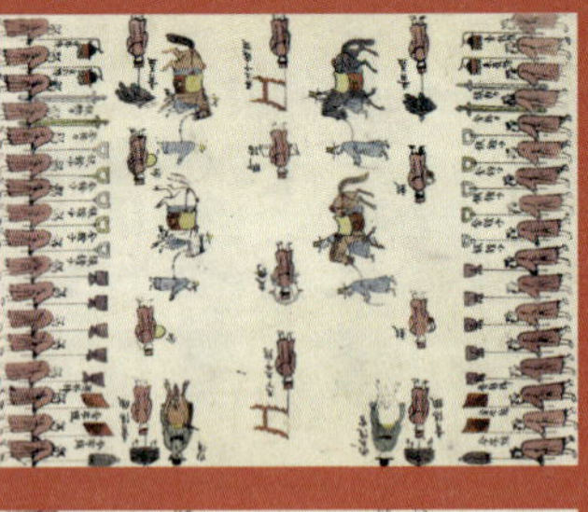
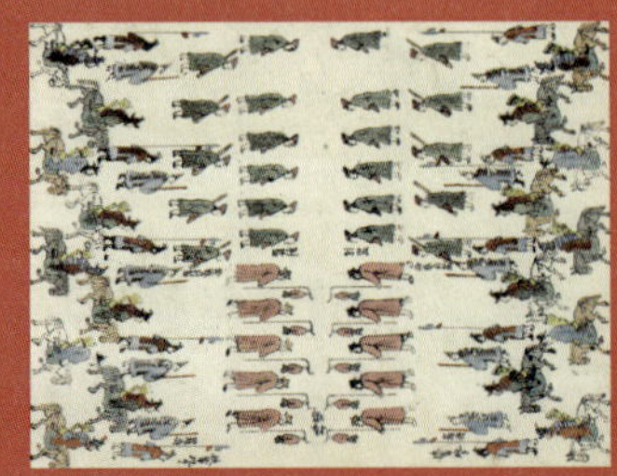

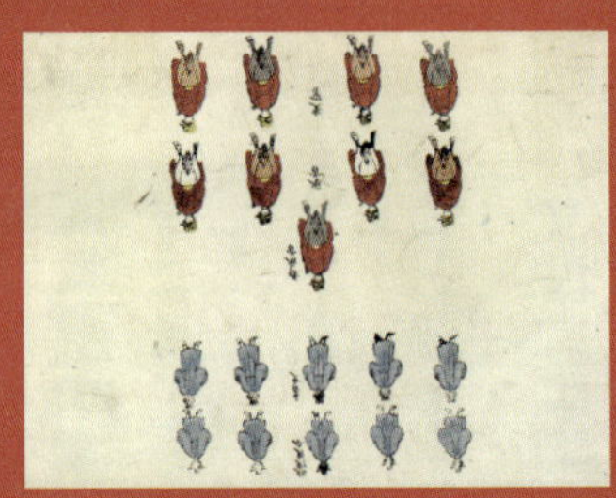

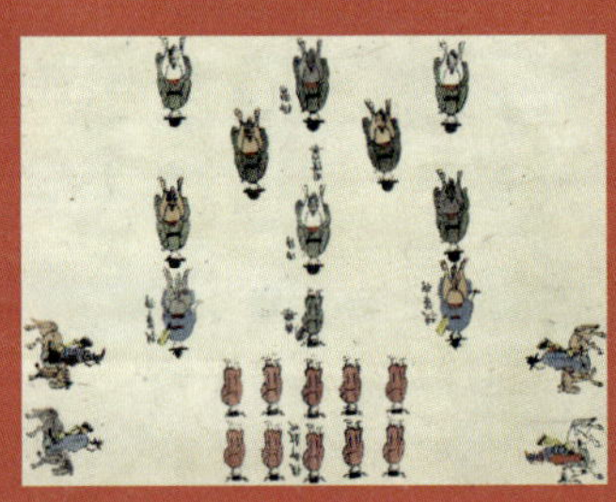

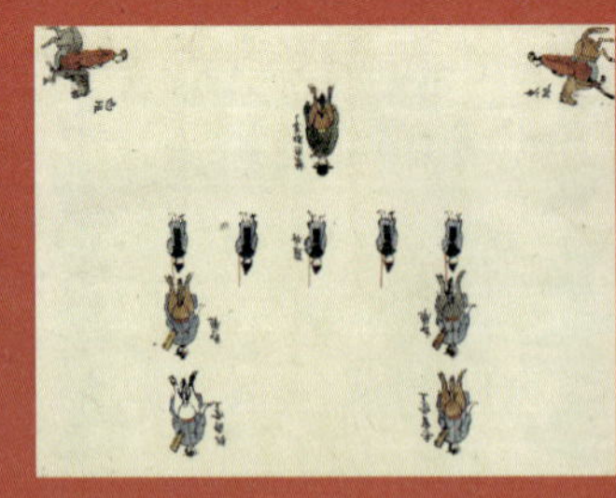
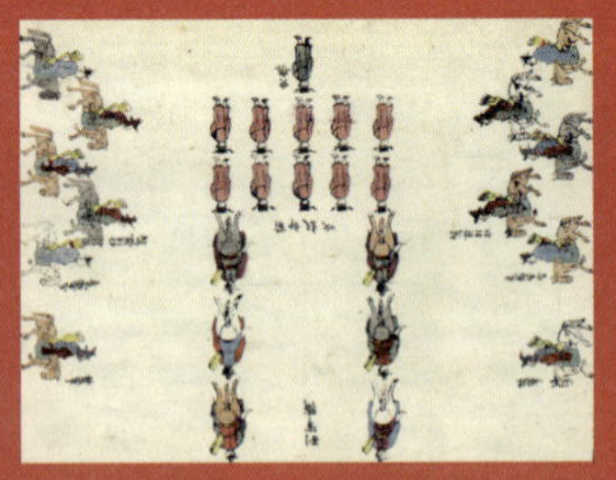

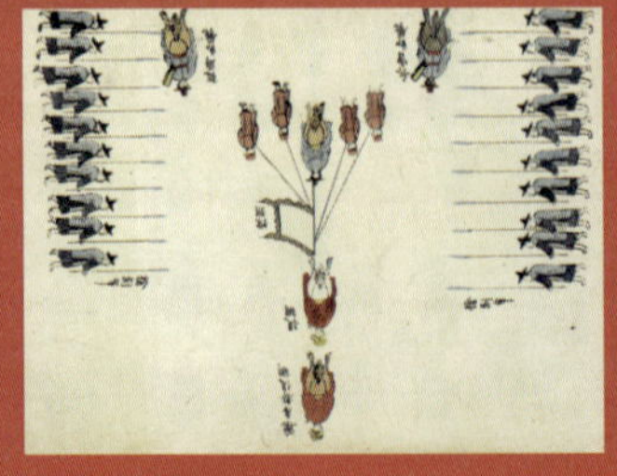

4부 | 조선 시대 미술 시간

자세히 수록되어 있다. 이에 따르면 연간 70여만 명의 인원이 동원되었으며, 80여만 냥의 비용이 소요되었다. 장인은 1,800명이 참여했는데, 그 중 목수 는 335명, 돌을 다루는 석수는 642명에 달했다. 더불어 의궤에 수록된 다양 한 도설은 주요 건축물과 당시 사용한 기기를 한눈에 볼 수 있도록 했다. 이 중 〈서장대도〉는 팔달산 정상에 설치된 군사 지휘소를 그린 것이며, 〈거중기 도〉는 정약용이 중국의 『기기도설』을 참고하여 만든 거중기를 그린 것으로 당시 도입된 새로운 서양식 과학 기술을 잘 보여 준다.

국가의 권위를 뒷받침하는 의궤

조선 시대에는 왕실이나 국가의 중요한 행사가 있을 때, 행사의 준비와 진행 과정을 기록하는 일을 하는 '도감(都監)'이라는 임시 기구가 설치되었다. 행사가 끝나면 관련 기록을 총괄하여 행사에 대한 종합적인 보고서인 의궤 가 제작되었다.

의궤 중에서 국왕이 친히 보기 위해 만들어진 것을 어람용(御覽用)이라 고 하고, 보관하기 위한 것은 분상용(分上用)이라고 한다. 국왕을 위한 것이라 는 점에서 쉽게 짐작할 수 있듯이, 어람용 의궤는 분상용 의궤보다 훨씬 고 급스럽게 만들어진 일종의 양장본이다. 질 좋은 종이를 사용하고, 테두리에 붉은색 선을 그려 장식하고, 호화로운 표지와 경첩으로 화려하게 만들었다.

어람용 의궤는 규장각이 설립된 후에는 주로 규장각에 보관되었으며, 1782년 강화도에 외규장각이 설치되면서 옮겨졌다. 외규장각에 보관되어 있 던 아름다운 어람용 의궤 297책은 1866년 병인양요[2] 때 프랑스에 약탈되어 현재 파리 국립도서관에 소장되어 있다. 이는 지난 수년 동안 우리나라가 반 환을 위해 노력하고 있는 대표적인 문화재이다. 의궤는 현재 일본 궁내청, 서 울대학교 규장각, 한국학중앙연구원 장서각에도 보관되어 있다.

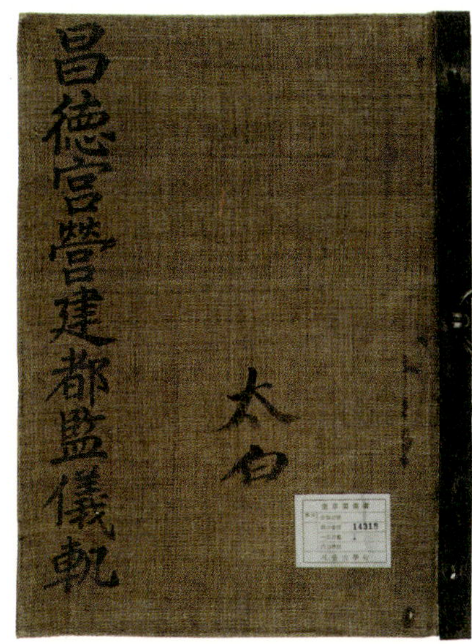

『영희전영건도감의궤』(왼쪽)

1900년(고종 37)에 영희전을 영건한 과정을 기록한 의궤이다. 어람용 의궤로, 화려하고 고급스럽다.

『창덕궁영건도감의궤』(오른쪽)

1833년(순조 33)부터 다음 해까지 진행된 창덕궁의 보수 공사 과정을 기록한 분상용 의궤이다.

분상용 의궤는 여러 곳에 나누어 보관되었다. 예조, 공조와 같은 관련 기관을 비롯하여 서울과 지방에 위치한 사고(史庫)에 보관되었다.

국가의 행사를 기록해 두면 여러 가지 면에서 유용하다. 우선 같거나 비슷한 행사를 다시 준비할 때 중요한 자료가 된다. 또한 행사의 주체, 참여자, 수행자를 기념하는 동시에 책임감을 갖게 한다. 그리고 기록은 이를 공유하는 집단에게 공통의 '기억'을 만드는 역할을 하기 때문에, 행사가 의도한 정치적, 사회적 의미를 부각시킬 수 있다.

조선 시대에 의궤를 만든 목적도 마찬가지이다. 궁중의 중요한 행사에 대한 기록은 후대에 동일한 행사를 준비할 때 귀중한 자료가 되었다. 또한 모든 것이 상세하게 기록된다는 사실을 인식할 때, 행사의 주체는 보다 큰 책임감을 느꼈을 것이다. 특히 국가 행사에는 많은 경비가 소요되는 만큼, 철저한 기록은 국가 재정의 낭비를 막을 수 있는 장치 역할을 했다. 동시에 행사가 전달하고자 하는 정치적, 사회적 의미는 객관화된 사실이 되어 왕실과 국가의 권위를 유지하는 하나의 장치로 기능했다.

04 초상화와 조선의 인간관

조선 시대에는 왕, 공신, 사대부, 승려, 여인을 소재로 한 초상화가 활발히 제작되었다.
대부분의 초상화는 복식과 의자 등의 주변 소품을 통해 사회적인 신분과 권위를 나타내는
정형화된 모습을 띠지만, 얼굴의 세밀한 표현에는 인물의 정신세계와 인품이 드러난다. 더불어
몇 안 되는 자화상은 당시 지식인의 자의식과 생각을 표현하는 수단으로 사용되기도 했다.
초상화를 통해 조선 시대 사람들을 만나 보자.

윤두서, 〈자화상〉

우리나라 초상화의 시작

초상화는 인물화의 한 종류로, 특정 인물을 독립된 주제로 그린 그림이다. 우리나라 초상화의 역사는 삼국 시대로 거슬러 올라간다. 현존하는 가장 오래된 초상화는 고구려 무덤에서 찾아볼 수 있는데, 무덤에 묻힌 이의 생전 모습이 벽화로 표현되어 있다. 그중 안악 3호 무덤은 연대가 가장 오래된 무덤으로(357년), 여기에는 고국원왕(재위 331 ~371)이라고 생각되는 무덤 주인과 그의 부인이 각각 다른 벽에 그려져 있다. 남자 무덤 주인은 화려한 장막을 배경으로 정면을 향해 앉아 있다.

고려 시대에는 왕, 공신, 사대부, 승려를 포함한 다양한 인물을 소재로 초상화가 제작되었다. 기록으로 전하는 초상화에 비해 남아 있는 작품의 수는 적은데, 고려 말의 사대부 안향(1243~1306)을 그린 초상화가 그중 하나이다. 안향을 반신상으로 표현한 이 초상화에는 윗부분에 글이 남아 있는데, 1318년 충숙왕(재위 1313~1330, 1332~1339)이 학교를 세운 안향의 공로를 기념하며 문묘(공자를 모신 사당)에 모시기 위해 그리도록 한 것이다.

현재 우리가 볼 수 있는 전통 시대의 초상화는 대부분 조선 시대에 제작된 것이다. 왕을 그린 어진을 비롯하여 공신, 사대부, 여인, 승려를 소재로 한 다양한 그림이 전한다. 이 중 가장 큰 비중을 차지하는 것은 조선 시대에 중시된 유교적 덕목을 갖춘 공신과 사대부의 초상이다.

옛 기록을 보면, 초상화를 일컬을 때 '진(眞)', '영(影)',

안악 3호분의 무덤 주인 초상

고국원왕으로 추정되는 묘주의 초상으로, 머리에는 백라관을 쓰고 손에는 부채를 들고 있다.

〈안향 초상〉

고려 시대의 대표적인 사대부인 안향의 초상으로, 문묘 안치용으로 제작된 것이다. 국립중앙박물관 소장. 국보 111호.

213

'상(像)', '사진(寫眞)', '진영(眞影)'과 같은 용어가 사용되었다. 이러한 단어 중에는 '진'이라는 글자가 자주 등장하여, 당시 사람들은 초상화를 묘사 대상의 '참' 모습을 담는 것으로 인식하고 있었음을 알 수 있다.

그런데 우리가 조선 시대 초상화를 볼 때 그것이 '사실적'이라는 생각이 즉각 들지는 않는다. 서양화법에 바탕을 둔 미술 교육과 사진에 길들여진 우리에게 그 표현 방식은 다소 낯설게 느껴진다. 얼굴 부분은 눈썹, 머리카락, 수염을 비롯하여 살결까지 자세히 묘사한 반면, 나머지 신체 부위는 상대적으로 대담하고 간략하게 표현되어 있다. 그렇다면 조선시대 사람들이 생각한 인물의 '참' 모습은 어떤 것이었을까?

전통적으로 동양 회화에서는 인물을 그릴 때 '전신(傳神)'이 중시되었다. 이 개념은 중국 동진 시기의 대표적인 화가인 고개지가 언급한 '전신사조'를 줄인 말로, 인물을 그릴 때 그 정신을 전달해야 한다는 것을 의미한다. 다시 말해서 한 인물의 모습을 재현할 때, 외형 묘사에 그치지 않고 그 사람의 인격과 정신세계가 드러나도록 해야 한다는 것이다. 우리나라에서도 초상화 자체를 '전신'이라고 칭하기도 했는데, 이러한 목표가 얼마나 중시되었는지 알 수 있다. 그리고 당시에는 인물의 '참' 모습을 외양보다는 정신에서 찾았

조선 시대에 가장 많이 그려진 사대부 초상의 하나이다. 얼굴은 세필로 자세히 묘사했으며, 몸을 덮는 두꺼운 관복은 상대적으로 단순하게 표현되어 있다. 국립중앙박물관 소장.

음을 알 수 있다.

오늘날에는 누구나 초상화를 그릴 수 있지만, 조선 시대에는 그렇지 않았다. 남아 있는 작품을 보면 피사체로 등장하는 사람은 왕처럼 사회적으로 높은 지위를 가졌거나 학식 높은 선비처럼 고매한 인품을 소유했던 인물이다. 더욱이 이러한 그림은 진전[1]이나 영당[2]과 같은 곳에 모셔진 경우가 많았다. 이러한 점을 고려할 때, 전신이 중시되었던 맥락을 쉽게 이해할 수 있다. 각 인물은 존중되어야 하는 지위나 존경할 만한 덕목을 지녔기에 초상화에 등장할 수 있었고, 따라서 초상화는 각 인물이 지닌 그러한 특징이 잘 드러나도록 그리는 것이 중요했다.

왕과 사대부의 초상화

조선의 창건을 상징하는 초상화로는 우선 태조(재위 1392~1398) 어진을 꼽을 수 있다. 어진은 임금의 초상화를 칭하는 말로, 진전에 봉안되었다. 조선 왕조의 창시자인 태조의 어진을 모시는 진전은 6곳이나 되었다고 한다.

현재 남아 있는 〈태조 어진〉은 전주 경기전에 전하는 것 1본뿐이다. 이는 고종 9년(1872)에 이전의 것을 바탕으로 새로 그린 것이지만, 조선 초 어진의 모습을 간직하고 있다고 여겨진다. 익선관을 쓰고 곤룡포를 입은 채 정면을 바라보고 있는 태조는 마치 얼어붙은 듯이 정지된 모습으로 표현되어 있어, 시간을 초월하여 영원할 것 같은 느낌을 준다. 배경으로 등장하는 화려한 카펫과 용 장식이 있는 의자는 태조의 권위를 강조하는 역할을 한다. 전체적으로 태조의 어진은 명나라 태조의 어진과 유사한 구도와 표현 방식을 보인다. 당시 조선이 사대주의를 바탕으로 명의 체제를 본보기로 삼았던 상황을 엿볼 수 있다.

어진과 같은 공식적인 초상화로는 공신의 초상화가 있다. 공신은 나라

〈태조 어진〉

전주 경기전에 전하는 태조 어진으로, 조선 초의 것을 바탕으로 1872년에 새로 그린 것이다.

에 공을 세워 공신의 칭호를 받은 인물로, 이들을 그린 초상화는 국가에서 만든 전각에 봉안되어 다른 사람들에게 귀감이 되도록 했다. 조선 시대에는 조정에 공신 관련 업무를 담당하는 기관이 따로 설치되었고, 개국을 비롯하여 반정, 왜란, 호란 등을 계기로 총 28회에 걸쳐 공신의 칭호가 내려졌다. 일반적으로 공신의 초상화는 2본이 만들어져 1본은 국가에서 만든 봉안용 전각에, 다른 1본은 종손에 의해 보관되었다.

조선 전기의 공신 초상화로는 〈신숙주 초상〉을 들 수 있다. 신숙주(1417~1475)는 세종에서 성종(재위 1469~1494)까지 여섯 왕을 모신 뛰어난 문신으로, 네 차례에 걸쳐 공신의 칭호를 받았다. 이 초상화는 세조(재위 1455~1468) 재위기에 그려진 것이다. 신숙주는 수양 대군의 사신으로 명나라에 갈 때 그를 동행하면서 수양 대군의 사람이 되었다. 이후 수양 대군이 12세의 어린 나이로 왕위에 오른 조카 단종(재위 1452~1455)을 폐하는 계유정난(1453)을 일으키고 왕위에 올랐을 때, 신숙주는 계속해서 수양 대군을 지지했다. 이로 인해 후대 사람들은 신숙주를 단종에 대한 충절을 지킨 사육신, 생육신과 대조되는 대표적인 인물로 인식하기도 했다.

이 초상화는 계유정난 당시의 공을 인정받아 문관 2품에 올랐을 때의 신숙주의 모습을 담고 있다. 이 그림은 흉배를 단 관복이 등장하는 가장 오래된 초상화이기도 하다. 조선 시대에는 단종과 세조 재위기에 중국 명나라의 흉배 제도를 받아들여 관복 제도를 정비했다. 명나라에서는 문관의 경우 정1, 2품이 학이고, 정3품이 공작, 정4품이 기러기였는데, 조선에서는 여기에서 2단계를 낮추어 정1품이 공작을, 정2품이 기러기를 흉배 장식으로 사용했다. 이 역시 사대사상에 기인한 것이다. 이 초상화에서 신숙주는 2품에 해당하는 기러기 흉배를 달고 있다.

빳빳해 보이는 관복이 다소 어색하게 표현되었지만,

〈신숙주 초상〉
조선 전기의 공신 초상화로, 어색한 자세와 과장된 관복의 윤곽선에서 전기 초상화의 특징을 볼 수 있다. 보물 613호.

217

주인공의 신분과 권위를 드러내는 데는 손색이 없다. 이러한 초상화는 훼손이 되면 보수하여 사용했는데, 〈신숙주 초상〉의 얼굴에 표현된 음영은 후대에 더한 부분이다.

　　조선 전기에 비해 조선 후기 초상화는 훨씬 많이 남아 있으며, 기술적으로도 발전된 모습을 보여 준다. 조선 후기에 그려진 영조의 어진은 고종 광무 4년(1900)에 다시 그린 것이다. 앞에서 본 장식적인 배경에 정지한 자세로 등장한 태조와는 사뭇 다른 모습이다. 몸을 왼쪽으로 약간 돌린 자세를 취한 반신상으로 표현되었으며, 카펫이나 의자와 같은 배경은 생략되었다. 치켜 올라간 눈매와 날카로운 콧날, 세밀한 수염이 예리하게 묘사되어 인물의 개성과 인품이 훨씬 잘 드러난다. 문화 부흥기를 이끈 영조의 영민함과 당시 활동한 화가들의 뛰어난 실력을 잘 볼 수 있다.

　　이 시기에 그려진 초상화 중에는 공신의 초상화와 같이 기념적인 성격을 지니는 기로도상이 있다. '기로(耆老)'는 60세 또는 70세 이상이면서 높은 관직을 지냈으며 후대에 귀감이 될 만한 인품과 덕을 지닌 인물을 가리킨다. 조선 시대에는 태조 3년(1394)에 기로소가 공식적인 관청으로 설치되었다. 이와 관련된 중요한 행사는 글과 그림으로 기록되었는데, '기로도상'은 행사에 참석한 기로소의 구성원을 그린 초상화를 가리킨다.

　　현존하는 기로도상 중 가장 오래된 것은 『기사계첩』에 남아 있다. 이는 숙종 45년(1719)에 있었던 계회를 기념하여 만든 것으로, 10인의 초상화가 수록되어 있다. 그중 〈신임 초상〉를 보면, 얼굴을 약간 돌리고 있음에도 불구하고 두 눈은 모두 정면을 바라보고 있어, 정형화된 인물 표현 방식을 사용했음을 알 수 있다. 그렇지만 눈가의 주름, 얼굴의 검은 반점, 수염, 또렷한 눈매를 통해 인물의 개성과 성품이 뚜렷이 드러나도록 했다. 흉배에는 학이 2마리 등장한다. 학은 명나라 1,2품의 관복 흉배에 등장하는 것으로 조선 전기에는 사용하지 않았지만, 18세기에는 학을 모든 관직의 흉배에 사용하는 새로운 관복 체제가 자리를 잡았다.

16세기부터 서원이 발달하면서 선현을 모시고 제사를 지내는 사당이 많이 건립되었고, 이에 따라 사당에 모시기 위한 초상화도 활발히 제작되었다. 송시열(1607~1689)은 율곡 이이의 학통을 계승한 주자학의 대가로, 그의 문하에서 많은 인재가 배출되었다. 송시열의 초상화는 청주의 화양서원, 수원의 매곡서원을 비롯한 전국 각지의 여러 서원에 모셔졌다. 사진의 초상화는 김창협(1651~1708)이 찬문을 쓰고 김창업(1658~1708)이 그린 것으로, 송시열이 74세였을 때의 모습을 담고 있다.

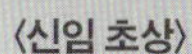

<신임 초상>
18세기에 새로운 관복 체제가 정립되어 모든 관복의 흉배에 학 문양을 넣었다. 이는 명나라 시기에는 1,2품만 사용할 수 있는 것이었다.

김창업, <송시열 초상>(왼쪽)
거대한 산과 같다는 송시열의 인품과 풍채가 잘 표현된 초상화이다. 국보 239호.

김홍도·이명기, <서직수 초상>(오른쪽)
18세기 인물화의 대가 이명기와 김홍도의 합작품으로, 선비의 정갈한 취향과 고매한 인품이 그대로 전해진다.

219

얼굴의 깊은 주름과 흔들림이 없을 것 같은 풍채에서 고위 관직 생활과 유배 생활을 되풀이하면서도 학문으로 일가를 이룬 대학자의 기개가 느껴진다.

〈서직수 초상〉은 18세기 사대부 초상화의 걸작으로 꼽힌다. 서직수는 영조 41년(1765)에 진사시에 합격했지만, 일생을 문학과 예술을 가까이하며 보낸 인물이다. 초상화의 윗부분에 쓰인 글씨에 의하면, 이명기가 얼굴을, 김홍도(1745~1806 이후)가 몸을 그렸다고 한다. 이들은 왕의 어진을 그린 당대 최고의 화원 화가로, 세밀하고 균형 잡힌 인물 묘사와 백색과 흑색이 절묘한 조화를 이루는 복식 표현에서 이들의 실력이 잘 드러난다.

승려 · 여인의 초상화와 자화상

조선 시대의 숭유억불 정책을 그대로 반영하듯, 조선 시대의 초상화에서 승려와 여인의 초상화가 차지하는 비중은 크지 않다. 이들은 양적으로도 사대부 초상화에 비해 적지만, 당대의 최고의 기량이나 새로운 기법으로도 그려지지 않았다.

승려를 소재로 한 초상화는 고려 시대의 형식을 계승한 것으로 보인다. 〈사명 대사 초상〉은 임진왜란 당시 큰 활약을 한 사명 대사(1544~1610)를 그리고 있다. 왼쪽으로 돌아 앉은 자세와 의자, 지물, 발을 올려놓는 족좌대 등을 갖춘 모습은 모두 전통적인 요소에 해당한다.

〈조반 부인 초상〉은 많지 않은 여인 초상화 중 하나로, 개국 공신인 조반의 초상화와 함께 그려진 것이다. 이 그림은 조선 후기에 다시 그려진 것이지만, 간결한 묘사 방식에서 고려 말과 조선 초의 초상화 전통을 엿볼 수 있다.

조선 시대에 자화상은 많이 그려지지는 않았다. 그러나 남아 있는 자화상은 대부분 철저한 자기 성찰과 강한 자의식을 바탕으로 한 것으로, 이 시기 초상화의 걸작으로 꼽힌다.

그중 하나가 윤두서(1668~1715)가 그린 자화상이다. 윤두서는 전라남도 해남 명문가 출신으로, 유명한 문인이었던 윤선도(1587~1671)의 증손이다. 26세에 진사시에 합격했지만 관직에 나가지는 못했고, 일생동안 병법, 천문, 지리, 실학 등 다양한 분야에 관심을 가졌으며, 글과 그림을 많이 남겼다.

그가 그린 〈자화상〉은 화가로서의 역량과 지식인으로서의 자의식이 응축된 걸작이다. 지금은 화면의 윗부분에 얼굴만 그려진 것처럼 보이지만, 원래는 아랫부분에 간략한 선으로 몸이 그려져 있었다. 정면을 향하고 있는 눈은 강렬하여 무언가를 꿰뚫어 보는 듯하며, 중력의 영향을 받지 않는 듯 옆으로 뻗은 수염에서는 범상치 않은 기운이 느껴진다. 자기 자신에 대한 철저한 성찰과 사물에 대한 치밀한 관찰이 바탕이 된 그림이다.

강세황(1712~1791)은 시·서·화에 두루 뛰어났던 문인이자 당대 최고의 심미안을 가진 비평가였다. 강세황은 자화상을 몇 점 남겼다. 그중 머리에는 관복을 차려 입을 때 쓰는 오사모를 쓰고 있으면서, 몸에는 평상복을 걸친 모습으로 자신을 표현한 이 자화상은 선비로서 그의 이상이 잘 드러나 있다. 그림 위에 쓴 강세황 자신의 글에 따르면, 이러한 복장은 비록 나라를 위해 봉사하고 있지만 마음은 산림, 즉 자연에 있음을 표현하기 위한 것이다.

조선시대 초상화는 주로 공적인 기록과 숭배를 위한 그림으로 제작되어 진전이나 사당에 봉안되었다. 왕, 공신, 사대부를 그린 초상화는 대부분 정형화된 모습을 띠지만, 눈, 수염, 피부 등에 대한 세밀한 표현을 통해 인물의 정신세계를 강조했으며 이는 '전신'을 중시한 당시의 인물 표현과도 관련이 있다. 그리고 복식과 소품을 정확하게 묘사하여 인물의 사회적 지위를 보여 주었다.

명나라 문화의 영향을 많이 받았던 조선 전기에 비해 우리 것에 대한 의식이 보다 강했던 조선 후기에 제작된 초상화에서 인물의 개성이 더욱 부각된 모습을 볼 수 있다. 또한 이 시기에는 선비들의 자화상이 그려지기도 했

다. 윤두서와 강세황의 작품으로 대표되는 당시의 자화상은 선비들이 즐겨
그린 산수나 사군자와 같은 전통적인 소재가 아닌, 자신의 모습을 소재로
자신의 생각을 표현했다는 점에서 창의력이 돋보인다.

강세황, 〈자화상〉
머리에는 오사모를 쓰고 몸은 평상복을
입은 모습을 통해, 관직에서 벗어나 자연
을 벗 삼아 자유로운 삶을 누리고자 하는
생각을 표현한 자화상이다.

진경산수화와 조선의 자부심

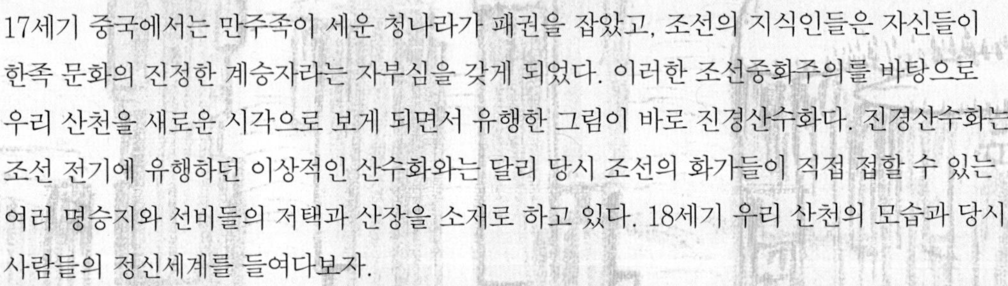

17세기 중국에서는 만주족이 세운 청나라가 패권을 잡았고, 조선의 지식인들은 자신들이 한족 문화의 진정한 계승자라는 자부심을 갖게 되었다. 이러한 조선중화주의를 바탕으로 우리 산천을 새로운 시각으로 보게 되면서 유행한 그림이 바로 진경산수화다. 진경산수화는 조선 전기에 유행하던 이상적인 산수화와는 달리 당시 조선의 화가들이 직접 접할 수 있는 여러 명승지와 선비들의 저택과 산장을 소재로 하고 있다. 18세기 우리 산천의 모습과 당시 사람들의 정신세계를 들여다보자.

정선, 〈총석정도〉

18세기에 들어서 우리나라 산수화계에는 커다란 변화가 생긴다. 중국의 잘 알려진 풍경을 소재로 한 산수화가 아닌 우리나라 산천을 소재로 한 산수화가 많이 그려진 것이다. 이러한 그림을 '진경산수화'라고 부른다. 여기서 '진경(眞景)'이란 '참 경치'라고 풀 수도 있다. 이는 한국 사람에게 관념적이고 추상적일 수밖에 없는 중국의 경치가 아닌, 구체적이고 현실에서 직접 접할 수 있는 경치라고 이해하면 된다. 다른 말로 '실경(實景)'이라고도 한다.

정선(1676~1759)은 진경산수화의 정립과 유행을 주도한 화가이다. 정선은 전국의 명승지를 두루 여행했으며, 이러한 경험을 바탕으로 많은 산수화를 그렸다. 왼쪽의 그림은 강원도 통천의 총석정을 그린 그림이다. 깎아지른 절벽이 실감나게 묘사되어 있으며, 오른쪽 정자 위에는 한자로 '총석정'이라는 글씨가 쓰어 있다.

〈금강전도〉는 정선의 작품 세계를 대표하는 걸작 중 하나이다. 정선은 30대부터 금강산을 그렸다고 하는데, 이 그림은 그의 절정기라고 할 수 있는 50대 후반에 그린 것이다. 여러 금강산 그림 중 정선의 경험과 관찰, 특유의 통찰력과 천재적인 재능이 최대한 발휘된 대작이다.

그림 속 금강산은 위에서 내려다 본 모습으로 그려졌다. 이러한 시점으로 인해 거대한 산 전체가 화면 안에 편안하게 자리를 잡고 있다. 금강석처럼 단단하고 날카로운 암산을 그림의 오른쪽과 윗부분에 배치하고, 이와 대조되는 둥글고 부드러운 토산을 왼쪽 아랫부분에 배치했다. 암산은 수직선을 이용하여 표현되고 밝은 빛을 띠는 반면, 토산은 가로로 긴 점으로 형상화되었으며 어두운 빛을 띠고 있다. 평소에 『주역』[1]을 좋아했다고 알려진 정선은 금강산에서 음양의 조화라는 우주의 원리를 발견한 것으로 생각된다.

한편 우주의 큰 원리를 품고 있는 금강산 그림에서는 인간의 흔적도 찾

[1] 유학의 다섯 가지 경서 중 하나이다. 만상(萬象)을 음양 이원으로 설명하여 그 으뜸을 태극이라 하였고 거기서 64괘를 만들었는데, 이에 맞추어 철학·윤리· 정치 상의 해석을 덧붙였다.

225

정선, 〈금강전도〉

정선의 대표적인 진경산수화이다. 원형 구도로 그림의 윗부분에 비로봉이 서 있고, 화면의 중심인 만폭동을 지나 아랫부분 끝에는 장안사의 비홍교가 배치되어 있다. 종이에 먹과 옅은 채색을 한 그림이다. 국보 217호.

아볼 수 있다. 왼쪽 아래에는 장안사가 자리를 잡고 있고, 시선을 위로 옮기면 만폭동, 향로봉, 정양사로 가는 길이 보인다. 이와 같은 이정표는 보는 이로 하여금 이 거대한 산에 친근감을 느끼고, 또 쉽게 다가갈 수 있게 한다.

이와 같은 명승지 이외에 정선의 진경산수화 중에는 서울의 이곳저곳을 소재로 한 그림도 있다. 이러한 그림은 '산수'가 중요한 부분을 차지하지만, 풍경 속에 모습을 드러내고 있는 선비들의 저택, 산장, 별서(別墅) 등이 그림을 제작하게 된 계기가 된 경우가 많다.

정선의 〈청풍계도〉가 바로 이러한 예에 속하는 작품이다. 청풍계는 서울 인왕산 자락의 계곡으로, 안동 김씨 소유의 저택과 사당이 자리 잡고 있던 곳이다. 그림을 보면 정선 특유의 검은 암벽과 잣나무, 소나무가 시원하게 그려져 있고, 그 사이사이로 건물들이 조금씩 모습을 드러내고 있다. 정선은 안동 김씨인 김창집(1648~1722)의 추천으로 관직 생활을 시작하는 등 이 집안과 깊은 관계를 맺었다. 이러한 인연에서 청풍계의 건물과 풍경을 그리게 된 것이다.

정선은 지방의 관리로 파견되었을 때를 제외하고는 백악산과 인왕산 부근에서 살았고, 이로 인해 그의 그림 중에는 이 지역의 풍경을 소재로 한 그림이 많다. 정선이 76세였던 1951년에 그린 〈인왕제색도〉는 그가 어렸을 때부터 접했던 인왕산을 소재로 한

정선, 〈청풍계도〉

정선은 어릴 적부터 청풍계의 저택과 사당을 소유한 안동 김씨 집안과 가까이 지냈으며, 안동 김씨 집안은 그가 화가로 성장하고 활동하는 데 중요한 후원자 역할을 했다. 정선은 청풍계 그림을 여러 점 그렸는데, 이 그림은 활달한 필치와 채색으로 그려낸 나무와 바위가 '맑은 바람이 부는 계곡'이라는 뜻을 지닌 청풍계의 청량한 느낌을 잘 전달하고 있다.

정선, 〈인왕제색도〉

1751년(영조 27) 정선이 76세 때 윤5월 하순, 비 온 뒤의 인왕산 경치를 지금의 효자동 방면에서 보고 그린 것이다. 비가 온 뒤 개고 있는 인왕산의 인상적인 분위기가 특유의 기법으로 실감 나게 표현되어 있다. 국보 216호.

강희언, 〈인왕산도〉

인왕산의 특징인 암벽보다 계곡의 선을 더 강조하고 있으며, 당시로서는 보기 드문 원근법과 투시법을 바탕으로 하고 있다. 정선의 영향을 받은 진경산수화 중 대표적인 작품으로 꼽히고 있다.

걸작이다. 안개가 막 걷히는 인왕산의 모습을 간결하면서도 생생하게 표현하고 있다. 가장 윗부분에 표현된 커다란 바위는 그 윗부분이 잘려 있어 더욱 가깝고 위압적이면서 순간을 포착한 느낌을 준다. 검은색으로 표현된 단단한 바위는 그림의 아랫부분에 떠다니는 부드러운 흰색의 안개와 대조되면서 전체적인 균형미를 만들어 내고 있다.

이렇게 정선의 독창성은 '우리 산수'라는 소재뿐만 아니라 구도, 바위나 나무를 다루는 방식에서도 찾아볼 수 있다. 이런 의미에서 정선은 내용과 형식면에서 진정한 조선 산수화의 세계를 정립시켰다고 평가할 수 있다.

정선을 이어 18세기 후반에도 많은 화가들이 우리나라의 명산을 그렸다. 정선의 화풍을 공유하면서 각자 독자적인 경향을 계발하여 진경산수화는 훨씬 다양한 모습을 띠게 된다. 강희언(1710~?), 김윤겸(1711~1775), 최북(18세기 중후반 활동), 강세황(1713~1791), 김홍도 등이 당시 진경산수화의 대표작을 남긴 화가로 꼽힌다.

정선에게서 그림을 배웠다고 알려진 강희언의 〈인왕산도〉는 정선의 화풍을 이으면서 새롭게 인왕산을 해석했다. 오른쪽에 쓴 제목을 보면 이 그림은 늦은 봄 도화동에 올라 인왕산을 본 경험을 담고 있음을 알려 준다. 정선의 〈인왕제색도〉가 인왕산의 특정 부분과 순간을 포착했다면 이 그림에서는 인왕산의 변치 않는 산세를 강조하고 있다. 평행의 주름을 만드는 산의 계곡 표현에서는 서구적인 원근법의 영향도 볼 수 있다.

진경산수화를 그린 또 다른 화가로 최북이 있다. 그는 기이한 행동을 하고 괴팍한 성격을 지녔다고 한다. '그림을 그려 먹고 산다'는 뜻의 호생관(毫生館)이라는 그의 호는 풍자적이면서 자의식이 강한 그의 성품을 단편적으로 보여 준다. 최북은 "조선인은 조선 산천을 그려야 한다."라는 말을 할 만큼 우리 산천에 관심이 많았고, 특히 금강산을 좋아했다. 〈표훈사도〉는 그의 금강산 그림 중 하나이다. 가로로 긴 점과 바위산의 표현에서 정선의 영향을 볼 수 있

최북, 〈표훈사도〉

죽죽 내리그은 바위 모습이
나 왼쪽 아래 토산의 모습은
정선의 〈금강전도〉와 비슷
하나, 화면 여기저기에 돋아
나듯 서 있는 나무들은 최북
특유의 필치로 간결하게 묘
사되었다. 단순해 보이지만
위치와 모양이 실제와 거의
똑같아서 건축사에서도 중
요한 자료로 평가된다.

강세황, 〈영통동구〉

강세황의 작품 중 개성이 가장 뚜렷한 작품으로 알려져 있다. 대담한 필치와 오늘날의 수채화와
같은 색채로 바위와 산의 모습을 처리하고 있다. 국립중앙박물관 소장.

지만, 호방하면서도 개성 있는 필치에서는 그만의 특징이 드러난다.

한편 18세기 중·후반에는 많은 문인들이 기행을 직접 화폭에 담기 시작했다. 대표적인 예로 당시 최고의 안목을 지녔던 문인화가 강세황이 그린 『송도기행첩』을 들 수 있다. 『송도기행첩』은 개성 일대의 명승지를 소재로 하고 있다. 그중 〈영통동구〉를 보면, 강세황이 영통동구[2]를 방문했을 때 무엇보다도 인상 깊었던 것은 집채만 한 커다란 바위였다. 이러한 감상을 그림과 더불어 왼쪽 상단에 쓴 글을 통해 생생하게 전하고 있다. 엷은 채색과 원근법을 이용한 거대한 바위는 중력을 받지 않는 듯 자유롭게 흩어져 있고, 그 사이를 여행하는 작은 인물과 대조되면서 위압적인 느낌을 준다.

조선 문화에 대한 자부심

진경산수화가 등장한 요인 중 빼놓을 수 없는 것은 당시 문인들 사이에서 유행하던 유람 문화이다. 16세기 정철(1536~1593)[3]의 『관동별곡』[4]에서 우리는 조선 문인들의 우리나라 명승지에 대한 관심과 이를 소재로 한 예술적 표현을 확인할 수 있다. 이러한 경향이 본격적으로 꽃을 피운 것은 18세기이다. 당시 정쟁으로 관직에 진출하지 못한 문인들은 우리나라의 산수를 유람하는 데 많은 시간을 보냈다.

이들은 산수 유람을 통해 '흥(興)'과 '쾌(快)'을 추구했다. 그러니까 자연을 직접 접하면서 마음에 흥이 일어나고 기쁨을 느낄 수 있기를 바랐고, 이러한 경험을 통해 시문을 더욱 잘 지을 수 있다고 생각했다. 여행에서 돌아오면 장편의 기행 시문을 지었고, 이를 서로 돌려 읽으면서 화답 시문으로 쓰기도 했다. 당시 문집에는 어느 때보다도 산수 기행과 관련된 시문이 자주 등장한다. 기행 시문으로 유명했던 문인으로는 김창흡(1653~1722)[5]과 이병연(1671~1751)[6]이 있다.

산수 유람에 푹 빠진 문인들은 자신들의 여행에 화가를 데리고 가 자신들이 좋아하는 풍경을 그리도록 했다. 정선이 그린 금강산 그림은 이렇게 창조된 것이다. 또한 진경산수화에는 종종 명승지의 명칭이 그림 속에 쓰여 있는 것을 볼 수 있는데, 이러한 점 때문에 진경산수화를 지도를 닮은 산수화라고 설명하기도 한다.

진경산수화가 등장하게 된 가장 중요한 요인은 동북아시아 정세의 변화이다. 1644년 만주족이 세운 청 왕조가 중국을 지배하기 시작했다. 이 사건은 조선 왕조의 지식인 사회에 상당히 큰 충격을 주었다.

우리나라에는 삼국 시대부터 사대주의 사상이 존재했다. 이는 중국이 스스로를 세계의 중심으로 보는 중화사상을 기반으로 발달한 것으로, 중국 주변의 나라인 소국(小國)이 중국의 왕조인 대국(大國)을 섬겨야 한다는 것이다. 이러한 관계에서 가장 중요한 외교 절차는 새 왕이 즉위할 때 중국의 왕조에 통보하고 그 승인을 요청하는 것이다. 이때 중국의 왕조가 그 요청을 받아들여 그 나라의 왕을 인정하는 것을 책봉이라고 한다. 또 우리나라의 왕조는 중국에 정기적으로 사신을 보내 예물을 바쳤으며, 이를 조공이라고 한다. 고려는 송, 요, 금, 원, 명의 순서로 사대 관계를 맺었다.

조선이 대국으로 모신 나라는 명이었다. 그러나 만주족이 세운 청이 중원의 새로운 주인으로 등장하면서 상황이 바뀌었다. 청의 전신인 후금은 1627년 조선을 침략하여 정묘호란을 일으켰고, 이는 후금과 조선이 형제의 관계를 맺는 것으로 일단락되었다. 이후 후금이 세력을 확장하고 국호를 청으로 고치면서 1636년 조선에 군신의 관계를 요구했다. 당시 왕이었던 인조(재위 1623~1649)는 청을 정벌해야 한다고 주장하는 주전파의 말을 따르면서 이를 거부했고, 이에 분노한 청은 다시 조선을 침략하여 병자호란(1636)을 일으켰다. 결국 조선은 남한산성 앞에서 청나라 태종 앞에 인조가 항복하는 치욕을 겪게 된다.

이러한 역사적인 변화 속에서 '조선중화사상'이 발달했다. 조선인들은 청은 한족(漢族)이 아닌 이민족이기 때문에 명이 지녔던 전통적인 한 문화의 진정한 계승자가 아니며, 자신들이 중국의 전통적인 한 문화를 계승했다고 생각했다. 이제 조선은 성리학과 유학이 가장 발달한 곳이며, 동북아시아 문화의 새로운 중심지가 된 것이다. 조선인들은 자신들의 문화에 대해서 큰 자긍심을 가지게 되었다. 이러한 배경에서 나온 것이 중국의 산수가 아닌 조선의 산수를 담은 진경산수화이다.

또한 진경산수화가 유행한 18세기는 영조(재위 1724~1776)와 정조(재위 1776~1800)가 군림한 시기이다. 영조는 관료들이 파벌을 이루어 권력을 다투는 붕당 정치를 타파하고자 했고, 이에 당파를 가리지 않고 인물을 등용하는 탕평책을 폈다. 영조 치세의 52년간 적극적인 탕평책으로 당쟁이 줄어들고 왕권이 강화되면서 정치적인 안정을 이루었다. 더불어 이 시기에는 서민들의 세금 중 하나인 군역의 부담을 반으로 줄인 균역법을 실시하여 서민들의 경제적 부담이 줄어들었다. 또한 17~18세기에는 농업 생산력의 증대, 화폐 경제의 발달, 도시로의 인구 유입 증가, 금난전권[7]의 폐지 등으로 인해 상업 활동이 활발해졌다.

영조를 이은 정조 치세에는 정치적 안정과 경제적 번영을 바탕으로 문화적 부흥이 일어났다. 아버지 사도 세자의 죽음을 목격한 후 왕위에 오른 정조는 탕평책을 적극적으로 계승한 한편 왕권 강화를 위해 남다른 노력을 기울였다. 당시 설치된 규장각은 정조가 출신을 가리지 않고 발탁한 젊고 능력 있는 인재들이 역대 왕의 업적을 연구하고 이를 바탕으로 새로운 정책을 만들었던 곳으로, 정조의 개혁적인 정치를 이론적으로 뒷받침한 기관이었다. 이처럼 안정된 사회와 문화적 부흥은 새로운 미술 형식이 창안되고 유행할 수 있는 배경이 되었다.

사람들은 누구나 주변의 여러 풍경을 매일 접하지만, 어떤 풍경이 그림의 소재가 되려면 특별한 계기가 있어야 한다. 중국 명나라의 멸망으로 부각된 문화적 자부심을 바탕으로 조선인들은 자신의 주위를 둘러싸고 있는 자연에 관심을 기울이게 되었고, 조선의 자연은 화폭 안에 들어올 수 있었다. 정선을 비롯한 여러 화가들은 당시의 잘 알려진 명승지와 문인들의 주거지를 독특한 방법으로 표현하며 진경산수화의 황금기를 열었다.

풍속화와 조선 후기 사회

조선 후기에 유행한 우리 것에 대한 새로운 시각과 관심을 인물화에서도 찾아볼 수 있으니, 그것이 바로 풍속화이다. 다양한 계층에 속한 조선 사람들의 삶을 소재로 한 풍속화는 18세기의 정치적 안정과 경제적 발달을 바탕으로 이룩된 문화부흥기의 산물이며, 이전에 비해 훨씬 다양한 사람들이 미술을 향유했음을 보여 주는 증거이기도 하다. 풍속화를 통해 조선 후기 사회 속으로 들어가 보자.

김홍도, 〈무동〉

생활이 담긴 그림

풍속화는 당대 사람들의 생활상을 담고 있는 그림을 가리킨다. 넓은 의미의 풍속화에는 서민들의 일상생활을 소재로 한 그림뿐만 아니라 국왕과 대신들이 참여한 의례, 선비들의 모임, 아름다운 여인들을 담은 그림 등이 모두 포함된다. 좁은 의미의 풍속화는 신분이 낮은 사람들의 일상생활을 소재로 한 그림을 가리킨다. 그러므로 풍속화는 사실적인 소재와 생생한 현장감이 가장 큰 특징이다.

우리나라에서는 이미 삼국 시대에 풍속을 그린 무덤 벽화를 볼 수 있지만, 본격적으로 풍속화가 발달한 것은 조선 시대이다. 궁중의 행사나 선비들의 모임을 소재로 한 기록화는 조선 초기부터 많이 그려졌고, 서민의 생활을 소재로 한 풍속화는 조선 후기인 18세기와 19세기 초에 유행했다.

조선 후기에 서민들의 모습을 처음으로 그림에 담기 시작한 화가는 문인 출신의 윤두서(1668~1715)와 조영석(1686~1761)이다. 이들은 자신들보다 사회적 지위가 낮은 인물과 그들의 삶을 관찰자라는 입장에서 접근하였다.

윤두서는 당시 조선 시대 화가들이 많이 보던 중국의 화보[1](畵譜)를 바탕으로 농부, 농촌의 아낙네, 장인들의 모습을 그렸다. 이로 인해 그의 그림에는 중국적인 분위기가 많이 남아 있고, 인물은 정형화되어 있다. 『해남윤씨가전고화첩』(보물 481호)에 수록된 〈나물 캐기〉나 〈목기 깎기〉와 같은 그림을 보면 윤두서는 인물 자체보다는 서민들의 생활과 새로운 문물에 관심이 많았음을 확인할 수 있다. 그에 대한 다소 부정적인 평가는 모두 후대의 풍속화를 기준으로 한 것이다. 당시 기준에서 볼 때 윤두서는 매우 혁신적인 화가였고, 풍속화 유행에 선구자적인 역할을 했다.

조영석은 서민들의 실제 생활을 더욱 적극적으로 관찰하고 이를 사생하여 좀 더 독창적인 풍속화를 그렸다는 평가를 받는다. 『사제첩』에 수록

[1] 역대 화가에 대한 정보와 그림을 담은 목판본의 책이다.

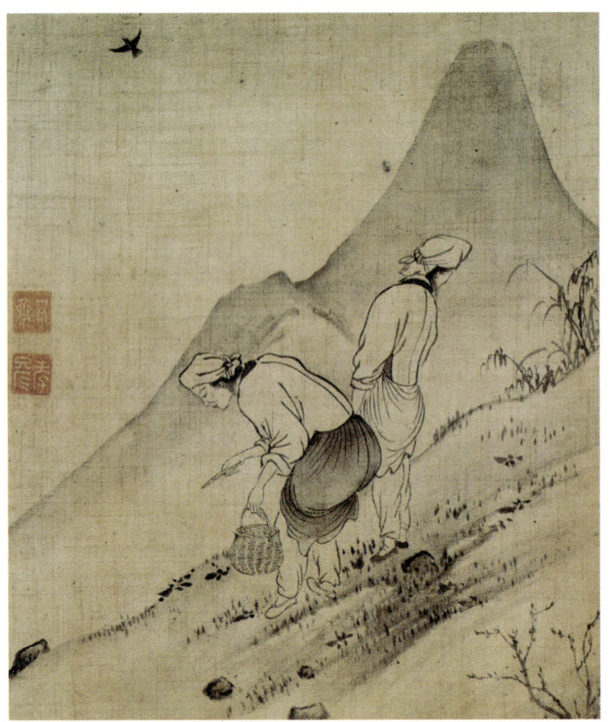

윤두서, 〈나물 캐기〉

봄날에 두 여인이 비스듬히 기운 언덕에서 나물을 캐고 있는 모습이다. 두 여인 모두 일하는 데 거치적거리지 않도록 치마를 걷어 올려 묶고 머리에 수건을 쓰고 있다. 간략한 선으로 묘사했지만 나물 캐는 여인들의 모습을 순간 포착하여 생생히 나타냈다.

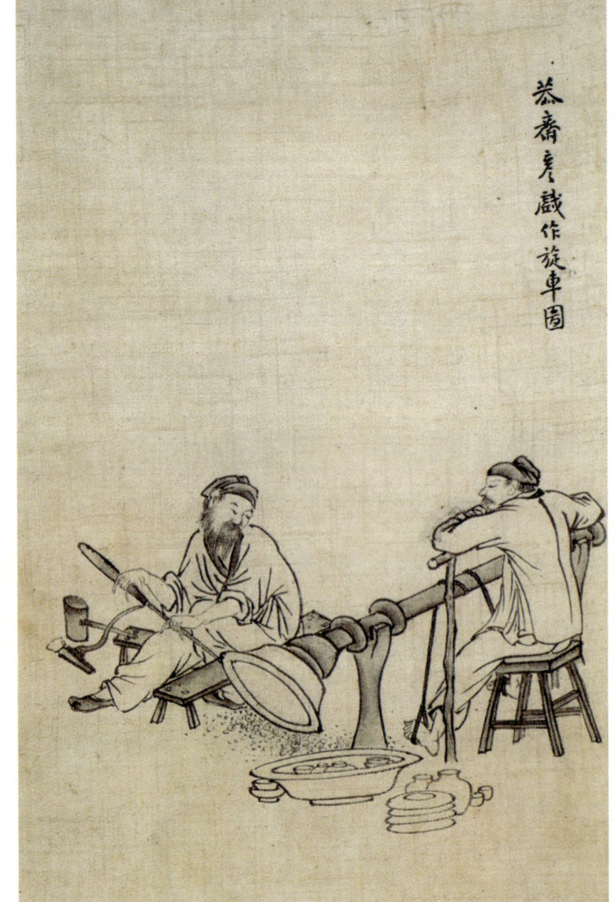

윤두서, 〈목기 깎기〉

윤두서는 시·서·화에 능했을 뿐만 아니라 실학에도 조예가 깊었던 학자로, 당시 유명한 실학자였던 성호 이익과도 깊은 친분을 맺고 있었다. 이 그림은 실학을 바탕으로 한 그의 사실주의적인 경향과 새로운 기기에 대한 관심이 잘 드러난 작품이다. 오른편 인물은 발로 물레를 돌리고, 왼편의 인물은 칼을 대어 목기를 깎고 있는 모습이 알아보기 쉽게 표현되어 있어 마치 설명서를 보는 듯하다.

된 풍속화에서 그는 바느질, 우유 짜기, 목기 깎기, 작두질, 마동 등 다양한 주제를 소박하면서도 정감 있게 다루고 있다.

그 중 〈목기 깎기〉와 〈새참〉과 같은 작품을 보면, 윤두서의 풍속화에 등장하는 사람들에 비해 인물이 한층 개성 있게 표현된 것을 볼 수 있다. 또한 절제된 배경 처리는 긴장감과 참신한 느낌을 준다. 윤두서에 비해 조영석은 서민들의 인간적인 측면에 관심이 많았다. 〈새참〉에 표현된 인물의 표정과 몸짓에서 조영석의 애정 어린 시선을 느낄 수 있다. 조영석의 그림에는 평면성이 강조되고 담백한 필치가 두드러져, 종종 문인들의 뜻을 담아냈다는 의미에서 '사의(寫意)적인 풍속화'라고도 불린다.

윤두서와 조영석을 이어 18세기, 19세기 초 조선 풍속화의 절정기를 이룬 인물들은 김홍도, 신윤복(1758?~1813 이후), 김득신(1758~1816 이후)이다. 이들을 일컬어 3대 풍속화가라고도 부른다. 이들은 모두 중인 출신으로 궁중 화원에 고용되어 활동하던 직업 화가였다. 이들의 그림은 기존의 형식에 얽매이지 않고 한층 개방적이고, 솔직하고, 풍자적이고, 익살스러운 느낌이 강하다. 이전의 제3자 또는 관찰자적인 시각에서 벗어나 서민들의 생활을 보다 가까이에서 접하는 느낌을 준다. 말하자면 전형적인 조선 후기의 풍속화가 완성된 것이다.

조영석, 〈목기 깎기〉
설명적인 성격이 강한 윤두서의 〈목기 깎기〉와 비교할 때, 주변에서 보는 풍경이 보다 실감나고 개성 있게 묘사된 풍속화이다. 두 명의 일군은 나무 가지에 웃옷을 걸치고는 그늘 아래서 햇볕에 그을린 몸으로 목기를 깎는 데 열중하고 있다. 여름날의 정취가 물씬 느껴진다.

조영석, 〈새참〉
한여름 날 농촌 들판에서 새참 먹는 장면을 생동감 있게 묘사했다. 앉아 있는 자세나 밥 먹는 표정이 모두 다르다. 줄지어 앉아 있는 간단한 구도에 간결하고 정감 넘치는 선으로 사람들의 모습을 솔직하게 표현했다.

우선 김홍도는 참으로 다재다능한 화가였다. 풍속화뿐만 아니라, 산수화, 도석인물화(도교와 불교적 주제를 다룬 인물화), 사군자, 초상화, 기록화, 동물을 주제로 한 그림 등 다양한 내용을 자유자재로 표현했다. 그의 풍속화는 『단원풍속도첩』(보물 527호)에 담긴 그림을 대표적으로 꼽을 수 있다. 여기에 담긴 〈무동〉을 보면, 북, 장구, 피리, 대금 등을 연주하는 사람들이 동그랗게 앉아 있고, 녹색의 옷을 입은 소년이 신나게 춤을 추고 있다. 너풀거리는 무동의 옷은 날카롭고 굵은 선으로 시원하게 그려져 생동감을 준다.

같은 화첩의 〈벼타작〉은 풍요롭고 흥겨운 추수철의 광경을 잘 보여 준다. 한쪽에는 볏단을 가져오고 털면서 분주하게 일하는 사람들이 묘사되어 있고, 다른 한쪽에는 막걸리를 한잔 걸친 채 장죽을 빼어 문 선비가 마름에 기대어 앉아 있다. 인물들의 다양한 표정이 보는 사람으로 하여금 자연스럽

김홍도, 〈무동〉

춤추는 소년의 옷자락에서는 바람이 이는 듯하고, 피리 부는 남자의 양 볼은 터질 듯 부풀었다. 모여 앉은 사람들도 자못 열기에 들떠 있다. 생동감이 느껴진다.

김홍도, 〈벼타작〉

따가운 가을 햇볕 아래 농부들이 웃옷을 벗고 벼를 타작하고 있다. 일하는 농부들의 역동적인 동작과 얼굴 표정에서 노동의 피로감보다는 신명이 느껴진다. 간략한 필선의 묘미가 잘 나타나 있다.

게 미소를 짓게 한다.

동시대 사람으로 김홍도의 그림을 높이 평가한 강세황과 서유구(1764 ~1845)가 남긴 글에 의하면, 김홍도의 그림이 사람들로 하여금 '손뼉을 치고' '턱이 빠지게 웃게' 했다고 한다. 김홍도 그림이 주는 해학과 생동감은 200여 년 이상이 흐른 지금도 여전하다.

재능으로 치자면 신윤복도 김홍도 못지않다. 다만 그에 관해서는 알려진 바가 적다. 비속한 그림을 그려 도화서에서 쫓겨났다고 하는데, 그가 그린 한량과 기녀를 소재로 한 그림에서 사회 비판적인 시각을 읽을 수 있다. 김홍도와는 달리 그의 그림에는 여인이 자주 등장하고 사랑과 풍류를 주제로 한 그림이 많다. 그리고 표현 방식에서는 섬세한 필치와 감성적인 표현이 돋보인다. 『여속도첩』에 담겨 있는 〈어물장수〉는 배경 없이 두 인물만이 표현된 단순한 그림이지만, 바삐 발을 옮기고 있는 젊고 나이든 두 여인의 바쁜 일상을 느낄 수 있다. 〈월하정인〉과 같은 작품에서는 선비와 한 여인이 달밤에 골목길에서 만나는 장면이 표현되어 있다.

조선 후기 서민들의 부상

조선 시대 문헌에는 '풍속화'라는 용어 대신에 '속화(俗畵)'라는 명칭이 사용되고 있다. 속화는 풍속화와 뜻이 유사하다고 생각되지만, 학자들은 그 정확한 의미에 대해 논쟁을 벌인다. 먼저 속화의 '속'(屬)을 격이 높음을 의미하는 '아'(雅, 우아할 아)와 대비되는 개념으로 보고, 이를 근거로 속화는 격이 낮고 속된 그림이라고 보는 견해가 있다. 다시 말해서 속화는 학식과 고매한 인격을 지닌 선비들이 그린 그림에서 보이는 문기(文氣)가 결여되었다는 것이다. 한편 속화는 단순히 세속의 풍습을 소재로 하는 그림으로 이해해야 한다는 견해도 있다. 그러니까 속화라는 용어는 그림을 평가하는 기준으로서의 '아'와 '속'의 개념과는 상관이 없다는 것이다. 역사적 기록을 보면, 왕이 궁중 화원들에게 속화를 그리라고 명하기도 하고, 선비들이 속화를 그린 경우도 있다. 이렇게 볼 때 '속화'라는 용어에서 특별히 부정적인 의미를 부각시킬 필요는 없어 보인다.

풍속화가 유행하게 된 배경은 진경산수화와 비슷하다. 만주족이 세운 청이 중국을 지배하게 되면서 조선인들의 문화적 자긍심이 높아졌고, 이러한 배경에서 우리나라의 산수뿐만 아니라 사람들에 대한 관심도 커졌다. 중국의 산수가 아닌 조선의 산수를 담은 그림이 진경산수화라면, 중국의 인물이 아닌 현실에서 만나는 조선의 인물을 담은 그림이 풍속화이다.

더불어 이 시기에 상공업이 크게 발달했다는 사실을 주목할 필요가 있다. 상공업은 사농공상이라는 전통적인 유교 사상에서 볼 때 낮은 계층의 사람들이 하는 일에 해당된다. 그렇지만 조선 후기에는 실용성을 강조하는 실학, 새로운 기술을 적극적으로 수용해야 한다고 주장하는 북학파의 사상이 많은 사람들로부터 설득력을 얻었다. 이에 따라 상공업에 대한 부정적인 시각이 많이 완화되었다.

　　상공업의 발달은 중인과 서민들의 활동 범위를 확대시키고 그들의 사회적 지위가 높아지는 결과를 낳았다. 이제 이들의 일과 놀이 문화는 조선 사회에서 중요한 부분을 차지하게 되었고, 이들의 모습이 그림 속으로 들어올 수 있었던 것이다.

　　또한 왕실과 사대부를 중심으로 이루어지던 회화를 애호하는 풍조가 보다 넓은 계층으로 퍼진 것도 주목할 만한 일이다. 18세기 후반에는 기술직 중인, 하급 관리, 부유한 상인들 사이에서도 그림을 보고 수집하는 것이 유행했고, 이로 인해 이 시기에는 어느 때보다도 그림이 활발하게 제작되었다.

　　조선 후기에 사람들의 일상생활을 소재로 한 그림인 풍속화가 새롭게 등장한 데에는 조선중화사상을 바탕으로 한 자국 문화와 사람들에 대한 관심, 미술 향유층의 확대가 중요한 요인이 되었다. 윤두서, 조영석에 의해 시작된 조선 시대의 풍속화는 김홍도, 신윤복에 의해 황금기를 맞았다. 이들의 그림은 당시 사람들의 생활상을 보여 줄 뿐만 아니라, 때로는 익살과 재미를, 때로는 사회에 대한 비판적인 시각을 전해 준다.

미술 시간에 한국사 공부하기를 마치며

지식의 사슬 시리즈의 다른 책들이 모두 그러하지만, 서로 다른 분야의 지식을 한데 아울러 통합적으로 서술하는 것은 불가능에 가까울 만큼 어려운 일이다. 교육과 학문의 현장에서 지식을 분리해서 가르치고 연구해 왔기 때문이다. 그렇게 분리된 각 분야의 지식은 심오하고 풍부하게 발전되어 왔고 각 분야의 전문가들도 양산되었지만, 이를 통합적으로 연구하고 교육할 기회는 그리 많지 않다.

그러나 우리가 살아가면서 만나는 모든 현상은 역사 따로, 과학 따로, 지리 따로 존재하는 것이 아니라 본래부터 통합적으로 구성되어 있다. 지식이 세분화되면 될수록 이를 통합하여 총체적으로 볼 필요성은 더욱 크게 제기되기 마련이다. 그래서 오늘날 우리 교육의 화두도 통합 교육이고, 사회에서도 통섭이나 통합 지식이라는 말이 인구에 회자되는 것이다.

바로 이러한 통합 지식의 필요성에 부응하여 지식의 사슬 시리즈는 국사와 세계사, 과학과 사회, 역사와 지리 등 서로 다르지만 깊이 연관되어 있는 지식 체계들을 통합적으로 다루어 왔다. 그 과정에서 이루 말할 수 없는 어려움도 겪었지만 그런 어려움은 지나고 나면 모두 보람이 되어 저자, 화가, 편집자, 디자이너 등 이 작업에 참여한 모든 사람을 뿌듯하게 해 주었다. 우리는 그러한 뿌듯함이 독자들에게도 전달되었기를 간절히 바라고 있다.

『미술 시간에 한국사 공부하기』를 준비하면서 우리는 지금까지 다뤄왔던 서로 다른 주제들에 비해 미술과 한국사를 통합적으로 엮는 작업은 비교적 쉬울 것으로 생각했다. 우리 역사 속에서 빚어진 미술 작품을 이해하려면 본래부터 역사적 배경에 대한 이해가 필수인지라 이 분야에 대한 연구가 집적되어 있을 것으로 보았기 때문이다. 실제로도 이 책을 함께 저술한 김혜원, 이병호, 오영선 선생은 모두 우리 미술품을 역사적으로 설명하는 데 탁월한 식견을 지니고 있다.

그런데 또 다른 문제가 있었다. 저자들이 각각 다른 시대의 미술과 역사를 전공했기 때문에 이처럼 서로 다른 시대에 관한 서술을 하나의 흐름처럼 매끄럽게 조율하는 것이 『미술 시간에 한국사 공부하기』의 과제로 대두된 것이다. 이를 위해 저자들과 편집진은 오랜 시간 씨름하며 각 시대와 저자들의 개성은 살리면서 일관된 흐름을 만들어 낼 방법을 고민하고 또 고민했다. 이제 그 결과물을 내놓으려다 보니 두려움이 앞서는 것은 당연한 일이다. 우리 역사가 간직하고 있는 풍요로운 미술품이 시대별로 자태를 뽐내고 전문가들의 자상한 해설이 그러한 자태를 더욱 빛나게 해준다는 장점이 이 책의 미진한 점을 가려주리라는 비원을 한 가지 위안으로 삼고자 한다.

사실 미술품을 보면서 역사를 생각하는 것은 즐거운 경험일 수도 있지만, 한편으로 곤란할 일일 수도 있다. 하나의 작품이나 문화재를 이해하기 위해서 작자의 의도나 연혁 및 역사적 의미를 파악하는 것은 당연할 일일 수도 있겠지만, 어떤 사람들에게는 그것이 작품에 대한 선입견을 주어 관람자 스스로 작품의 아름다움이나 의미 등을 느끼는 데 제약이 될 수도 있겠기 때문이다.

하지만 미술품이 지니고 있는 유래나 연혁을 알고 있으면, 그 문화재에 대해 이해할 수 있는 폭이 넓어질 수 있다. 지금도 종종 인용되는 "아는 만큼 느낀다." 라는 말은 이러한 점을 두고 한 말일 것이다. 조선 정조 때 문인 유한준이 "사랑하면 알게 되고, 알면 보이나니, 그때 보이는 것은 전과 같지 않다." 라고 한 것은 대상과 주관의 관계를 보다 구체적으로 일깨워 주고 있다.

『미술 시간에 한국사 공부하기』가 독자 여러분이 더 많이 느끼고 다르게 볼 수 있도록 새로운 앎을 많이 제공하게 되기를 기대한다. 아울러 미술과 역사를 통합하고 시대를 통합하는 핵심 과제에서 미흡했던 부분은 두고두고 보완해 나가고자 하니, 독자 여러분의 거침없는 비판과 질정의 목소리를 기다린다.

2010년 10월 『미술 시간에 한국사 공부하기』를 만든 사람들

찾아보기

ㄱ

가지방울 43
간돌검 31, 32
간두령 43
간석기 15, 16
강서 대묘 69, 70
강서 중묘 69, 70
강세황 222, 223, 230, 232, 241
강희안 184
강희언 230
개석식 고인돌 31
거불 123~126, 129
거석문화 29
거친무늬 거울 42
『경국대전』 197
경화 163
고구려 고분 벽화 57, 60, 61, 70, 81, 97, 174
고국원왕 215
『고려도경』 134
고려청자 131, 133~135, 140, 143
고리자루칼 76
고분 미술 57, 65, 73, 98
고분 벽화 57, 60, 61
고인돌 29, 31~37, 40
곽희 184
관경 변상도 163, 166
『관무량수경』 163
관테 74, 75
구석기 시대 15
굽다리 접시 82, 83
굽은옥 32, 73, 74
권문세족 168~170
귀얄 기법 194
규장각 210, 234
균역법 234
금관 73~78
금난전권 234
금동 불상(금동불) 89, 91, 100
금령총 76, 77, 81, 85
금제 관모 75
금제 관장식 75

『기기도설』 210
기로도상 218
기록화 237, 240
기린 66, 67
『기사계첩』 218
기와 89, 98, 103~105, 108, 109, 131
김득신 239
김시 184, 186
김창업 219
김홍도 230, 239~241, 243
꺾창 41
껴묻거리 29, 31, 39, 57, 73, 75, 78

ㄴ

나전 칠기 150~153
나팔 모양 동기 42
노비안검법 137
녹청자 135
농경 15~17, 50, 53

ㄷ

다포 양식 174, 175
「단군 신화」 68
『단원풍속도첩』 240
달개 장식 74
담징 97, 98
대롱옥 32
대장경 156
덕흥리 벽화분 57, 67
덤벙 기법 195
덧띠무늬 토기 11, 12
덮개돌 29, 31~34, 36
도감 210
도기 131
도석인물화 240
도설 207, 210
도자기 131, 191~194, 197, 199, 200, 202
『도화원기』 181
돌화살촉 31, 32
동화 146
뗀석기 15

ㅁ

망새 기와 104
맞배지붕 172, 173
매병 131, 132, 143
묘역식 고인돌 31
무령왕릉 103, 116
무용총 59, 60, 67, 83
무이구곡도 187
『무이도가』 187
문벌 귀족 136~138, 146~148, 168
미송리형 토기 40
『미암선생집』 50
민무늬 토기 11, 32, 51

ㅂ

바둑판식 고인돌 31
바위그림 19, 20, 22, 24~27, 35, 85
박산향로 113
박지 기법 194
반달 모양 돌칼 51
반차도 206
방패 모양 동기 42, 47, 53
배흘림기둥 173, 174
백자 131, 189, 191~193, 195, 199, 200, 202
백호 69
벼농사 35, 36, 53
볍씨 자국이 찍힌 토기 35
복채법 163
본존불 123, 166
봉황 66, 67
부원배 170
북학파 242
분상용 의궤 210
분청사기 191~193, 202
불교 미술 87, 92, 95, 98, 100, 125
불상 89~93, 95, 98, 100, 108, 125~127, 163
불탄 쌀 35
불화 163, 166~171
붉은 간토기 32
비파형 동검 39~41
빗살무늬 토기 12~15, 35, 45

가재 토우◆길이 4.3~4.6cm | 신라 | 국립중앙박물관

가지무늬 토기(진주 대평리 출토)◆높이 16.5cm | 청동기 | 국립진주박물관

가지방울(함평 초포리 출토)◆청동기 | 국립중앙박물관

각종 게 토우◆신라 | 국립중앙박물관

각종 어류 토우◆신라 | 국립중앙박물관

간두령(함평 초포리 출토)◆청동기 | 국립중앙박물관

간석기와 숫돌◆길이(왼쪽) 15.6cm | 신석기 | 국립진주박물관

감지은니 대방광불화엄경 권31◆국보 215호 | 고려 | 삼성미술관 Leeum

강화 고인돌◆사적 137호 | 길이 7.1m, 높이 2.6m | 청동기 | 인천 강화군 부근리

개의 두개골과 턱뼈(부산 동삼동 출토)◆길이 16.4cm | 신석기 | 국립중앙박물관

거친무늬 거울(아산 남성리 출토)◆지름 18.1cm | 청동기 | 국립중앙박물관

거친무늬 거울(전 성천 출토)◆지름 12cm | 청동기 | 국립중앙박물관

거친무늬 거울(충남 출토)◆지름 12cm | 청동기 | 국립중앙박물관

견갑형 동기◆길이 23.8cm | 청동기 | 도쿄국립박물관

고려 태조상◆높이 138.3cm | 고려 | 개성 해선리

고령 양전동 바위그림◆보물 605호 | 6m×3m | 선사 | 경북 고령군 고령읍

고사관수도◆23.4×15.7cm | 조선 | 국립중앙박물관

고사탁족도◆31.2×24.9cm | 조선 | 고려대학교박물관

고창 고인돌 군◆사적 391호 | 전북 고창군

죽림리

관경 16관 변상도◆208.8×129.8cm | 고려 | 일본 西福寺

관촉사 석조 미륵보살 입상◆보물 218호 | 높이 18m | 고려 | 충남 논산시 관촉동

괴산 미륵리 석불 입상◆보물 96호 | 높이 10.6m | 고려 | 충북 충주시 수안보면

금강전도◆국보 217호 | 30.8×94cm | 조선 | 삼성미술관 Leeum

금관총 금관◆국보 87호 | 높이 44.4cm | 신라 | 국립경주박물관

금동 '연가 7년'명 여래 입상◆국보 119호 | 높이 16.2cm | 고구려 | 국립중앙박물관

금동 미륵보살 반가 사유상◆국보 83호 | 높이 93.5cm | 삼국 시대 | 국립중앙박물관

금령총 금 허리띠◆길이 74.1cm | 신라 | 국립경주박물관

기린 무늬 암막새◆너비 27cm | 통일 신라 | 국립경주박물관

기린(장천 1호분)◆고구려 | 중국 지린 성 지안 시

끈 흔적이 있는 민무늬 토기◆높이 57.6cm | 청동기

나무 새◆높이 6.1cm | 청동기 | 국립부여박물관

나물 캐기◆30.2×25.0cm | 조선 | 개인 소장

나전 국화무늬 경전함◆높이 25.6cm | 고려 | 일본 도쿄국립박물관

나전 꽃무늬 동경◆국보 140호 | 지름 18.6cm | 고려 | 삼성미술관 Leeum

나전 대모 칠 국화무늬 상자◆높이 4.1cm | 고려 | 국립중앙박물관

나전 주칠 십장생 무늬 이층 농◆높이 140.5cm | 고려 | 국립고궁박물관

노래하는 토우◆높이 9.2cm | 신라 | 국립중

앙박물관

녹유 당초무늬 암막새(안압지 출토)◆너비 20.7cm | 신라 | 국립경주박물관

녹유 사천왕상◆통일 신라 | (위) 50.5cm×69.5cm (아래) 42cm×52cm | 국립중앙박물관, 국립경주박물관

녹유 서까래 기와(미륵사 터 출토)◆지름 15cm | 백제 | 미륵사지유물전시관

녹청자 병◆고려 | 국립광주박물관

농경문 청동기◆12.8×7.3cm | 청동기 | 국립중앙박물관

누른무늬 토기(제주시 고산리 출토)◆높이 25.9cm | 신석기 | 국립제주박물관

달(개마총)◆고구려 | 평양 삼석구역 노산동

달(내리 1호분)◆고구려 | 평양 삼석구역

당초무늬 암막새(안압지 출토)◆너비 25.2cm | 신라 | 국립경주박물관

대조사 석조 미륵보살 입상◆보물 217호 | 높이 10m | 고려 | 충남 부여군 임천면

덕수궁 석어당◆조선 | 서울 중구 정동

덧띠무늬 토기(제주시 고산리 출토)◆높이 27cm | 신석기 | 국립제주박물관

덧띠무늬 토기(통영군 연대도 출토)◆높이 9.6cm | 신석기 | 국립진주박물관

도깨비 무늬 벽돌◆(왼쪽) 높이 29.5cm (오른쪽) 높이 28.7cm | 백제 | 국립부여박물관

도제 기마인물상◆국보 91호 | (주인상) 높이 23.4cm (하인상) 높이 21.3cm | 신라 | 국립중앙박물관

돌화살촉(제주시 고산리 출토)◆길이(왼쪽 위) 4cm | 신석기 | 국립제주박물관

'망우대'명 청화 백자 접시◆보물 1057호 | 지름 16.0cm | 조선 | 삼성미술관 Leeum

멧돼지 모양 토우(통영 욕지도 출토)◆길이 4.2cm | 신석기

목기 깎기(윤두서 작)◆32.4×20.2cm | 조선 | 개인 소장
목기 깎기(조영석 작)◆28.0×20.7cm | 조선 | 개인 소장
몽유도원도◆38.6×106.2cm | 조선 | 일본 텐리대학교중앙도서관
무구 정광 대다라니경◆국보 126-6호 | 전체 길이 약 620cm | 통일 신라 | 국립청주박물관
무덤 주인(덕흥리 벽화분)◆고구려 | 남포시 강서구역 덕흥동
무덤 주인(안악 3호분)◆고구려 | 황해남도 안악군 오국리
무동◆27.0×22.7cm | 조선 | 국립중앙박물관
무용도(무용총)◆고구려 | 중국 지린 성 지안 시
무이구곡도◆33.5×398.5cm | 조선 | 국립중앙박물관
미륵 하생경 변상도◆178×90.3cm | 고려 | 일본 親王院
반달 모양 돌칼◆청동기 | 국립중앙박물관
반룡 무늬 벽돌(외리 출토)◆높이 29.2cm | 백제 | 국립부여박물관
방패 모양 동기(대전 괴정동 출토)◆청동기 | 국립중앙박물관
방패 모양 동기(아산 남성리 출토)◆길이 17.6cm | 청동기 | 국립중앙박물관
배 모양 토기(경주 금령총 출토)◆(오른쪽) 높이 9.8cm | 신라 | 국립중앙박물관
백자 반합◆보물 806호 | 높이 22.5cm | 조선 | 호림박물관
백자 병◆보물 1054호 | 높이 36.2cm | 조선 | 국립중앙박물관
백자 복숭아 연적◆높이 12cm | 조선 | 국립중앙박물관
백자 연꽃·당초무늬 대접◆국보 175호 | 7.8cm | 조선 | 국립중앙박물관
백자 철화 구름·용무늬 항아리◆조선 | 국립중앙박물관
백자 철화 끈 무늬 병◆보물 1060호 | 높이 31.4cm | 조선 | 국립중앙박물관
백자 철화포도 무늬 항아리◆국보 107호 | 높이 53.8cm | 조선 | 이화여자대학교박물관
백자 청화 까치·호랑이 무늬 항아리◆높이 42.5cm | 조선 | 국립경주박물관
백자 청화 산수 무늬 항아리◆높이 38.1cm | 조선 | 국립중앙박물관
백제 '창왕'명 석조 사리감◆국보 288호 | 높이 74cm | 백제 | 국립부여박물관
백제 금동 대향로◆국보 287호 | 높이 61.8cm | 백제 | 국립부여박물관
백호(강서 중묘)◆고구려 | 남포시 강서구역 삼묘리
번개무늬 토기(경성 원수태패총 출토)◆높이 13.9cm | 신석기 | 국립중앙박물관
벼타작◆27.0x22.7cm | 조선 | 국립중앙박물관
볍씨 자국이 찍힌 민무늬 토기(진주 대평리 출토)◆청동기 | 국립진주박물관
보인소의궤◆조선 | 서울대학교규장각한국학연구원
봉정사 대웅전◆고려 | 경북 안동시 서후면
봉황 무늬 벽돌(외리 출토)◆높이 29.5cm | 백제 | 국립부여박물관
봉황(무용총)◆고구려 | 중국 지린 성 지안 시
부석사 무량수전◆국보 18호 | 고려 | 경북 영주시 부석면
부석사 조사당◆국보 19호 | 고려 | 경북 영주시 부석면
부여 군수리 사지 납석 여래 좌상◆보물 329호 | 높이 13.5cm | 백제 | 국립중앙박물관
'부인대'명 은제 허리띠 끝 장식◆신라 | 국립중앙박물관
분청사기 귀얄 무늬 편병◆높이 22.0cm | 조선 | 삼성미술관 Leeum
분청사기 인화 무늬 병◆높이 32.6cm | 조선 | 삼성미술관 Leeum
불국사 3층 석탑◆국보 21호 | 높이 8.2m | 통일 신라 | 경북 경주시 진현동
불탄 쌀(강릉 교동 출토)◆청동기 | 강릉원주대학교박물관
붉은 간토기(진주 대평리 출토)◆청동기 | 국립진주박물관
비파를 연주하는 토우◆높이 12.0cm | 신라 | 국립경주박물관
비파형 동검 손잡이◆길이 12.5cm | 청동기 | 국립중앙박물관
비파형 동검(부여 송국리 출토)◆청동기 | 국립중앙박물관
비파형 동검(상주 출토)◆길이 42cm | 청동기 | 국립중앙박물관
비파형 동검(전남 우산리 출토)◆청동기 | 국립중앙박물관
빗금·생선뼈무늬 토기(부산 동삼동 출토)◆높이 53.0cm | 신석기 | 부산광역시립박물관
빗살무늬 토기(서울 암사동 출토)◆높이 25.8cm | 신석기 | 국립중앙박물관
사냥도(무용총)◆고구려 | 중국 지린 성 지안 시
사명 대사 초상◆99.3×77.5cm | 조선 | 동국대학교박물관
사천 본촌리 유적 주거지 바위그림◆높이 22.2cm | 선사 | 경남 사천시
산수 봉황 무늬 벽돌◆길이 29.2cm | 백제 | 국립부여박물관
새 무늬 청동기◆길이 8.9cm | 청동기 | 국립김해박물관
새참◆24.5×20.5cm | 조선 | 개인 소장
서봉총 금관◆보물 399호 | 높이 30.7cm | 신라 | 국립경주박물관
서산 마애 삼존 석불◆국보 84호 | 백제 | 충남 서산시 운산면
서직수 초상◆보물 1487호 | 148×73cm | 조선 | 국립중앙박물관
석검(진주 대평리 출토)◆길이 28.3cm | 청동기 | 국립진주박물관
석굴암 석굴◆국보 24호 | 통일 신라 | 경북 경주시 진현동
세형 동검(아산 남성리 출토)◆길이 37.2cm | 청동기 | 국립중앙박물관

소상팔경도◆35.2×25.8cm | 조선 | 국립
중앙박물관

소자본 불정심관세음보살 대다라니경 합각
◆보물 691호 | (불경) 길이 27.5cm (경갑)
3.5×5.3cm | 고려 | 국립중앙박물관

손을 앞으로 모은 부부 토우◆(왼쪽) 높이
8.2cm, (오른쪽) 높이 5.3cm | 신라 | 국립
중앙박물관

송시열 초상◆국보 239호 | 91×62cm | 조
선 | 황강영당

수덕사 대웅전◆국보 49호 | 충남 예산군 덕
산면

수월 관음도◆165.5×101.5cm | 고려 | 일
본 長樂寺

'시'명 백자 청화 접시◆높이 21.5cm | 조선
| 국립중앙박물관

신선(오회분 4호묘)◆고구려 | 중국 지린
성 지안 시

신숙주 초상◆보물 613호 | 167×109.5cm
| 조선 | 구봉영당

신임 초상◆43.7×32.5cm | 조선 | 삼성미
술관 Leeum

쌍계사 대웅전◆보물 408호 | 고려 | 충남
논산시 양촌면

씨름(각저총)◆고구려 | 중국 지린 성 지안 시

아미타 극락 회도◆307.5×244cm | 고려 |
국립중앙박물관

안향 초상◆국보 111호 | 37×29cm | 고려 |
국립중앙박물관

어물장수◆29.6×31.4cm | 조선 | 국립중앙
박물관

여의곡 고인돌 군집◆청동기 | 전북 진안군
모정리(현재 수몰됨)

연꽃 물고기 무늬 병◆조선 | 일본 安宅콜
렉션

연꽃무늬 벽돌(무령왕릉 출토)◆32×8.5×
4cm | 백제 | 국립공주박물관

연꽃무늬 사래 기와(황룡사 터 출토)◆35.5
~40×45.7cm | 신라 | 국립경주박물관

연꽃무늬수막새(금성산출토)◆지름15.3cm
| 백제 | 국립부여박물관

연꽃무늬 수막새(동남리 사지 출토)◆지름
15cm | 백제 | 국립부여박물관

연꽃무늬수막새(안압지 출토)◆지름15.6cm
| 통일 신라 | 국립경주박물관

연꽃무늬 수막새(월성 출토)◆지름 14.3cm
| 신라 | 국립경주박물관

연꽃무늬 수막새(월성 출토)◆지름 14.5cm
| 신라 | 국립경주박물관

연꽃무늬 수막새(월성 출토)◆지름 16.7cm
| 신라 | 국립경주문화재연구소

연꽃무늬 수막새(일본 아스카데라 출토)
◆(왼쪽) 지름 16.3cm (오른쪽) 지름 14.8cm
| 일본 아스카 시대 | 일본 飛鳥資料館

연꽃무늬수막새(천추총 출토)◆지름 17.2cm
| 고구려 | 국립중앙박물관

연꽃무늬수막새(태왕릉 출토)◆지름 20.9cm
| 고구려 | 국립중앙박물관

연꽃무늬 수막새(황룡사 터 출토)◆지름
16.8cm | 신라 | 국립경주박물관

연화화생(장천 1호분)◆고구려 | 중국 지린
성 지안 시

영감 얼굴 토우◆높이 9.8cm | 신라 | 국립
중앙박물관

영조 어진◆보물 932호 | 110×68cm | 조선
| 창덕궁

영조정순후가례도감의궤◆조선 | 서울대
학교규장각한국학연구원

영통동구◆32.8×53.4cm | 조선 | 국립중앙
박물관

영희전영건도감의궤◆조선 | 서울대학교
규장각한국학연구원

오산리식 토기(고성 문암리 출토)◆높이
18.5cm | 신석기 | 국립문화재연구소

용무늬 벽돌◆11.5×11.8×6.8cm | 통일 신
라 | 국립경주박물관

울산 대곡리 반구대 바위그림◆국보 285호
| 약 9m×3m | 선사 | 울산 울주군 대곡리

원행을묘정리의궤◆조선 | 서울대학교규
장각한국학연구원

월하정인◆28.2×35.2cm | 조선 | 간송미
술관

은으로 만든 잔과 잔 받침◆높이 15cm | 백
제 | 국립공주박물관

이른 민무늬 토기(제주시 고산리 출토)◆
길이 (왼쪽 위) 5.8cm | 신석기 | 국립제주박
물관

이성원 초상◆138.8×82.3cm | 조선 | 국립
중앙박물관

인왕산도◆36.6×53.7cm | 조선 | 개인 소장

인왕제색도◆국보 216호 | 79.2×138.2cm
| 조선 | 삼성미술관 Leeum

잉어 토우◆높이 5.5cm | 신라 | 국립중앙박
물관

자화상(강세황 작)◆88.7×51cm | 조선 |
개인 소장

자화상(윤두서 작)◆국보 240호 | 38.5×
20.5cm | 조선 | 개인 소장

잔무늬거울(화순 대곡리 출토)◆지름 21.2cm
| 청동기 | 국립중앙박물관

'장흥고'명 분청사기 인화 무늬 대접◆높이
19.7cm | 조선 | 국립중앙박물관

적벽도◆161.3×102.3cm | 조선 | 국립중앙
박물관

점열문토기(양양지경리출토)◆높이21.0cm
| 신석기 | 국립춘천박물관

조반 부인 초상◆88.5×70.6cm | 조선 | 국
립중앙박물관

조춘도◆158.3×108.1cm | 조선 | 대만 고
궁박물원

주검 앞에서 슬퍼하는 여인 토우◆높이
3.2cm | 신라 | 국립중앙박물관

주작(강서 대묘)◆고구려 | 남포시 강서구
역 삼묘리

지장보살도◆107.6×45.3cm | 고려 | 일본
根津美術館

지장 시왕도◆보물 1048호 | 60.4×111.1cm
| 고려 | 호림박물관

진주 귀곡동 고인돌◆ 청동기 | 경남 진주시
귀곡동(현재 수몰됨)

진주 대평리 고인돌◆청동기 | 경남 진주시
대평리(현재 수몰됨)

창덕궁영건도감의궤◆조선 | 서울대학교

규장각한국학연구원

천마(덕흥리 벽화분)◆고구려 | 남포시 강서구역 덕흥동

천마총 관모◆국보 189호 | 19×16cm | 신라 | 국립경주박물관

천마총 금제 관식◆보물 618호 | 높이 40.8cm | 신라 | 국립경주박물관

청동 박산향로◆높이 16cm | 중국 후한 | 국립중앙박물관

청룡(강서 중묘)◆고구려 | 남포시 강서구역 삼묘리

청자 '순화 4년'명 항아리◆국보 237호 | 높이 35.2cm | 고려 | 이화여자대학교박물관

청자 복숭아 모양 연적◆보물 1025호 | 높이 8.6cm | 고려 | 국립중앙박물관

청자 사람 모양 주전자◆고려 | 국립중앙박물관

청자 사자 유개 향로◆국보 60호 | 높이 21.2cm | 고려 | 국립중앙박물관

청자 상감 구름·학 무늬 매병◆국보 68호 | 높이 41.7cm | 고려 | 간송미술관

청자 상감 구름·학 무늬 매병◆높이 30.3cm | 고려 | 국립중앙박물관

청자 상감 모란·구름·학 무늬 베개◆길이 22.8cm | 고려 | 국립중앙박물관

청자 상감 버드나무·대나무·연꽃·갈대·원앙 무늬 정병◆국보 66호 | 높이 37.0cm | 고려 | 간송미술관

청자 상감 진사채 모란·구름·학 무늬 도판◆30.6×22.6cm | 고려 | 국립중앙박물관

청자 상감 투각 거북등 무늬 상자◆높이 12.1cm | 고려 | 국립중앙박물관

청자 쌍사자 모양 베개◆보물 789호 | 높이 10.5cm | 고려 | 삼성미술관 Leeum

청자 양각 기봉 무늬 사각 향로◆보물 1026호 | 높이 11.8cm | 고려 | 국립중앙박물관

청자 양각 모란·당초무늬 기와◆길이 40.9cm | 고려 | 국립중앙박물관

청자 양각 연꽃잎 무늬 표주박 모양 주전자◆국보 133호 | 높이 33.2cm | 고려 | 삼성미술관 Leeum

청자 어룡 모양 주전자◆국보 61호 | 높이 24.4cm | 고려 | 국립중앙박물관

청자 여자아이 모양 연적◆높이 11.1cm | 고려 | 일본 오사카시립동양도자미술관

청자 용머리 거북등 주전자◆국보 96호 | 높이 17cm | 고려 | 국립중앙박물관

청자 음각 연꽃무늬 매병◆국보 252호 | 높이 27.7cm | 고려 | 삼성미술관 Leeum

청자 음각 풀꽃 무늬 꽃 모양 받침잔◆높이 9.4cm | 고려 | 국립중앙박물관

청자 참외 모양 꽃병◆국보 94호 | 높이 22.9cm | 고려 | 국립중앙박물관

청자 투각 용머리 장식 붓걸이◆길이 16.8cm | 고려 | 국립중앙박물관

청자 투각 의자◆보물 416호 | 높이 48cm | 고려 | 국립전주박물관

청자 투각 칠보 무늬 뚜껑 향로◆국보 95호 | 높이 15.3cm | 고려 | 국립중앙박물관

청풍계도◆96.5×36cm | 조선 | 고려대학교박물관

초조본 유가사지론◆국보 272호 | 길이 448cm | 고려 | 국립중앙박물관

총석정◆36×27.4cm | 조선 | 국립중앙박물관

출산 중인 여인 토우◆길이 7.8cm | 신라 | 국립중앙박물관

칠초 동검(창원 다호리 출토)◆길이 60.2cm | 청동기 | 국립중앙박물관

태조 어진◆218×150cm | 조선 | 전주 경기전

토우 장식 굽다리 접시◆높이 20.3cm | 신라 | 국립중앙박물관

토우 장식 목항아리◆국보 195호 | 높이 34.0cm | 신라 | 국립경주박물관

통나무 배(창녕군 비봉리 출토)◆남은 길이 310cm | 신석기 | 국립김해박물관

파주 용미리 석불 입상◆보물 93호 | 높이 17.4m | 고려 | 경기 파주시 광탄면

팔주령(화순 대곡리 출토)◆지름 12.4cm | 청동기 | 국립중앙박물관

평양 원오리 사지 보살 입상◆높이 17cm | 고구려 | 국립중앙박물관

표훈사도◆38.5×57.3cm | 조선 | 개인 소장

피리 부는 토우(경주 황남동 출토)◆높이 5.3cm | 신라 | 국립중앙박물관

한림제설도◆52.3×67.2cm | 조선 | 미국 클리블랜드미술관

해(각저총)◆고구려 | 중국 지린 성 지안 시

해(성총)◆고구려 | 평안남도 온천군 신령리

해와 달·별자리(장천 1호분)◆고구려 | 중국 지린 성 지안 시

해인사 대장경판◆국보 32호 | 고려 | 경남 합천군 가야면

행렬도(안악 3호분)◆고구려 | 황해남도 안악군 오국리

현무(강서 대묘)◆고구려 | 남포시 강서구역 삼묘리

호류사 금당 벽화◆고구려 | 일본 나라 현

'홍치 2년'명 청화 백자 소나무·대나무 무늬 항아리◆국보 176호 | 높이 48.7cm | 조선 | 동국대학교박물관

화성성역의궤◆조선 | 서울대학교규장각한국학연구원

화청자 버드나무 무늬 통형 병◆국보 113호 | 높이 31.4cm | 고려 | 국립중앙박물관

흙으로 빚은 여인◆높이 3.6cm | 신석기 | 국립중앙박물관

사진 출처

11 민무늬 토기 조각 국립제주박물관, 덧띠무늬 토기 국립제주박물관, 누른무늬 토기 국립제주박물관 | 12 덧띠무늬 토기 국립진주박물관(진박201007-01) | 빗살무늬 토기 국립중앙박물관(중박201009-377) | 14 번개무늬 토기 국립중앙박물관(중박201009-377), 오산리식 토기 국립문화재연구소, 빗금·생선뼈무늬 토기 부산광역시립박물관, 점열문 토기 국립춘천박물관 | 15 돌화살촉 국립제주박물관 | 16 간석기와 숫돌 국립진주박물관 | 19 고령 양전동 바위그림 북앤포토, 사천 본촌리 유적 주거지 바위그림 경상대학교박물관·국립중앙박물관(중박201009-377) | 24 통나무 배 국립김해박물관 | 25 개의 두개골과 턱뼈 국립중앙박물관(중박201006-255) | 32 고인돌에서 출토된 껴묻거리 국립진주박물관 | 33 여의곡 고인돌 군집 전북대학교박물관 | 34 여의곡 고인돌 덮개돌 이동로 전북대학교박물관 | 35 불탄 쌀 강릉원주대학교박물관 | 36 볍씨 자국이 찍힌 토기 국립진주박물관 | 40 비파형 동검 손잡이 국립중앙박물관(중박201009-377), 비파형 동검 국립중앙박물관 | 41 세형 동검 국립중앙박물관, 칠초 동검 국립중앙박물관(중박201009-377) | 42 잔무늬 거울 국립중앙박물관, 거친무늬 거울 국립중앙박물관(중박201008-349) | 43 팔주령 국립중앙박물관(중박201006-255), 가지방울 국립중앙박물관(중박201009-393), 간두령 국립중앙박물관(중박201009-393) | 47 방패 모양 동기 국립중앙박물관(중박201008-364) | 51 반달 모양 돌칼 국립중앙박물관(중박201006-255) | 52 농경문 청동기 국립중앙박물관, 나무 새 국립부여박물관 | 새 무늬 청동기 국립김해박물관 | 74 서봉총 금관 국립중앙박물관 | 75 금관총 금관 국립경주박물관 | 76 천마총 관모 국립경주박물관, 천마총 금제 관식 국립경주박물관 | 78-79 금령총 금 허리띠 국립경주박물관 | 81 흙으로 빚은 여인 국립중앙박물관, 도제 기마인물상 국립중앙박물관 | 82 토우 장식 굽다리 접시 국립중앙박물관 | 83 토우 장식 목항아리 국립경주박물관 | 84 피리 부는 토우 국립중앙박물관(중박201009-377), 노래하는 토우 국립중앙박물관(중박201009-377), 비파를 연주하는 토우 국립경주박물관(경박201007-070), 잉어 토우 국립중앙박물관(중박201009-377), 각종 어류 토우 국립중앙박물관(중박201009-377), 각종 게 토우 국립중앙박물관(중박201009-377), 가재 토우 국립중앙박물관(중박201009-377) | 85 배 모양 토기 국립중앙박물관(중박201009-377), 출산 중인 여인 토우 국립중앙박물관 | 86 주검 앞에서 슬퍼하는 여인 토우 국립중앙박물관(중박201008-364), 손을 앞으로 모은 부부 토우 국립중앙박물관(중박201009-377) | 87 영감 얼굴 토우 국립중앙박물관(중박201008-364) | 89 평양 원오리 사지 보살 입상 국립중앙박물관 | 90 부여 군수리 사지 납석 여래 좌상 국립부여박물관 | 91 서산 마애 삼존 석불 북앤포토 | 92 금동 '연가 7년'명 여래 입상 국립중앙박물관 | 94 금동 미륵보살 반가 사유상 국립중앙박물관 | 96 창원 다호리 1호 무덤 출토 붓과 손칼 국립중앙박물관 | 99 녹유 사천왕상 국립중앙박물관·국립경주박물관 | 103 백제 연꽃무늬 벽돌 국립공주박물관, 백제 연꽃무늬 수막새 국립부여박물관, 고구려 연꽃무늬 수막새 국립중앙박물관(중박201009-377) | 104 신라 연꽃무늬 수막새 국립경주문화재연구소, 신라 연꽃무늬 수막새 국립경주박물관(경박201007-067), 통일 신라 연꽃무늬 수막새 국립경주박물관(경박201007-067), 신라 당초무늬 암막새 국립경주박물관(경박201007-067), 통일 신라 녹유 당초무늬 암막새 국립경주박물관(경박201007-067), 통일 신라 기린 무늬 암막새 국립경주문화재연구소 | 105 백제 녹유

서까래 기와 미륵사지유물전시관·국립부여박물관, 신라 연꽃무늬 사래 기와 국립경주박물관(경박 201007-067) | 106 백제 산수 봉황 무늬 벽돌 국립부여박물관, 백제 도깨비 무늬 벽돌 국립부여박물관 | 107 통일 신라 용무늬 벽돌 국립경주박물관(경박201007-067) | 109 백제 연꽃무늬 수막새 국립부여박물 관 | 112 백제 금동 대향로 국립부여박물관 | 113 청동 박산향로 국립중앙박물관(중박201009-377) | 114 ~115 백제 금동 대향로의 뚜껑 국립부여박물관 | 117 은으로 만든 잔과 잔 받침 국립공주박물관, 반룡 무 늬 벽돌 국립부여박물관, 봉황 무늬 벽돌 국립부여박물관 | 119 백제 '창왕'명 석조 사리감 국립부여박물관 | 120~121 감지은니 대방광불화엄경 권31 삼성미술관 Leeum | 124 관촉사 석조 미륵보살 입상 시몽포토 에이전시, 관촉사 석조 미륵보살 입상 전경 최계복 | 127 괴산 미륵리 석불 입상 포인스, 대조사 석조 미륵 보살 입상 시몽포토에이전시 | 130 청자 음각 연꽃무늬 매병 삼성미술관 Leeum | 131 청자 '순화 4년'명 항 아리 이화여자대학교박물관 | 133 청자 사자 유개 향로 국립중앙박물관 | 134 완도선의 청자들 국립광주 박물관(광박201007-4) | 135 녹청자 병 국립광주박물관(광박201007-4) | 138 청자 상감 진사채 모란·구 름·학 무늬 도판 국립중앙박물관 | 139 청자 양각 모란·당초무늬 기와 국립중앙박물관(중박201006-255) | 140 청자 쌍사자 모양 베개 삼성미술관 Leeum, 청자 음각 풀꽃 무늬 꽃 모양 받침잔 국립중앙박물관(중 박201009-377), 청자 투각 의자 국립전주박물관, 청자 참외 모양 꽃병 국립중앙박물관(중박201009-377), 청자 복숭아 모양 연적 국립중앙박물관(중박201009-377) | 141 청자 어룡 모양 주전자 국립중앙박물관(중박201009-377), 청자 사자 장식 뚜껑 수주와 승반 국립중앙박물관, 청자 용머리 거북 등 주전자 국립중 앙박물관(중박201009-377), 청자 양각 연꽃잎 무늬 표주박 모양 주전자 삼성미술관 Leeum, 청자 투각 칠 보 무늬 뚜껑 향로 국립중앙박물관(중박201009-377), 청자 사람 모양 주전자 국립중앙박물관(중박 201009-377), 청자 양각 도철무늬 사각 향로 국립중앙박물관(중박201009-377) | 143 청자 상감 버드나 무·대나무·연꽃·갈대·원앙 무늬 정병 간송미술관 | 144 청자 상감 구름·학 무늬 매병 국립중앙박물관 | 145 청자 상감 구름·학 무늬 매병 간송미술관 | 146 화청자 버드나무 무늬 통형 병 국립중앙박물관 | 147 청자 상감 모란·구름·학 무늬 베개 국립중앙박물관(중박201006-255), 청자 투각 용머리 장식 붓걸이 국 립중앙박물관(중박201006-255) | 149 소자본 불정심관세음보살 대다라니경 합각 국립중앙박물관 | 150 나전 주칠 십장생 무늬 이층 농 국립고궁박물관 | 151 나전 꽃무늬 동경 삼성미술관 Leeum | 152 청자 상 감 투각 거북등 무늬 상자 국립중앙박물관(중박201006-255), 나전 대모 칠 국화 무늬 상자 국립중앙박물 관 | 155 무구 정광 대다라니경 국립청주박물관 | 157 초조본 유가사지론 국립중앙박물관(중박201006- 255) | 158-159 해인사 대장경판 북앤포토 | 167 지장시왕도 호림박물관, 아미타 극락 회도 국립중앙박물 관 | 173 부석사 조사당 포인스, 부석사 무량수전 포인스 | 174 부석사 무량수전 배흘림기둥 시몽포토에이 전시, 쌍계사 대웅전 민흘림기둥 시몽포토에이전시 | 175 수덕사 대웅전 북앤포토, 봉정사 대웅전 encyber. com | 183 소상팔경도 국립중앙박물관, 적벽도 국립중앙박물관 | 185 고사관수도 국립중앙박물관 | 186 고사탁족도 고려대학교박물관 | 187 무이구곡도 국립중앙박물관(중박201008-364) | 191 분청사기 인화 무늬 병 삼성미술관 Leeum, 백자 병 국립중앙박물관 | 193 '장흥고'명 분청사기 인화 무늬 대접 국립중앙 박물관 | 195 분청사기 귀얄 무늬 편병 삼성미술관 Leeum | 196 백자 반합 호림박물관, 백자 연꽃·당초무 늬 대접 국립중앙박물관 | 198 '홍치 2년'명 청화 백자 소나무·대나무 무늬 항아리 동국대학교박물관 | 199 '망우대'명 청화 백자 접시 삼성미술관 Leeum, 백자 철화 끈 무늬 병 국립중앙박물관 | 200 백자 복숭 아 모양 연적 국립중앙박물관, '시'명 백자 청화 접시 국립중앙박물관, 백자 청화 산수 무늬 항아리 국립중 앙박물관 | 201 백자 철화 포도 무늬 항아리 이화여자대학교박물관 | 202 백자 철화 구름·용무늬 항아리

국립중앙박물관 | 203 백자 청화 까치·호랑이 무늬 항아리 국립경주박물관 | 211 영희전영건도감의궤 서울대학교규장각한국학연구원, 창덕궁영건도감의궤 서울대학교규장각한국학연구원 | 213 안향 초상 국립중앙박물관(중박201008-364) | 214 이성원 초상 국립중앙박물관(중박201008-364) | 219 서직수 초상 국립중앙박물관(중박201008-364) | 221 조반 부인 초상 국립중앙박물관(중박201008-364) | 224 총석정도 국립중앙박물관 | 226 금강전도 삼성미술관 Leeum | 227 청풍계도 고려대학교박물관 | 228-229 인왕제색도 삼성미술관 Leeum | 231 영통동구 국립중앙박물관 | 240 무동 국립중앙박물관, 벼타작 국립중앙박물관 | 241 어물장수 국립중앙박물관, 월하정인 간송미술관

※ 웅진주니어는 이 책에 실린 모든 자료의 출처를 찾기 위해 최선을 다했습니다. 누락이나 착오가 있으면 다음 쇄를 찍을 때 꼭 수정하겠습니다.

사진 및 그림 자료 출처